CAD로 쉽게 그리는 가죽공예 패턴

진짜 왕초보를 위한
똑똑한 가죽공예

contents

prologue 04

STEP 1. 가죽공예 기초도구

1. 이 도구들은 기본적으로 준비하셔야 해요. 08

2. 이 도구들은 있으면 편리해요. 12

STEP 2. 가죽공예를 완성하는 7가지 기본기술

* 가죽공예의 흐름 18

1. 패턴그리기 21

2. 재단 칼 사용법과 가죽재단 방법 23

3. 가죽조각들을 붙이는 본딩 기법 25

4. 크리져 및 디바이더 사용법 26

5. 예쁜 스티치를 만들어내는 치즐 사용방법 27

6. 가죽공예의 꽃, 스티치 기법 30

7. 가죽공예의 마무리, 엣지코트(기리메) 바르는 방법 34

STEP 3. CAD를 활용한 형지그리기 기본 기술

1. CAD의 기본 38

2. CAD 첫 세팅하기 40

3. CAD의 기본 명령어 50

STEP 4. 실전! CAD를 활용한 작품 만들기

1. 맛보기 작품, 테슬 만들기 54

2. 맛보기 작품, 키링 만들기 79

3. 몸 풀기 작품, 목걸이 형 카드지갑 만들기 99

4. 뽐내기 작품, 2D 클러치 만들기 139

prologue

가죽공예를 하는데 있어 패턴 작업, 피할, 본딩, 스티치 등, 어느 작업 하나 중요하지 않은 것이 없습니다. 하지만 공방을 운영하며 여러 수강생 분들의 의견을 듣고, 카페나 모임에서 많은 분들이 고민하는 것을 보면, 가죽공예에 대한 실력이 늘어갈수록 결국 '형지'라 불리는 패턴에 대한 요구가 가장 크다는 것을 느끼게 됩니다.

저는 가죽공예를 시작할 때부터 가장 많이 사용하는 십자패턴과 함께 다른 분야에서 사용하던 CAD프로그램을 통해 패턴 작업을 해왔습니다. 설계를 하고 디자인을 하는 것은 기계 분야나 가죽공예로 다루는 가방, 소품 등이나 마찬가지가 아닐까 하는 생각으로 작업해 본 결과 예상은 적중했습니다. CAD를 통한 패턴 작업은 다른 방법들보다 편리했고, 조금만 익숙해지면 그 효율성은 기대 이상이었습니다. 어떤 아이템이든 사진만 있으면 그것을 바탕으로 패턴을 그릴 수 있었고, 확대와 축소가 용이했으며, 분실하거나 훼손된 경우에도 얼마든 다시 인쇄하여 똑같은 형지를 만들 수 있었으니까요.

실제로 가죽공방을 운영하고 수업을 하면서 CAD를 통한 패턴 작업에 상당히 만족해하시는 수강생 분들이 대다수였고, 자신이 만든 파일을 가지고 계신 이분들은 더 이상 형지 실물에 연연해 않는 모습을 보이셨습니다. 이에 좀 더 많은 분들이 CAD를 활용해 쉽게 패턴 작업을 하실 수 있도록, 가죽공예에 있어 패턴을 만드는 작업이 스트레스가 아닐 수 있도록 정보를 공유할 수 있는 교재를 만들고자 이 글을 시작하게 되었습니다.

이 책은 CAD를 활용하여 원하는 작품의 패턴을 그리는 법을 학습하는데 중점

을 두고 있기 때문에, 가죽공예에 있어 수많은 기본 기술과 기법은 최소한으로 반드시 필요한 내용만 담았습니다. 이에 이 책에 언급된 도구와 가죽 등은 가죽공예를 시작하시는 분들을 위한 일부임을 꼭 말씀드리고자 합니다. 또한 이 책은 이론보다는 실전에 초점이 맞추어져 있으며, 처음부터 끝까지 책의 내용을 따라 CAD를 통한 패턴 작업 및 작품을 완성하는 것을 목표로 하므로 공부를 한다기보다 편안한 마음으로 따라 하시면 됩니다. 이 책에 실린 예시는 한정되어 있기에 여기서 다루지 못하는 가죽공예의 기술 및 제작방법 역시 다양하게 존재합니다. 어떤 작품인지, 어떤 스티치 방법으로 만드는지 등에 따라 제작순서와 기법이 달라질 수 있으며, 이 책에 나온 것은 보편적인 방법 가운데 하나일 뿐입니다. 이미 가죽공예의 기초와 기본 기법을 다룬 훌륭한 교구 및 도서들이 많으므로, 기본에 대한 더 깊은 내용이 필요하신 분들은 이들을 참고하시면 됩니다.

끝으로 가죽공예라는 취미를 하는데 있어 무수히 많은 기술들 가운데 '이것이 맞고, 저것이 틀리다'라는 접근은 필요치 않습니다. 어떤 것이 맞고 틀리고가 아닌 본인에게 맞는 기법과 방식이 좋은 방식이라는 것을 염두 하시고 다양한 방법을 접하시며 가죽공예를 즐기신다면, 어느 작품보다 훌륭한 가죽작품을 만들어 내실 수 있으리라 생각합니다.

제가 나누는 지식과 정보가 가죽공예를 하시는 분들에게 도움이 되는 것이기를, 노력과 열정이 담긴 가죽공예 시간이 감동을 주는 작품을 탄생시키는 아름다운 과정이기를 바랍니다.

step. 1 가죽공예의 기초도구

1 이 도구들은 기본적으로 준비하셔야 해요. 8
2 이 도구들은 있으면 편리해요. 12

step. 1   가죽공예의 기초도구

1 이 도구들은 기본적으로 준비하셔야 해요.
2 이 도구들은 있으면 편리해요.

1 이 도구들은 기본적으로 꼭 준비하셔야 해요.

가죽공예를 할 때 반드시 필요한 도구입니다.
같은 기능을 하는 도구가 여러 종류 있는 경우도 있으니, 각자의 스타일에 맞게 선택해서 사용하세요.

1) 재단용 도구

아이보리지

형지용 도화지   정해진 것은 없지만, 단단하게 움직이지 않아야 가죽 재단을 할 수 있기 때문에 두꺼운 종이가 좋습니다. 아이보리지나 방안지 등을 추천합니다.

가죽칼

커터칼

가죽칼 (OR 커터칼)   가죽이나 보강재, 안감 등을 자를 때 반드시 필요한 도구입니다. 가죽칼과 커터칼 모두 사용해도 무방하지만, 두꺼운 가죽을 자를 때나 재단할 양이 많을 때에는 손과 팔 전체의 힘으로 재단하는 가죽칼이 더 수월할 수 있습니다. 가죽이 두꺼운 경우 커터칼로 재단하게 되면 손가락에 힘이 많이 들어가게 되어 손가락이 쉽게 아플 수 있으니까요.

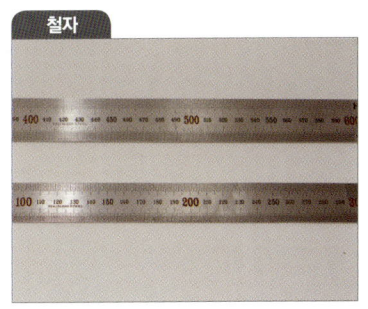

재단판 재단을 할 때, 아래 깔고 칼질을 할 수 있는 판은 필수입니다. 주로 고무 재질로 만들어진 판을 사용하는데, 문구점에서 판매하는 녹색 고무판은 가급적 피해주세요. 녹색 고무판에는 모래가 섞여있어 칼이 미끄러지는 경우가 있고, 칼날이 빨리 상하게 됩니다.

철자 일자로 반듯하게 재단할 때 사용합니다. 프라스틱 자로 재단 시 구두칼이나 커터칼이 자를 파고 들 수 있으므로 철자를 사용하시는 것이 더 좋습니다.
한 가지 팁! 철자를 그대로 사용하면 아무리 단단하게 고정하려 해도 미끄러지기 쉬우니, 뒷면에 고운 사포(600~1000방)를 붙여주면 이를 방지할 수 있어요.

2) 바느질 도구

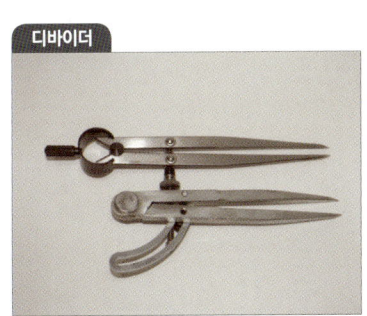

크리져 or 디바이더 재단한 조각에 바느질 라인을 그어주는 도구입니다. 크리져나 디바이더 가운데 하나는 가지고 있어야 해요. 두 가지 모두 바느질 라인을 그려주는 도구지만 크리져는 온도를 높여서 가죽에 장식 선을 긋는 용도로도 사용합니다. 크리져는 알코올램프로 달구어 하는 방식과 전기인두 방식으로 나뉘는데, 알코올램프는 온도를 일정하게 맞추기 위해 많은 노력이 필요하므로, 최근에는 전기 크리져를 많이 사용합니다.

코르크판 마름송곳이나 둥근 송곳으로 구멍을 뚫을 때 밑에 받쳐 사용합니다.

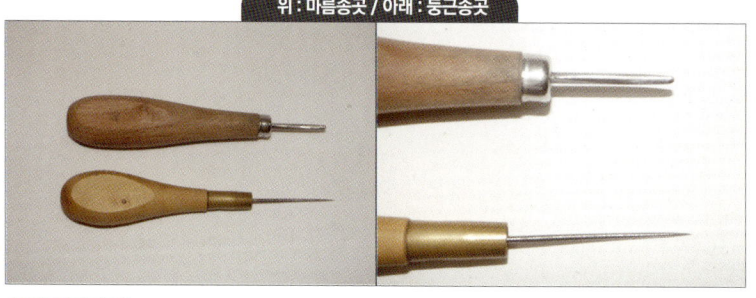

위 : 마름송곳 / 아래 : 둥근송곳

편칭보드

마름송곳 가죽이 두껍거나 가장자리에 가까워 치즐로 구멍을 뚫기 어려운 경우, 마름송곳을 사용해 구멍을 냅니다.

편칭보드 치즐을 이용해 가죽에 구멍을 낼 때, 망치로 두드리기 때문에 아래쪽에 받쳐놓을 플라스틱 재질의 판이 필요합니다.

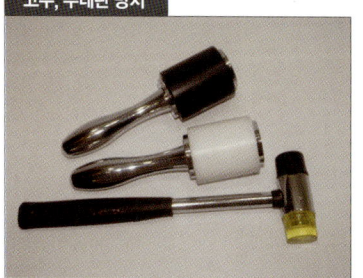

고무, 우레탄 망치

바늘

Tip 여기서 팁, 쇠로 된 판을 사용하지 않는 이유는 밑의 판이 딱딱하면 치즐의 날이 부러질 수 있기 때문이에요.

고무(우레탄)망치 치즐을 쳐서 구멍을 뚫는 용도로 사용합니다. 이때, 고무 또는 우레탄으로 만들어진 망치로 두드려야 치즐이 부러지지 않습니다. 치즐은 쇠로 만들어 졌지만 바느질 구멍을 뚫는 부분은 뾰족하고 약하므로 깨지기 쉽거든요.

바늘 가죽공예용 바늘은 따로 있습니다. 가장 많이 사용하는 것이 '존 쉐들러 4호'입니다. 바느질을 할 때, 2개를 동시에 사용한다는 것은 알고 계시죠? 짝수로 가지고 계셔야 해요.

사선형 치즐

10호, 5호, 2호 사선형 치즐

다이아몬드형 치즐

치즐(다이아몬드형 치즐 OR 사선형 치즐) 가죽에 구멍을 뚫는 역할을 하는 필수도구입니다. 주로 2날, 5날, 10날이 한 세트로 사용되며, 치즐의 모양에 따라 스티치의 모양이 달라집니다.

천연사

합성사

실(합성사, 천연사) 실의 종류는 상당히 다양합니다. 크게 합성사와 천연사로 구분되며, 각각 매듭을 마무리 하는 방법도 다르죠. 또한 가방인지 소품인지에 따라 굵기 역시 다양하며, 각 실마다 가진 호수도 다릅니다. 합성사에는 비니모, 귀터만, 마라 등이 있고, 천연사에는 린카블레, 켐벨, 바버사 등이 있으며, 각자의 취향에 따라 굵기를 선택하면 되지만, 보통 가방류를 제작할 때에는 소품보다 굵은 실을 사용하게 됩니다. 이때 숫자가 높아질수록 실의 굵기는 가늘어진다는 것을 알아두세요. 실 별로 마무리 하는 방법과 천연사에서 왁스를 함께 사용하는 내용은 아래 바느질 기법에서 다루도록 할게요.

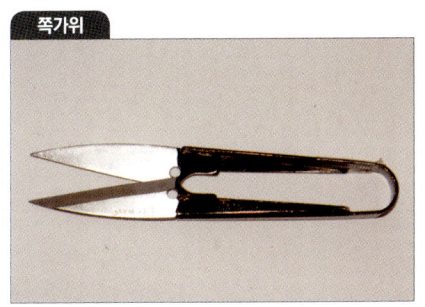
쪽가위

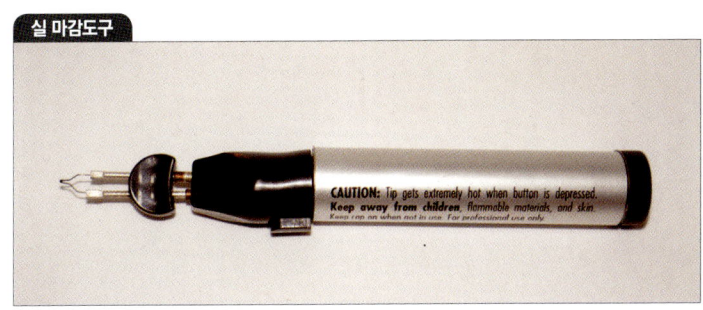
실 마감도구

쪽가위 실을 자르거나, 가죽 재단 면의 지저분한 털들을 정리할 때 사용합니다.

실 마감도구(라이터) 합성사의 매듭을 마무리할 때 사용합니다.

3) 본딩용 도구

본드

헤라

본드 스타본드 950, B5본드 등으로 가죽 및 보강재, 안감을 붙일 때 사용합니다.

헤라 본드를 덜어 얇게 펴 바를 때 사용하는 도구입니다.

4) 마감용 도구

기리메

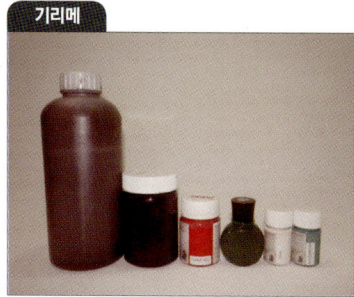

도트봉

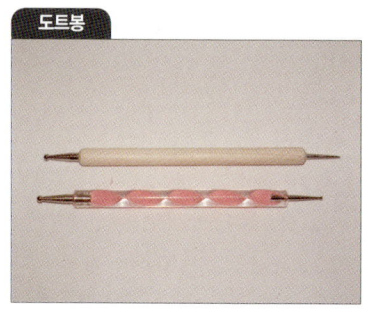

기리메 엣지코트라고 불리며, 재단 면에 색칠을 하는 액체를 말합니다. 가죽 작품을 만드는데 있어 스티치를 하는 실과 함께 작품의 디자인과 느낌을 결정하는 중요한 도구랍니다.

도트봉 엣지코트를 바를 때 사용하는 뾰족한 도구를 말합니다. 작업자마다 면봉, 도트봉, 송곳 등 뾰족한 것을 사용하기도 하고, 얇게 흘러나오는 물약 병이나 스펀지를 사용해 바르는 경우도 있습니다.

2 이 도구들은 있으면 편리해요.

1 이 도구들은 기본적으로 준비하셔야 해요.
2 이 도구들은 있으면 편리해요.

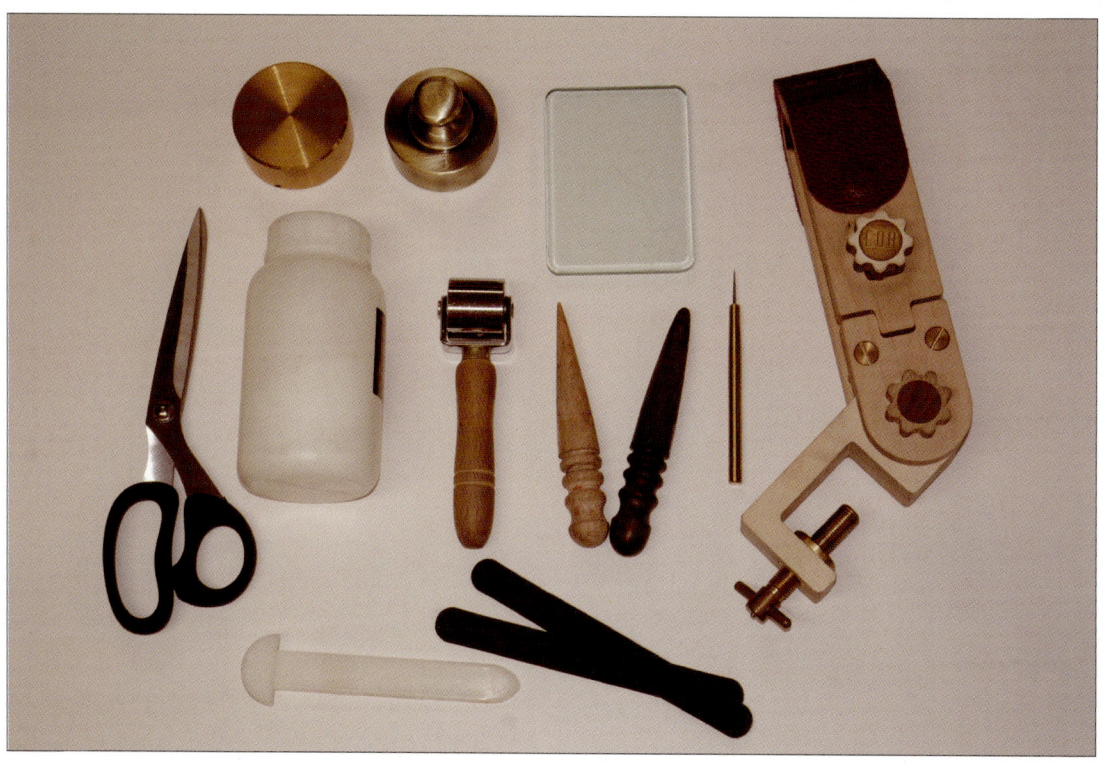

다음의 도구들을 사용할 경우 가죽공예를 훨씬 편하게 할 수 있습니다.

재단용 가위 주로 안감이나 얇은 가죽을 재단하는데 사용합니다. 특히 곡선 부분을 자를 때는 칼보다 편할 수도 있어요.

문진 형지나 가죽, 안감 등을 재단할 때, 밀리지 않도록 위에서 단단하게 눌러 고정시켜주는 무거운 쇠 덩어리를 말합니다.

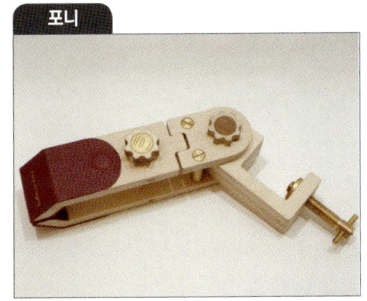

포니 바느질을 할 때, 가죽을 고정시켜 잡아주는 도구입니다. 일반적으로 공방에서 많이 사용하는 큰 포니도 있지만, 책상에 고정시켜 사용하는 탁상용 포니도 개인 작업용으로 많이 쓰입니다.

핸드프레스 치즐을 고정시켜 가죽에 바느질 구멍을 뚫어주는 기구입니다. 집에서 타공을 하다보면, 망치를 내려치는 소음이 발생하게 되는데 이를 방지하기 위해 손으로 눌러 타공하는 형태의 핸드프레스를 사용하게 됩니다.

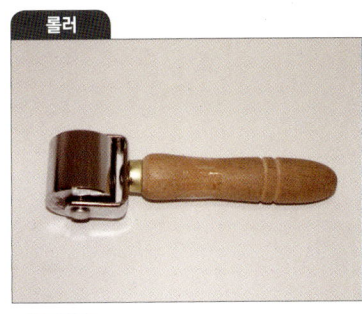

롤러 본드를 바른 가죽을 붙이고 그 부분을 더 단단히 접착이 되도록 눌러주는 도구입니다.

유리판 손 피할을 할 때 아래 받침용으로 대어주는 용도로 사용하거나 가죽의 넓은 면에 토코놀을 바를 때 사용합니다.

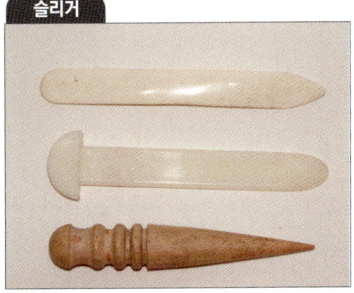

슬리거 재단 면에 토코놀을 바르고 마감할 때 문질러주는 용도로 사용합니다.

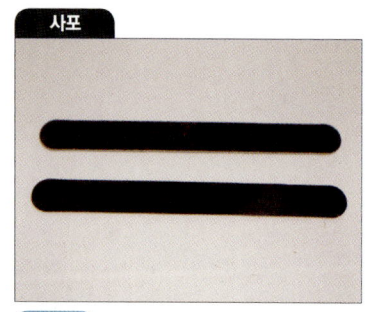  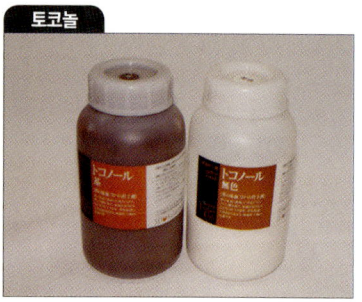

사포 가죽의 재단 면을 갈고 정리하는데 사용합니다. 재단 면이 반듯할수록 엣지코트 작업이 수월해지니 꼭 체크하세요.

후노리 투명 엣지코트라고도 부르며, 색깔이 있는 엣지코트를 바르기 전에 먼저 발라주면 가죽 재단 면 사이를 메워주어 울퉁불퉁한 단차를 완화시켜 주는 역할을 합니다.

토코놀 가죽의 단면을 가죽 느낌을 살려 매끈하게 마감할 때 사용하는 약품입니다.

둥근 송곳 재단 할 곳, 펀칭 할 곳, 처음 바느질을 시작하는 첫 땀의 구멍 등을 표시할 때 사용합니다.

은펜 재단 할 곳, 본딩 할 곳 등을 표시할 때 사용합니다.

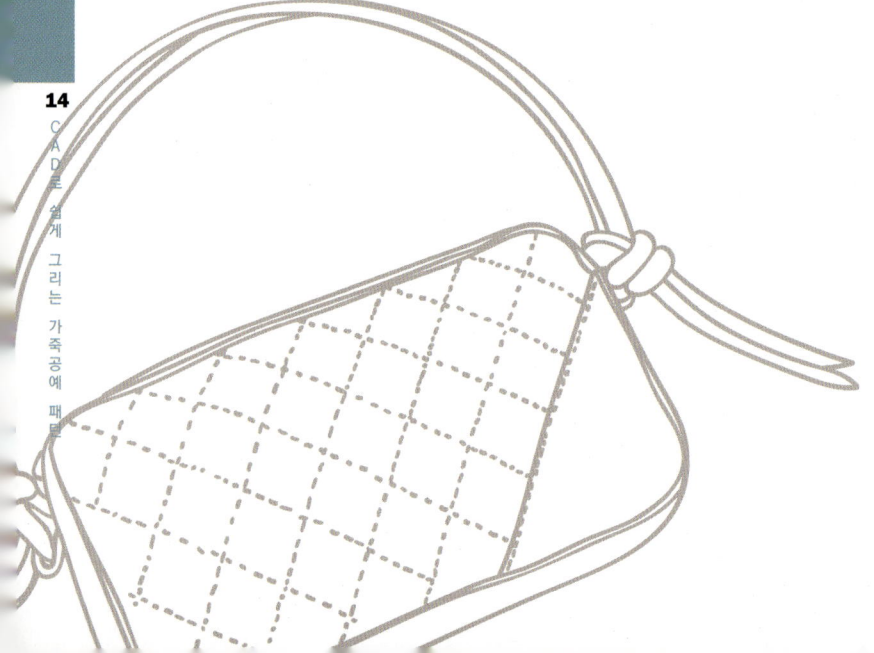

Step 1. 가죽공예의 기초도구

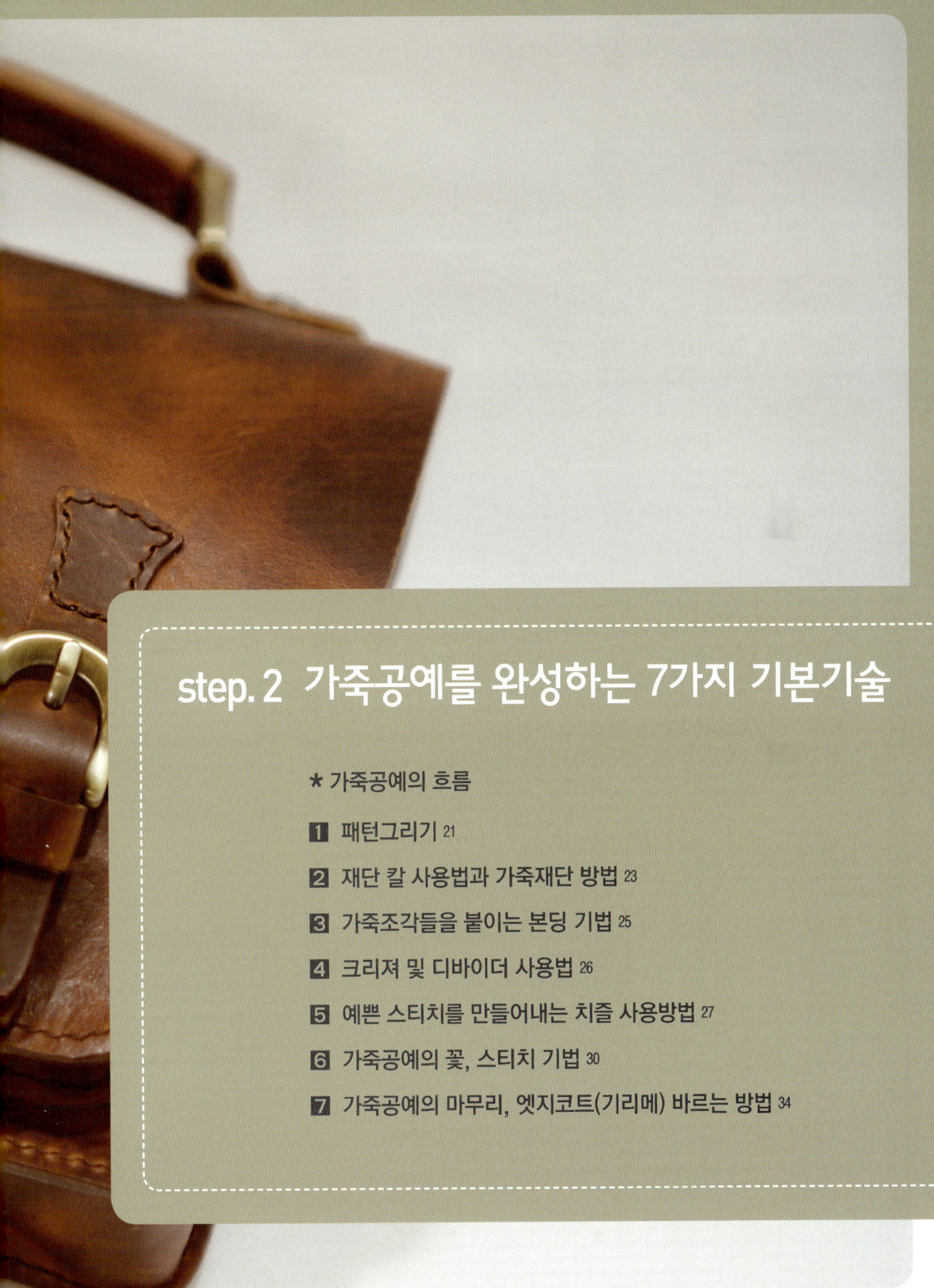

step. 2 가죽공예를 완성하는 7가지 기본기술

* 가죽공예의 흐름
1. 패턴그리기 21
2. 재단 칼 사용법과 가죽재단 방법 23
3. 가죽조각들을 붙이는 본딩 기법 25
4. 크리져 및 디바이더 사용법 26
5. 예쁜 스티치를 만들어내는 치즐 사용방법 27
6. 가죽공예의 꽃, 스티치 기법 30
7. 가죽공예의 마무리, 엣지코트(기리메) 바르는 방법 34

step. 2 가죽공예를 완성하는 7가지 기본기술

가죽공예의 흐름
1. 패턴그리기
2. 재단 칼 사용법과 가죽재단 방법
3. 가죽조각들을 붙이는 본딩 기법
4. 크리저 및 디바이더 사용법
5. 예쁜 스티치를 만들어내는 치즐 사용방법
6. 가죽공예의 꽃, 스티치 기법
7. 가죽공예의 마무리, 엣지코트(기리메) 바르는 방법

가죽공예의 흐름

어떤 가죽을 사용하고 어떤 방식으로 제작하는지에 따라 차이는 있으나 대부분 다음의 과정을 거쳐 작품을 만들게 됩니다.

1) 패턴 그리기

가죽공예의 첫 번째 순서는 원하는 작품의 패턴을 그리는 것입니다. CAD나 십자패턴, 일러스트 등을 사용해 대상의 패턴을 만드는 것이죠. 어느 방법이 더 좋고 나쁘다는 기준은 없어요. 각자 모든 방식을 접해보고 본인이 편한 방법으로 패턴을 그리시면 된답니다. 십자패턴으로 패턴을 그리는 경우 두꺼운 종이에 바로 그리면 되고, CAD나 일러스트 등의 컴퓨터 프로그램을 이용하는 경우에는 프린트 하여 두꺼운 종이에 붙인 후, 이를 자르는 작업까지가 패턴 그리기 단계입니다.

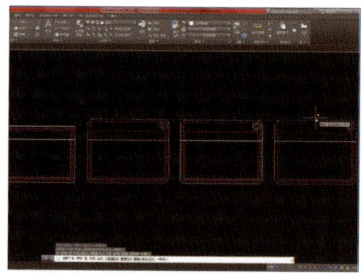
▲ CAD로 패턴그리기

2) 패턴을 바탕으로 가죽 및 안감 (보강재) 재단하기

두 번째 순서는 만들어진 패턴(형지)를 대고 가죽과 안감, 보강재를 잘라줍니다. 이 때, 어떤 형지가 가죽이고 안감인지 구분을 잘 해야 하고, 각각 몇 개씩 잘라야하는지 생각해두는 것이 좋습니다.

▲ 형지 재단

▲ 가죽 재단

3) 피할

세 번째 순서로 잘라진 가죽을 작품에 맞는 두께로 깎아주는 피할 작업을 합니다. 처음 가죽을 사게 되면 피할을 전문으로 하는 가게에서 원하는 두께로 깎아서 오게 되는데요, 모든 작품이 같은 두께일 수는 없기 때문에 아이템에 따라 피할 작업이 추가로 필요한 경우가 많습니다. 예를 들어 뒤집는 형태의 가방을 만드는 가죽이 더 얇은 경우가 많고, 소품을 만들 때 역시 가방을 만들 때보다 더 얇은 가죽을 사용해요. 또한 시접 하는 부분, 옆면과 앞면 등, 가죽을 서로 붙여서 바느질하게 되는 부분은 얇아야하기 때문에 부분 피할을 해주어야 합니다. 만드는 사람의 취향에 따라 얇은 가죽을 더 좋아하는 사람

과 두꺼운 가죽을 좋아하는 사람들이 나뉘기도 하구요.

그렇기 때문에 재단을 마친 후 가죽 조각을 피할 하는 단계가 필요한 것이죠. 피할을 할 때는 기계를 사용하는 방법도 있고, 작은 조각의 경우는 칼로 하는 경우도 있답니다.

▲ 피할기로 피할

▲ 손 피할

4) 본딩

네 번째 순서는 가죽 조각들, 안감과 보강재를 본드로 붙여 작품의 형태로 만들어주는 것입니다. 간단한 작품의 경우에는 아래의 크리져 단계를 먼저 하기도 하므로 순서가 유동적일 수 있다는 점 알아두세요. 바느질 할 때 본드가 밀려 나오지 않도록 얇고 평평하게 잘 펴서 바르셔야 한다는 점 꼭 기억하시구요.

▲ 본딩 작업

5) 크리져 OR 디바이더

다섯 번째 순서는 크리져나 디바이더를 사용해 바느질 라인을 표시해주는 것입니다. 가죽은 일반 천과 바느질 하는 방법이 달라 미리 구멍을 뚫어놓아야 하고, 구멍을 반듯하게 뚫기 위해 미리 라인을 그어두어야 하므로 이 단계는 꼭 필요하답니다.

▲ 디바이더로 선 긋기

▲ 크리져로 선 긋기

6) 치즐, 목타

여섯 번째 순서는 표시된 바느질 라인에 구멍을 뚫어줍니다.

▲ 치즐을 사용해 구멍을 뚫는 작업

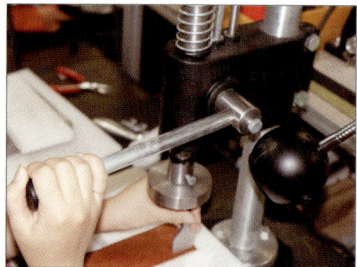

▲ 프레스를 사용해 구멍을 뚫는 작업

7) 바느질

일곱 번째 순서로 뚫려진 구멍을 따라 본격적인 바느질을 해줍니다. 바느질을 할 때에는 2개의 바늘을 한 세트로 사용하게 되며, 실의 종류와 굵기, 색상 등을 선택하여 작업을 하면 됩니다.

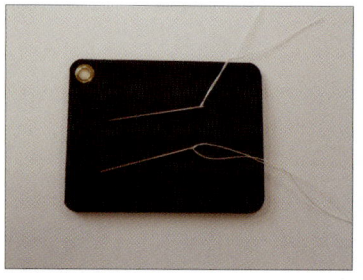

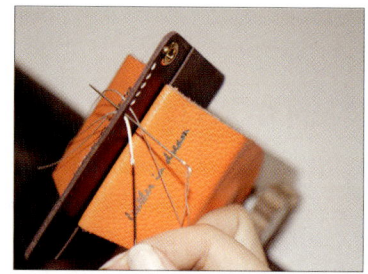

8) 엣지코트

마지막 순서로 바느질을 마친 후, 재단 면에 엣지코트를 발라 작품을 완성시키게 됩니다. 물론 시접을 하는 경우에는 엣지코트를 바르는 과정이 생략되기도 해요.

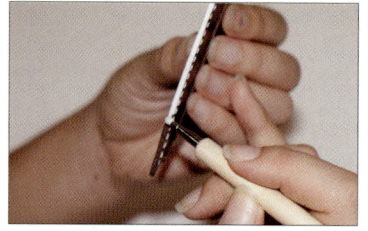

◀ 엣지코트 바르는 작업

1 패턴그리기

> 가죽공예의 흐름
> **1 패턴그리기**
> 2 재단 칼 사용법과 가죽재단 방법
> 3 가죽조각들을 붙이는 본당 기법
> 4 크리져 및 디바이더 사용법
> 5 예쁜 스티치를 만들어내는 치즐 사용방법
> 6 가죽공예의 꽃, 스티치 기법
> 7 가죽공예의 마무리, 엣지코트(기리메) 바르는 방법

패턴을 그리는 작업으로부터 가죽공예가 시작됩니다. 패턴은 작품을 만드는 밑그림이기 때문에 처음 배울 때 반복적으로 연습하여 기초를 튼튼히 할 필요가 있습니다. 가죽공예를 지속적으로 하다보면 결국 이 패턴이 본인의 재산이 되는 경우가 많거든요. 패턴을 그리는 방법에는 많은 공방에서 사용하는 손 패턴인 십자패턴, CAD, 일러스트 등 여러 가지가 있습니다. 컴퓨터 프로그램을 활용한 패턴을 그리는 법은 뒤 쪽에서 자세히 다루므로, 여기서는 십자패턴에 대해 알아보도록 하겠습니다.

십자패턴

가죽공예를 할 때 주로 사용하는 손 패턴인 십자패턴의 특징은 좌우가 정확히 대칭되는 방법이라는 것입니다. 방안지라 불리는 모눈종이가 그려진 도화지는 생산되는 곳마다 미세하게 다르기도 하고, 자로 재서 그릴 경우 약간씩 밀리거나 틀리는 경우가 많이 생기게 됩니다. 이 때문에 종이를 가로, 세로인 십자로 접었을 때 정확히 좌우가 같아지도록 먼저 표시를 한 후, 이를 연결하여 잘라 형지를 만들게 됩니다.

십자패턴으로 직사각형 도형을 만드는 예시

◀ 먼저 만들고자 하는 도형의 사이즈 보다 큰 종이를 준비 하고 가운데 칼로 세로 선을 긋고 접어줍니다. 너무 깊게 칼금을 내면 접었을 때 덜렁거리거나 아예 잘려버리고, 너무 얇게 그어버리면 종이를 선에 따라 접었을 때 중심이 어긋나게 되니 보통 용지 두께의 2/3정도를 칼로 잘라준다고 생각하시면 됩니다.

설명을 위해서 처음 칼로 금을 그어 접어준 선을 빨간 점선으로 위치를 표시합니다.

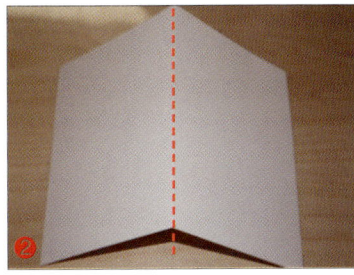

▲ 이렇게 분리되지 않으면서 억지로 힘을 가하지 않아도 자연스럽게 접힐 정도로 칼금을 내어 주는 것이 중요합니다.

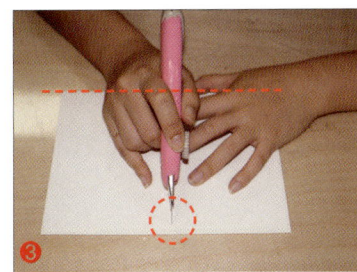

▲ 빨간 점선을 따라 종이를 반으로 접은 상태에서 빨간 점선의 맞은편 가운데 칼이나 송곳으로 눌러 마킹을 합니다. (뒤에 종이까지 마크가 되어야 합니다.)

▲ 접은 상태에서 가운데 마킹이 끝난 후 같은 방법으로 오른쪽이나 왼쪽 중 편한 곳에 마크를 합니다.

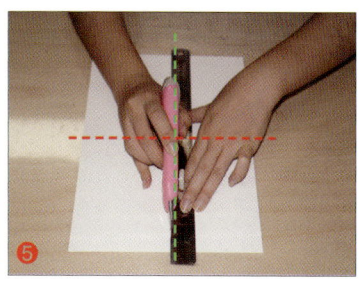

▲ 접은 종이를 펼치면 가운데 마크 하였던 표시가 위, 아래에 나타나게 되는데, 이 두 표시를 칼금을 내어 이어줍니다. 여기까지 하면 이 선(녹색 점선)과 처음에 했던 칼금(빨간 점선)이 교차되어 십자 모양이 됩니다. (십자패턴이라는 명칭을 사용하는 이유)

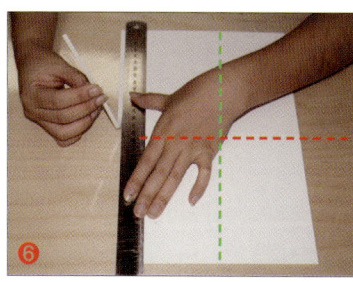

▲ 조금 전 오른쪽이나 왼쪽 편한 곳에 마킹한 것을 완전히 잘라줍니다. 그러면 가운데 칼금(녹색 점선)과 평행이 됩니다.

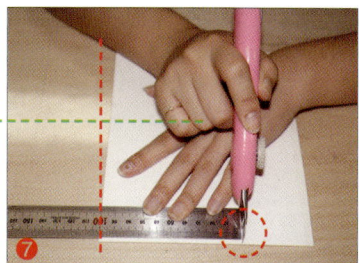

▲ 빨간 점선 기준으로 다시 한 번 접어, 방금 자른 곳(녹색 점선과 평행이 되는 선)에 가운데 기준선(빨간 점선)에서부터 원하는 길이를 재어 마킹 합니다. 예) 원하는 전체의 길이가 100mm 일 경우, 반으로 접은 상태임을 생각하여 50mm에 마크하고 펼치면 100mm가 됩니다.

▲ 빨간 원 부분이 원하는 길이로 마크를 한 상태라면 녹색 점선으로 표시된 칼금을 기준으로 접어줍니다.

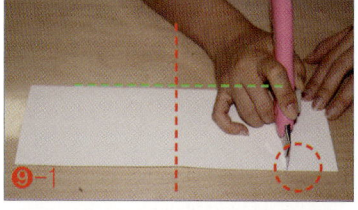

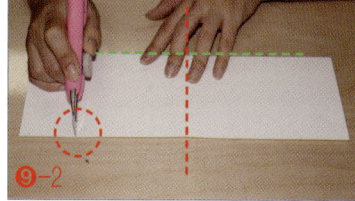

▲ 접은 상태에서 원하는 길이로 마크해둔 빨간 원 부분을 뒷장까지 마크가 되도록 양쪽 모두 표시해 줍니다.

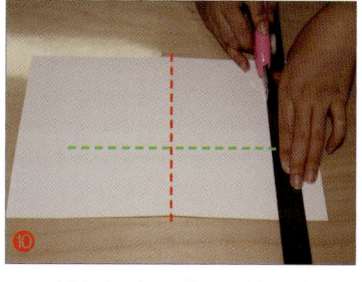

▲ 펼쳐서 마크된 부분을 잘라냅니다.

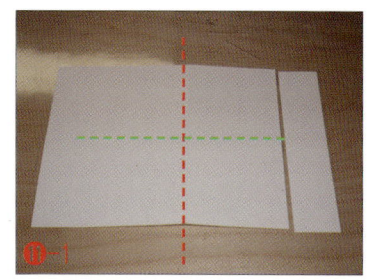

▲ 이렇게 자르고 나면 한 면이 원하는 길이로 맞추어 졌습니다.

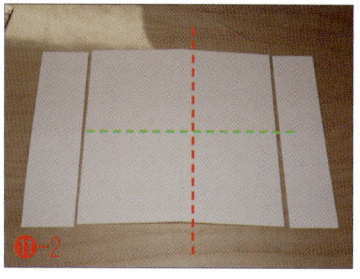

▲ 다음으로 녹색 점선을 기준으로 접은 후 동일한 과정을 진행합니다.

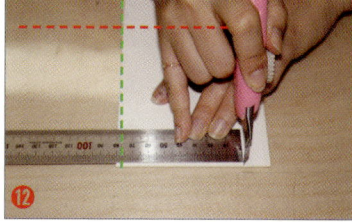

▲ 녹색 선을 접은 상태에서 기준선으로부터 원하는 곳에 칼이나 송곳으로 아래 겹쳐진 종이까지 모두 표시가 되도록 마크를 하고 펼칩니다.

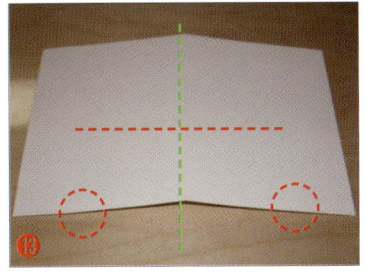 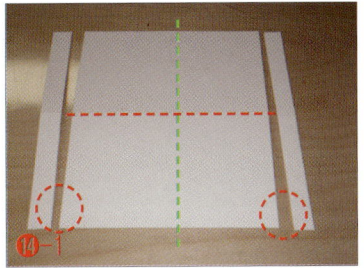 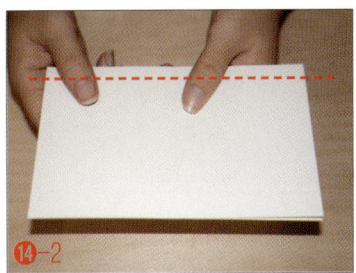

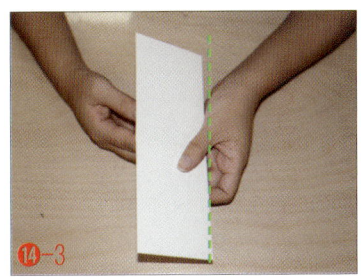

▲ 빨간 원 부분에 원하는 길이만큼 표시가 되었는지 확인하고, 빨간 점선을 기준으로 다시 접어 표시된 부분이 반대쪽에도 마크가 되도록 한 후, 펼쳐서 마크된 부분끼리 잘라냅니다.

▲ 이렇게 하면 상하, 좌우가 대칭이 되는 직사각형이 만들어 집니다.

2 재단 칼 사용법과 가죽재단 방법

1) 재단 칼 사용법

가죽공예를 할 때는 구두칼이라 불리는 재단 칼을 주로 사용하게 됩니다. 물론 문구점에서 흔히 볼 수 있는 커터칼로 자르는 경우도 많지만, 가방처럼 많은 양을 잘라야하는 경우 커터칼을 사용하면 손이 아프기 쉬워요. 손가락이 힘을 모두 받아버리기 때문이죠. 이에 재단 칼로 자르는 습관을 들이시면, 가죽공예가 훨씬 쉬워질 수 있으며, 적절하게 혼용하는 것도 좋은 방법입니다. 재단 칼을 사용할 때는, 약 15도 정도 밖으로 기울여서 잘라야 합니다. 이렇게 칼을 기울이면, 날의 각도가 직각이 되어 반듯하게 자를 수 있어요~ 반대로 기울이지 않으면 본래 칼날이 사선으로 깎여 있는 만큼 가죽도 비슷하게 잘리게 되니 주의해야 합니다.

가죽공예의 효용
1 패턴그리기
2 재단 칼 사용법과 가죽재단 방법
3 가죽조각들을 붙이는 본딩 기법
4 크리저 및 디바이더 사용법
5 예쁜 스티치를 만들어내는 치즐 사용방법
6 가죽공예의 꽃, 스티치 기법
7 가죽공예의 마무리, 엣지코트(기리메) 바르는 방법

Tip 재단을 할 때에는 칼날의 앞쪽을 누르고 뒤를 살짝 들어서 잘라야 하고, 원과 같은 코너 부분을 자를 때는 뒤 날을 더 많이 들어야 잘 잘린다는 사실!

▲ 칼날이 직각이 됨 (X)   ▲ 칼날이 기울어짐 (O)

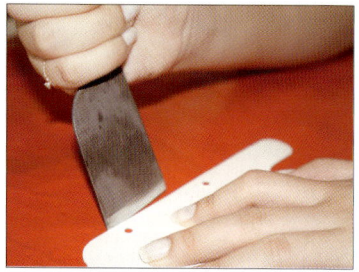
▲ 뒤를 살짝 들고 재단

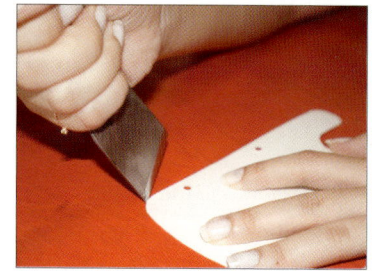
▲ 코너에서 더 많이 들어줌

2) 가죽 자르는 여러 가지 방법

초보자가 형지를 대고 가죽을 자르는 일은 생각보다 쉽지 않습니다. 가죽이 밀리기도 하고, 가죽이 미끄러워 형지가 미끄러지기도 하죠. 이때 가장 중요한 것은 형지가 가죽에서 미끄러지지 않게 하는 것입니다. 그래서 가죽을 자를 때, 다음과 같은 여러 가지 요령이 있는 것입니다.

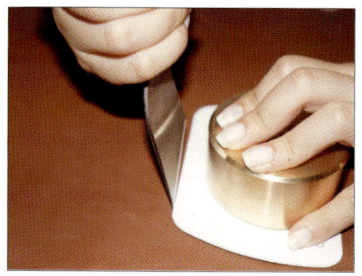
▲ 가죽위에 형지를 놓고, 무거운 문진이라는 도구를 올려 눌러준 후 재단하는 방법

▲ 가죽위에 형지를 놓고, 형지 테두리에 테이프를 붙여 고정시켜준 후 재단하는 방법

▲ 가죽위에 형지를 놓고, 둥근 송곳으로 형지 테두리를 따라 가죽에 금을 그어준 후, 그 표시를 따라 잘라주는 방법

▲ 가죽위에 형지를 놓고 은색 펜으로 그려서 재단하는 방법

▲ 한 번에 돌려 자른 곡선

▲ 잘게 잘라 만든 곡선

Tip 곡선 재단

곡선 부분을 재단할 때에는 칼날을 세워서 한 번에 돌려 자르는 방법과 잘게 잘라서 곡선을 완성하는 방법이 있답니다. 편하신 방법을 선택해서 하시면 되요.

3 가죽조각들을 붙이는 본딩 기법

1) 전면 본딩 & 부분 본딩

가죽공예는 본드 공예라는 말이 있을 정도로, 작품을 만드는데 있어 본딩은 늘 해야 하는 작업입니다. 얼마나 얇게 잘 펴서 바르는지에 따라 바느질이 달라지고 전체적인 모양이 달라지기도 합니다. 본드를 바르는데 있어 가죽의 전체 면에 본드 칠을 하는 전면 본딩과 바느질하는 테두리에만 본드 칠을 하는 부분 본딩이 있습니다. 일부에만 본드를 바르는 부분 본딩은 전면 본딩보다 본드를 적게 사용하므로 경제적이고 가벼우며, 안쪽 가죽의 접히는 면이 구겨지는 것을 방지하는 등 더 많은 장점이 있어 많이 사용되는 추세입니다.

2) 본딩 방법

본딩을 할 때에는 5-10mm정도의 면적에 본드를 바른 후, 10~20분 정도 마르도록 두었다가 완전 건조된 후 붙여야 합니다. 이때, 붙이고자 하는 가죽의 양쪽 모두 본드칠을 하는 것과 뭉치지 않게 얇게 펴서 발라야 한다는 것을 잊지마세요! 이렇게 서로 붙여진 가죽의 접착 부분은 롤러나 망치로 힘 있게 눌러주는 것이 좋습니다.

❶
▲ 본드를 헤라 끝 부분에 살짝 찍어서

❷
▲ 뭉치지 않게 얇게 펴 발라줍니다.

❸
▲ 10-20분 정도 그대로 두어 본드를 건조시킨 후에

▲ 끝 부분을 잘 맞추어 붙여주고

▲ 롤러나 망치로 접착된 부분을 힘 있게 눌러줍니다.

Tip 본드 바를 때, 아래 그림과 같이 접착 면을 책상이나 사물의 가장자리에 두고 바르면 훨씬 편해요!

Tip 본드를 바를 때 사용하는 도구인 헤라는 여러 개를 동시에 번갈아가며 사용하는 것이 좋습니다. 하나로 계속해 사용할 경우 본드가 뭉치기 때문에, 한 번 사용하고 말리는 동안 다른 헤라를 사용하고, 마른 본드를 떼어내고 다시 사용해야 본드가 뭉치는 것을 줄일 수 있답니다.

4 크리져 및 디바이더 사용법

크리져나 디바이더는 가죽에 선을 그어주는 역할을 합니다. 우리가 바느질 구멍을 낼 때 일자로 반듯하게 뚫기 위해 미리 선을 그어주는데, 그때 사용하는 것이 디바이더나 크리져입니다.

이 둘의 차이를 살펴보면, 크리져는 열을 이용해 인두를 뜨겁게 달구어 가죽에 선을 새기는 것이고, 디바이더는 마치 송곳처럼 뾰족한 쇠로 선을 그리는 것입니다.

가죽으로 만든 가방이나 지갑들을 보면 간혹 가장자리 부분에 선이 그어져 있는 것을 보실 수 있으실 거예요. 그게 바로 크리져 라인인데요, 이처럼 크리져는 바느질 선을 그릴 때 외에 가죽에 장식 선을 그릴 때도 사용한답니다.

가죽공예의 흐름
1 패턴그리기
2 재단 칼 사용법과 가죽재단 방법
3 가죽조각들을 붙이는 본딩 기법
4 크리져 및 디바이더 사용법
5 예쁜 스티치를 만들어내는 치즐 사용방법
6 가죽공예의 꽃, 스티치 기법
7 가죽공예의 마무리, 엣지코트(기리메) 바르는 방법

▲ 디바이더로 선을 그리는 모습

만들고자 하는 작품의 크기에 따라 다르지만 보통 디바이더 다리 사이의 간격은 2-4mm로 합니다. 선이 일정한 간격이 되도록 끝 라인에 잘 맞추어서 그어주어야 해요~

▲ 크리져로 선을 그리는 모습

뜨거운 열로 가죽에 자국을 새기는 크리져는 팁 별로 간격이 달라서 작품에 맞도록 골라 사용하시면 되요. 그리고 모서리 부분에 선을 그을 때는 크리져 팁 뒤쪽을 세워서 그어주어야 곡선을 더 쉽게 그릴 수 있습니다.

5 예쁜 스티치를 만들어내는 치즐 사용방법

가죽 바느질은 일반적인 천 바느질과는 달리 두꺼운 가죽을 통과해야하기 때문에 미리 스티치 구멍을 낸 후, 그 사이로 실을 통과 시키게 되는데요, 이때 사용하는 도구가 치즐(목타)입니다. 2, 5, 10날의 치즐을 적절히 사용해 구멍을 내어주는데, 주로 유럽형 사선 치즐과 일본형 다이아몬드 치즐 가운데 선택하여 사용하게 됩니다.

가죽공예의 흐름
1 패턴그리기
2 재단 칼 사용법과 가죽재단 방법
3 가죽조각들을 붙이는 본딩 기법
4 크리져 및 디바이더 사용법
5 예쁜 스티치를 만들어내는 치즐 사용방법
6 가죽공예의 꽃, 스티치 기법
7 가죽공예의 마무리, 엣지코트(기리메) 바르는 방법

1) 사선형 치즐과 다이아몬드형 치즐, 치즐의 크기

다음 그림을 통해 사선형 치즐과 다이아몬드형 치즐로 구멍을 낸 것과 바느질의 차이를 알아보도록 해요.

◀ 왼쪽부터 1번 - 다이아몬드형 치즐로 구멍 낸 가죽 / 2, 3, 4번 - 각각 9호, 8호, 7호 사선형 치즐로 구멍 낸 가죽

위에서 보듯, 다이아몬드형 치즐은 날 끝이 다이아몬드 모양으로 사선형 치즐보다 굵기 때문에 구멍이 크게 뚫리고 사선형 치즐은 상대적으로 날의 두께가 얇아 구멍의 크기가 작습니다. 또한 이 치즐들도 크기별로 간격이 다 다른데, 여기서는 더 많이 사용하는 사선형 치즐로 작품을 만들고 설명을 할 것이기 때문에 사선형 치즐의 크기에 대해 좀 더 자세히 알아보도록 하겠습니다.

우리가 소품을 만들 때는 날의 간격이 좁은 것을 주로 사용하고 가방류의 큰 작품을 만들 때는 날의 간격이 넓은 것을 사용합니다. 하지만 이 역시 정해진 것이 아니라 각자의 취향에 따라 선택하면 된답니다. 흔히 7-9호 크기의 치즐을 많이 사용하는데, 7호가 가장 간격이 넓고 9호가 가장 좁습니다. 다시 말해 7호의 치즐로 구멍을 낸 경우 스티치 모양이 크고 넓게 나오고, 9호로 갈수록 촘촘하게 나오는 것이죠. 7호는 날 간격이 3.8mm, 8호는 3.38mm, 9호는 3.0mm 이랍니다.

아래의 사진은 각 호수별 사선 치즐로 구멍을 내어 바느질을 한 것이니, 스티치 땀의 차이를 비교해보세요.

◀ 위에서부터 다이아몬드형 치즐, 9호 사선형, 8호 사선형, 7호 사선형 치즐 사용

2) 직선 부분과 곡선 부분 치즐 사용법

앞서 그린 디바이더 라인이나 크리져 라인에 맞추어 일자로 치즐을 사용할 때, 고려해야 할 몇 가지 사항이 있습니다. 먼저 공통적으로 크리져 라인 안쪽으로 날을 잘 맞추어 구멍을 내어주어야 합니다. 사선 날의 끝부분이 선에 맞닿게 하고 치즐 날은 선의 안쪽으로 들어가 있어야 해요. 만약 크리져 라인 바깥쪽으로 구멍을 낼 경우, 바느질을 할 때 가죽의 외곽과 너무 가까워져서 자칫하다가는 가죽이 찢어질 수도 있답니다.

▲ 라인 안쪽으로 치즐을 치는 모습

◀ 1날 치즐로 곡선에 구멍 뚫는 모습, 그림과 같이 라인과 치즐의 날이 평행이 되어야 해요~

곡선 부분에 구멍을 뚫는 방법은 직선과는 조금 달라요~ 직선에서 사용하던 5날이나 10날 치즐은 곡선의 좁은 부분을 뚫기에 적합하지 않습니다. 이때 사용하는 것이 1, 2날의 치즐인데, 먼저 곡선 부분에서 2날 치즐로 살짝 자국을 내어준 후, 1날 치즐로 그 부분을 뚫어 줍니다.

3) 치즐로 구멍 뚫는 순서

가방이나 소품을 만들다보면 가죽이 겹쳐지는 부분이 생깁니다. 이 조각들을 먼저 본드로 붙여준 후에 바느질 구멍을 뚫어주게 되는데, 이때 순서를 고려해서 뚫는 것이 중요합니다. 먼저 가죽이 겹쳐지는 부분을 뚫어주고, 그 다음으로 양쪽 사이드, 마지막에 중간 부분의 간격을 맞추어 뚫어주어야 해요. 카드지갑을 예로 사진을 보면서 설명해 보도록 할게요.

❶ 가죽끼리 겹쳐진 부분을 먼저 뚫어줍니다. 이때, 겹쳐진 부분이 치즐 날의 사이로 들어가도록 해야 가죽이 찢어지지 않아요.

❷ 적당한 날 치즐로 위 부분을 뚫어 마무리 합니다.

❸ 남은 부분의 직선을 뚫어줍니다. 넓은 공간이니 10날을 이용하면 빨라요.

❹ 곡선 모서리 부분은 2날 치즐로 간격을 마크하고, 1날 치즐로 선과 평행하게 뚫어줍니다.

❺ 가죽이 겹쳐지지 않는 단면을 뚫을 때는 한 쪽 끝 부분에서 먼저 구멍을 뚫기 시작합니다.

❻ 중간 즈음까지 뚫었다면, 반대쪽 끝 부분에서 뚫습니다.

❼ 가운데 부분은 마지막에 간격의 크기를 잘 맞추어 뚫어줍니다. 이때 치즐의 간격이 맞지 않다면 가죽을 살짝 잡아당겨 늘려서 치즐 날이 들어가도록 하면 됩니다. 이렇게 해도 간격이 맞지 않거나 너무 가죽이 늘어나게 되는 경우에는 남은 부분을 마름송곳으로 간격을 나누어 뚫어줍니다.

4) 마름송곳으로 뚫어주는 경우

가죽이 여러 장 겹쳐져 너무 두꺼운 경우에는 치즐로 구멍을 내면 가죽이 찢어질 수 있답니다. 치즐이 위로 갈수록 두꺼워지는 모양이기 때문에 깊이 들어가게 되면 구멍이 너무 커지기 때문이죠. 그래서 가죽이 두꺼운 경우에는 치즐로 간격만 맞추어 가죽에 표시를 한 다음, 마름 송곳으로 뚫어주면 예쁘게 스티치를 할 수 있습니다.

 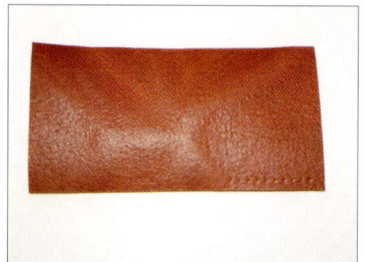 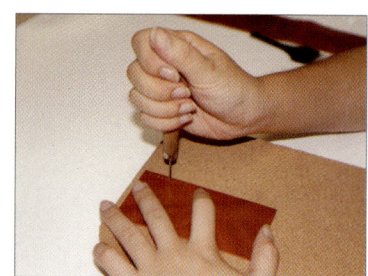

6 가죽공예의 꽃, 스티치 기법

모든 공예가 그렇듯, 가죽공예에도 스티치 방법이 아주 많습니다. 여기서는 일반적인 가죽공예의 핸드스티치 기법 중 가장 많이 사용하는 유럽형 스티치, '새들스티치'로 배워보겠습니다. 새들스티치는 두 개의 바늘을 사용하여 가죽의 양 쪽으로 실을 교차시키며 바느질을 합니다. 그렇기 때문에 아래 실 몇 땀을 끊고 위에서 당기면 실이 다 풀려버리는 미싱과는 달리 몇 땀 끊기거나 풀려도 바느질 한 것이 유지되는 특징이 있습니다.

가죽공예의 흐름
1 패턴그리기
2 재단 칼 사용법과 가죽재단 방법
3 가죽조각들을 붙이는 본딩 기법
4 크리저 및 디바이더 사용법
5 예쁜 스티치를 만들어내는 치즐 사용방법
6 가죽공예의 꽃, 스티치 기법
7 가죽공예의 마무리, 엣지코트(기리메) 바르는 방법

1) 스티치 방법

1. 실 길이

스티치를 할 때 실은 바느질을 할 길이의 3-4배 정도로 넉넉히 잘라줍니다. 만약 카드지갑의 한 면 정도로 짧은 구간인 경우에는 5-6배 정도가 되도록 준비하는 것이 좋습니다. 바늘에 실을 꿰는 구간도 있으니 넉넉히 하세요.

2. 바늘에 실 꿰기

새들스티치는 2개의 바늘을 사용하게 됩니다. 바늘을 꿰는 법 역시 일반 천 바느질과는 다르니 사진을 통해 알아보도록 하겠습니다.

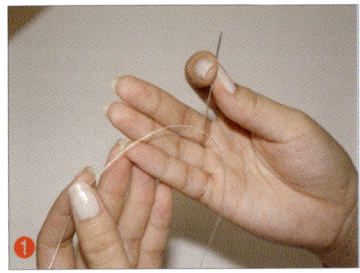

① ▲ 먼저 실을 바늘귀에 끼워줍니다.

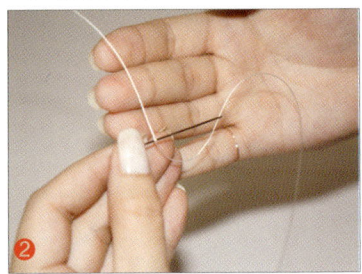

② ▲ 그 다음 바늘을 실의 10cm 부분 가운데로 통과시키고

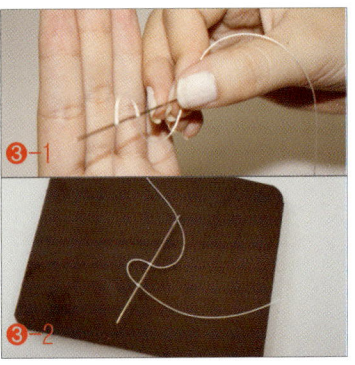

③-1
③-2 ▲ 연달아 1-2cm 간격으로 다시 한 번 통과시킵니다. 그림과 같이 바늘이 실 사이를 통과되었으면,

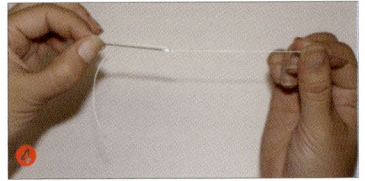

④ ▲ 바늘 귀 (뒤 쪽) 쪽의 긴 실을 팽팽하게 당겨줍니다.

⑤-1
⑤-2
⑤-3 ▶ 그리고 난 후, 통과된 짧은 실을 그림처럼 살살 아래로 당겨주면

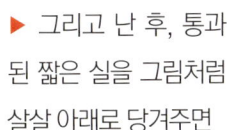

⑥-1
⑥-2 ▲ 이런 모양으로 실이 꿰어지게 됩니다.

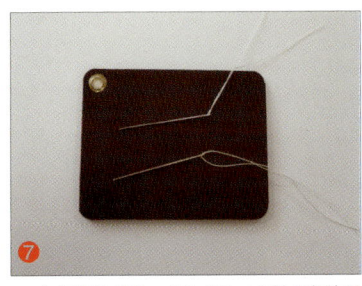

⑦ ▲ 나머지 바늘 하나로 실의 반대쪽도 똑같이 꿰어줍니다.

Tip 합성사는 바로 바늘에 꿰어주면 되지만, 천연사의 경우 표면이 거칠고 그냥 사용할 경우 마모가 잘 되어 쉽게 끊어지는 특성이 있습니다. 그렇기 때문에 실을 사용하기 전 왁스를 3-4번 흡수시켜 내구성을 높이고 표면을 부드럽게 해 준 다음 사용해야 한다는 점 잊지 마세요.

▲ 그림처럼 왁스 위에 실을 문질러 3-4번 정도 골고루 묻혀줍니다.

3. 스티치 하는 법

새들스티치는 한 쪽 면이 사선으로 되기 때문에, 바느질을 할 때 실끼리 위 아래로 교차하여야 합니다. 스티치 과정을 사진을 통해 좀 더 상세히 살펴볼게요.

▲ 치즐을 친 부분(작품의 바깥 쪽)이 오른쪽에 위치하도록 한 다음, 오른쪽에서 바늘을 꽂아 실의 길이가 절반이 되게 끼워줍니다.

▲ 그 다음 구멍으로 왼쪽 바늘을 먼저 끼워주고

▲ 바늘을 아래쪽으로 당기면서 오른쪽 바늘을 뒤쪽에 준비한 후,

▲ 왼쪽 실을 아래쪽으로 당긴 채로 오른쪽 바늘을 왼쪽 실 위쪽으로 통과시켜줍니다.

▲ 그 다음 실이 꼬이거나 엉키지 않게 양쪽을 잘 당겨줍니다.

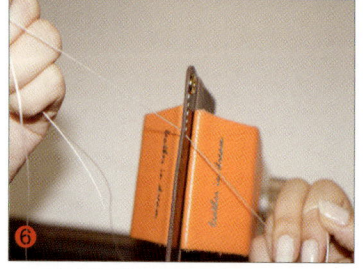
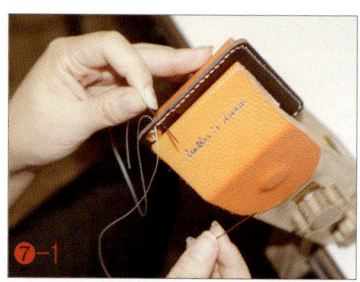

▲ 적당히 힘을 주어 당겨서 마무리 합니다. 이때, 바느질이 시작되는 부분과 끝나는 부분, 경우에 따라 가죽이 겹쳐지는 부분은 더 단단하게 고정시키기 위해 2땀 정도씩 2번 겹쳐 바느질을 해주는 것이 좋습니다.

▲ 끝나는 부분은 그림처럼 마지막까지 바느질을 한 후, 같은 방법으로 2땀 되돌아가며 바느질 하여 겹치게 해줍니다.

2) 양면사선 스티치

새들스티치는 아래 그림처럼 바깥쪽은 사선 모양의 스티치가 만들어지고, 반대로 안쪽은 일자 형태의 스티치가 됩니다.

▲ 바깥쪽, 겉 면 – 사선으로 바느질 이 됨

▲ 안쪽, 뒤쪽 면 – 일자로 바느질이 됨

보기에 예쁜 사선 부분이 작품의 겉면이 되도록 바느질을 하게 되는데요, 가방이나 소품 가운데 바느질의 양 쪽 모두 밖에서 보이게 되는 경우에는 양면 모두 사선으로 스티치를 하기도 합니다.

양면 사선 스티치는 가죽끼리 붙이기 전에 먼저 스티치 구멍을 뚫어주는 것이 포인트입니다. 즉, 양 쪽 가죽을 대칭이 되도록 구멍을 잘 맞추어 뚫은 후 본딩 작업을 하는 것이죠. 가죽을 붙여서 한 번 구멍을 뚫는 것 보다 시간도 많이 걸리고, 구멍끼리 간격이나 위치가 맞도록 신경 써서 뚫어야 한다는 번거로움이 있지만, 만들어 놓으면 양면 모두 사선으로 바느질 된 예쁜 완성품을 보실 수 있을 거예요. 다음 사진은 양면 사선 스티치로 만든 작품입니다.

▲ 양쪽 모두 사선으로 바느질이 됨 ▲

3) 매듭짓는 법

마지막까지 바느질이 다 되었다면 매듭을 지어 마무리를 해주어야 합니다. 매듭짓는 방법은 실의 종류에 따라 다른데, 합성사의 경우 주로 열을 가해 녹이는 방법으로 마무리를 하게 되고, 천연사의 경우에는 열이 가해지면 타버리므로 목공용 본드를 이용해 고정시키게 됩니다.

1. 천연사 매듭짓는 법

❶
▲ 마지막 땀에서 실에 목공용 본드를 발라주고

❷

◀ 당겨서 실을 통해 본드가 바느질 구멍 안으로 들어가게 한 후 끝에 바짝 붙여 실을 잘라주면 됩니다. 이때 가죽 밖으로 나오는 본드는 시간이 지나면 투명하게 바뀌어 보이지 않으므로 걱정 마세요.

2. 합성사 매듭짓는 법

▲ 실을 끊어주는 도구를 사용하여 끝이 보이지 않게 바짝 붙여 끊어주거나,

▲ 쪽가위로 실을 짧게 잘라내고, 라이터를 이용하여 녹여주는 방법이 있습니다. 이때, 라이터의 파란 불꽃이 실에 닿도록 하여 태워 주어야 까맣게 그을리는 것을 막을 수 있다는 점 꼭 알아두세요!

> **Tip** 바느질을 하다보면 나도 모르는 사이 방향을 틀리기 쉬우므로 중간 중간에 방향이 잘못된 곳이 없는지, 스티치가 사선으로 잘 나오고 있는지 꼭 확인하며 바느질 하셔야 합니다. 바느질 마무리 단계에서 풀고 다시 하거나, 작품의 완성도를 떨어뜨려서는 안 되니까요.

> **Tip** 바느질을 할 때는 가죽을 잡아 주는 포니라는 도구를 사용하면 편하게 하실 수 있답니다.

7 가죽공예의 마무리, 엣지코트(기리메) 바르는 방법

가방이나 지갑 등의 작품들을 보면, 끝 부분에 색깔로 칠해져 마무리 되어 있는 것을 볼 수 있습니다. 이것이 바로 가죽공예를 마무리하는 엣지코트 인데요, 얼마나 엣지코트를 매끈하게 잘 바르느냐에 따라 작품의 마무리 정도가 결정된다 해도 과언이 아니니 최대한 매끈하고 평평하게 발라줄수록 좋습니다.

가죽공예의 흐름
1 패턴그리기
2 재단 칼 사용법과 가죽재단 방법
3 가죽조각들을 붙이는 본딩 기법
4 크리져 및 디바이더 사용법
5 예쁜 스티치를 만들어내는 치즐 사용방법
6 가죽공예의 꽃, 스티치 기법
7 가죽공예의 마무리, 엣지코트(기리메) 바르는 방법

1) 엣지코트를 바르는 방법

엣지코트를 바르는 방법은 아주 많으므로 편한 것을 선택하여 바르면 됩니다.
먼저 스펀지를 적당한 크기로 잘라 엣지코트를 묻혀 바르는 방법이 있습니다. 닿는 면적이 넓고 가벼워 빨리 바를 수 있다는 장점이 있지만, 얇게 발라지기 때문에 다른 도구보다 더 여러 번 겹쳐 발라야 한다는 것이 단점입니다.

▲ 스펀지

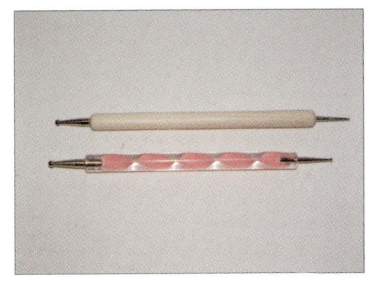
도트봉이나 송곳 등 끝이 뾰족한 도구로 바르는 방법도 많이 사용되는데, 닿는 면적이 좁기 때문에 시간이 많이 걸리는 단점이 있지만 정교하게 바를 수 있다는 것이 장점입니다.

▲ 도트봉, 엣지봉

가방이나 스트랩 등 엣지코트를 발라야 하는 곳이 아주 많은 경우, 롤러 같은 곳에 엣지코트를 묻히고 그 위를 단면이 스치도록 하는 기구인 약칠기를 이용하기도 합니다. 빠른 시간에 반듯하게 바를 수 있다는 장점이 있는 반면, 엣지코트를 많이 사용하게 되고 엣지코트가 굳기 전에 씻어내어야 한다는 단점이 있지요.

엣지코트를 매끈하게 마무리하려면 여러 번 덧발라주어야 하는데, 이때 발라 놓은 액체가 마른 후 다시 발라주는 것이 좋습니다.
만약 재단 면이 울퉁불퉁하거나 단면의 차이가 생겨있다면, 사포로 가죽의 단면을 반듯하게 문질러 준 후 엣지코트를 발라주고, 바르는 중간에도 필요하다면 문질러 주면 됩니다. 아참, 이때는 엣지코트가 완전히 속까지 바짝 마른 상태에서 문질러주어야 한다는 것 잊지 마세요!

Tip 처음 바를 때에는 물을 조금 타서 묽게 하여 발라주면 가죽 속으로 잘 스며들어 내구성이 강해진다는 것도 함께 알아두시면 좋아요.

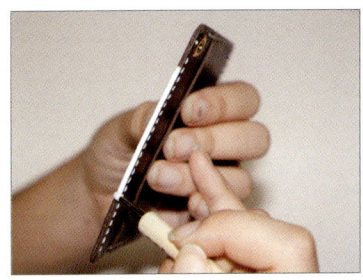

2) 후노리 (투명 엣지코트)

앞서 언급한대로 엣지코트의 완성도는 얼마나 단면을 평평하고 반듯하게 만드느냐에 달려있습니다. 물론 가죽끼리 붙일 때 완벽하게 맞는다면 문제가 없겠지만, 수공으로 하다보면 단차가 생기기 마련이죠. 이때, 후노리라는 액체를 사용하여 먼저 단면의 차이를 메워줄 수도 있습니다.

　이 투명한 액체를 가죽 단면에 발라주면, 가죽의 사이로 스며들어 단면을 평평하게 만들어주는 역할을 하기 때문에, 그 위에 엣지코트를 발라 완성도를 높일 수 있습니다.

step. 3 CAD를 활용한 형지그리기 기본기술

1 CAD의 기본 38

2 CAD 첫 세팅하기 40

3 CAD의 기본 명령어 50

step. 3 CAD를 활용한 형지그리기 기본기술

1 CAD의 기본
2 CAD 첫 세팅하기
3 CAD의 기본 명령어

1 CAD의 기본

★ CAD란?

CAD는 본래 건축물이나 기계를 만들 때, 설계도면을 그리는 컴퓨터 프로그램입니다. 그만큼 정확하고 정밀하며, 다방면에 활용될 수 있죠. 우리가 가죽공예를 하면서 만드는 가방이나 지갑, 여러 종류의 소품들도 결국 이런 도면을 필요로 하고, 도면을 바탕으로 입체 형태의 작품들이 만들어지는 것입니다. 그렇다면 이 CAD라는 프로그램을 활용해 형지, 즉 패턴을 그릴 수 있다면 어떨까요? 하나 하나 손으로 글씨를 쓰다 워드라는 프로그램을 접했을 때의 느낌이지 않을까요? 지금부터 CAD를 천천히 파헤쳐보도록 하겠습니다. 그대~로 따라 하다 보면 어느새 CAD로 패턴을 쓱쓱 그리고 있는 자신을 발견하실 거예요!

★ CAD를 가죽공예에 어떻게 활용하는지 알아볼까요?

1) 정확한 치수 계산
가죽공예의 시작은 형지라 불리는 패턴을 만드는 것입니다. 그리고 특히 가방과 같은 입체 형태의 작품을 만들 경우, 앞면이나 측면 등 곡선이 있는 길이 계산이 반드시 필요합니다. 물론 그만큼 머리 아픈 일이기도 하지요. 이 때 설계 프로그램인 CAD를 사용하면, 비율이나 길이 등을 정확히 계산할 수 있기 때문에 형지가 틀려질 일이 없답니다. 조금만 맞지 않아도 가방 등 작품의 모양이 달라질 수 있는 정교한 작업인 만큼 CAD를 활용해 딱 맞게 패턴 작업을 하면 좋겠죠?

2) 기성품 디자인 활용 및 변경
가죽공예를 비롯한 모든 공예에 있어 새로운 디자인을 생각해 제품을 만들기는 쉽지 않습니다. 이에 기성품을 따라 하고 조금씩 변경하면서 서서히 자신만의 작품을 만들어가는 경우가 많죠. 여기서 CAD의 진가가 발휘된답니다. 바로 사진을 가져와 비율과 길이를 측정하여 패턴을 만드는 기능이예요~ 사진을 삽입하고 크기를 정해주면 신기하게도 패턴이 눈 앞에 펼쳐진답니다. 이렇게 기성품을 활용하여 패턴을 그릴 수 있을 뿐 아니라 모서리나 일부, 전체의 디자인을 변경할 수도 있기 때문에, 계속해서 연습을 하다 보면 어느 순간 나만의 작품을 그릴 수 있을 것입니다.

3) 패턴 사이즈 변경 및 파일 형태로 보관

같은 작품이라도 개개인마다 좋아하는 사이즈가 있고, 그 크기에 따라 느낌도 다르게 됩니다. 손 패턴으로 형지를 만들면 사이즈를 변경하고자 할 경우 일일이 다시 패턴을 그려야 하므로 시간이 많이 소요되곤 하죠. 하지만 CAD를 이용하면 한번 만들어 놓은 파일의 사이즈를 간단히 확대, 축소할 수 있어 마음대로 조정이 가능합니다. 사이즈를 마음대로 변경해서 프린트만 하면 바로 형지를 만들 수 있는 간편한 프로그램이 바로 CAD랍니다.

또, 보통 형지를 만들어 여러 번 사용하다 보면, 분실할 수도 있고, 칼로 자르다 망가지는 경우를 종종 보게 됩니다. CAD로 패턴을 그려 놓으면, 파일의 형태로 저장을 해두기 때문에 언제든 출력하여 사용할 수 있고, 보관도 용이합니다. 자주 사용하는 패턴들, 금속장식 등은 한번 만들어 두고 다른 디자인 작업을 할 때 활용할 수도 있으니 작업이 훨씬 수월해 지는 건 말 하지 않아도 알겠죠?

★ 우리는 어떤 CAD를 사용하면 될까요?

CAD의 종류는 아주 많습니다. 각 프로그램마다 더 적절하게 사용할 수 있는 분야가 많기 때문이죠~ 여기서는 CAD 프로그램 가운데 AUTOCAD를 사용하고, 버전은 크게 상관없습니다. 상위버전에서 작업을 할 경우, 파일 형식을 변경하여 저장하면 하위버전에서도 열리니까요~

1 CAD의 기본
2 CAD 첫 세팅하기
3 CAD의 기본 명령어

2 CAD 첫 세팅하기

CAD프로그램을 사용하기 전 먼저 프로그램 세팅을 해야 하는데, 이는 마우스를 사용할 때 명령어 등을 쉽고 빠르게 입력할 수 있게 하여 디자인 작업을 더 간단히 하기 위한 것입니다.
처음 한 번 세팅을 해놓으면 저장된 항목을 바로 사용할 수 있게 됩니다.

처음 CAD를 실행하면 나타나는 화면에서 표시된 부분을 클릭하여 그리기 화면으로 이동한다.

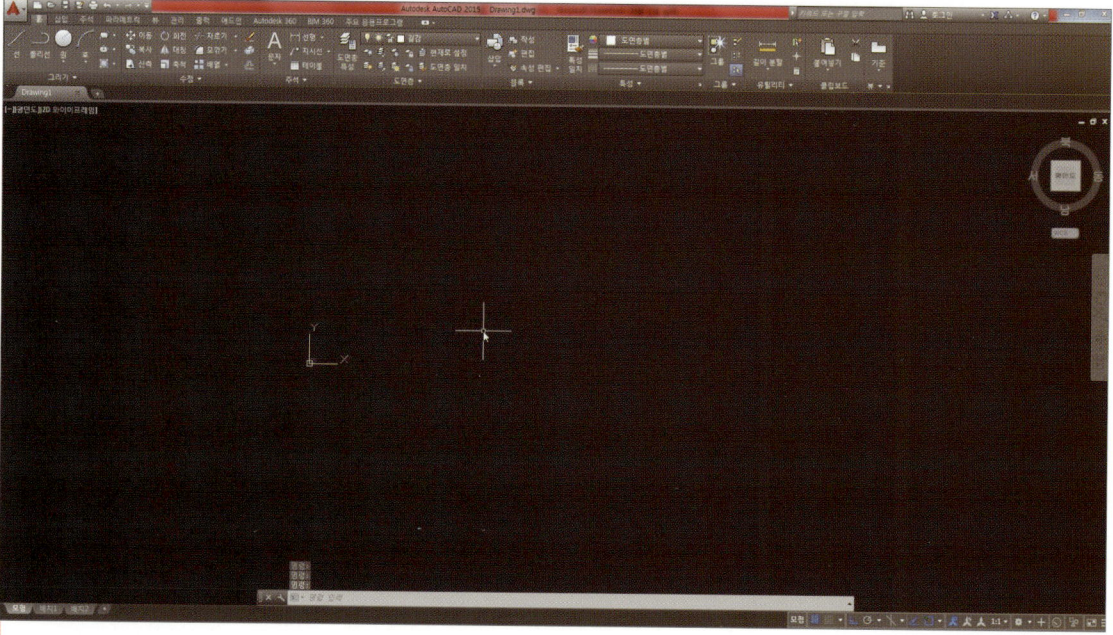

그리기 화면 : 모든 도면은 이 화면에서 그리기 시작한다.

CAD를 사용할 때 가장 기본이 되는 것은 바로 CAD의 질문에 명령어를 입력하고, 다음 작업에 대해 물어보면 알맞은 명령을 하는 것입니다. 즉 CAD프로그램에서 사용자에게 원하는 작업이 무엇인지를 계속해서 물어보는데 바로 이를 잘보는 것이 CAD사용의 핵심이죠.

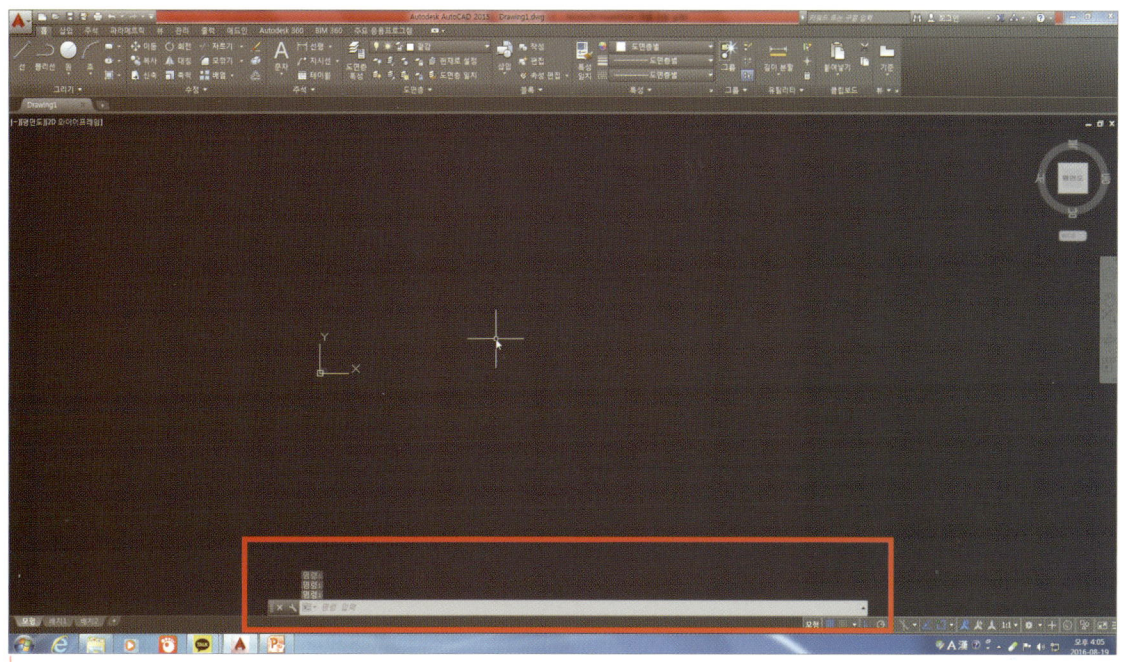

CAD 사용에 있어 가장 중요한 곳이다. 이곳에 명령어를 입력하면 CAD가 다음 작업은 무엇인지 물어 보므로, 항상 이곳을 집중하면서 작업을 해야 한다. 명령어 입력이 되지 않은 상태에서는 이곳에 '명령 입력' 이라고 나타나며, 이 상태가 바로 기본상태이다. 간혹 명령어 입력이 안 될 때에는 이 부분을 확인해보아야 한다. 다른 명령이 진행 중일 수 있기 때문이다. 이때는 Esc 키를 눌러서 명령 입력 상태로 만든 후 다음을 진행하면 된다.

맨 처음 명령 입력 대기 상태

'LINE' 이라는 선 그리기 명령이 진행중인 상태. 이 상태에서는 다른 명령어 입력이 되지 않는다.

1) 도면 층 추가

도면 층을 추가하는 이유는 패턴을 그릴 때, 가죽 재단용 형지와 인솔, 안감, 보강재 등을 화면상에서 구분하기 위함입니다.

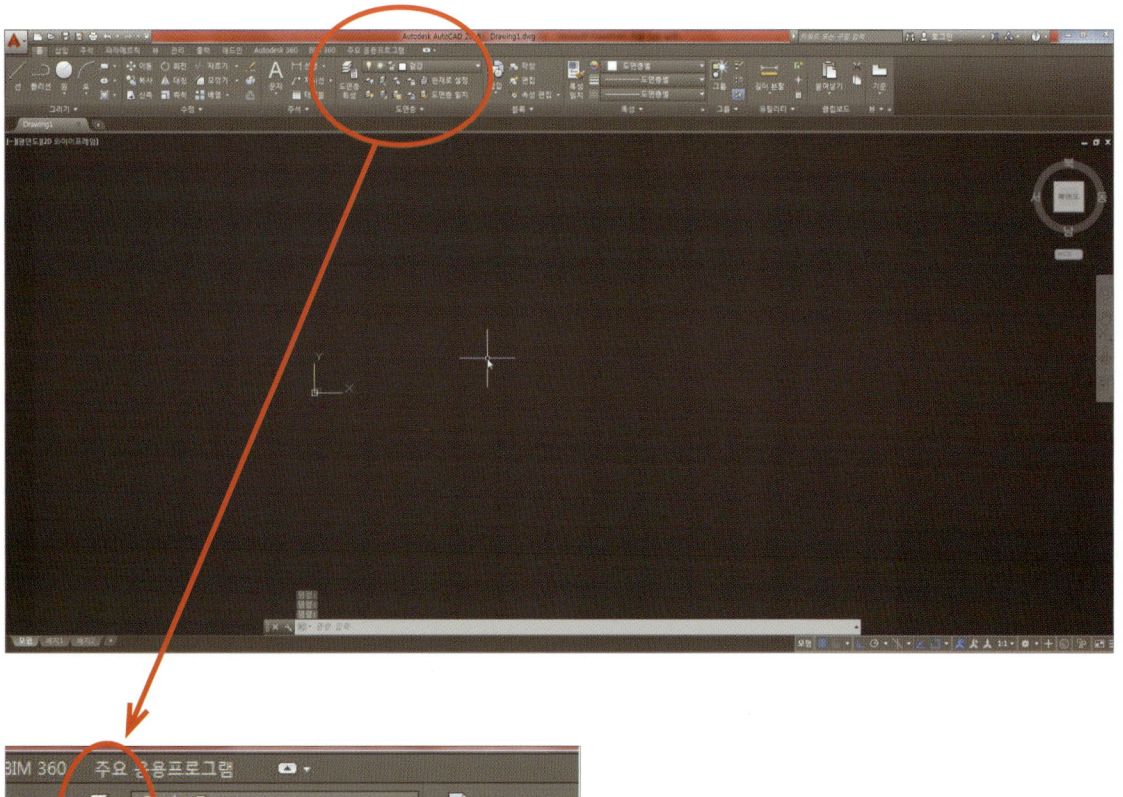

표시된 부분을 클릭하면 도면 층 관리로 들어가게 된다.

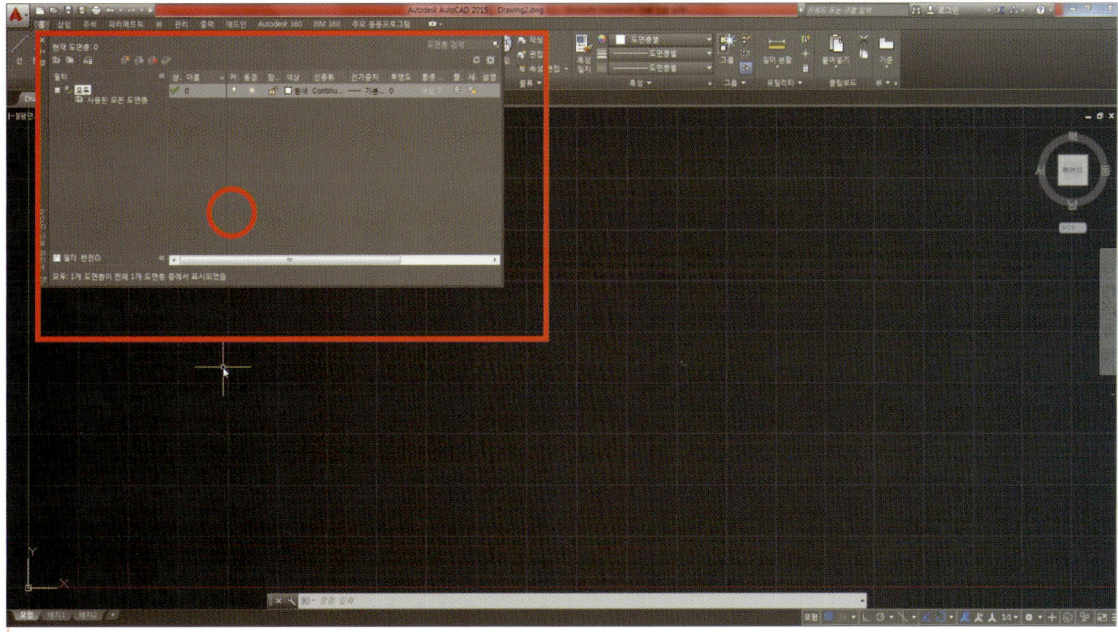

도면 층 특성을 클릭하면 표시된 네모 상자가 나타나게 되고, 이 곳에 가죽도면, 보강재, 인솔, 안감 등으로 도면의 층을 나누게 된다. 네모난 상자 안의 동그라미 부분에 마우스 오른쪽 버튼을 클릭하면 '새 도면 층'이라고 나타난다. 이 부분을 클릭해보자.

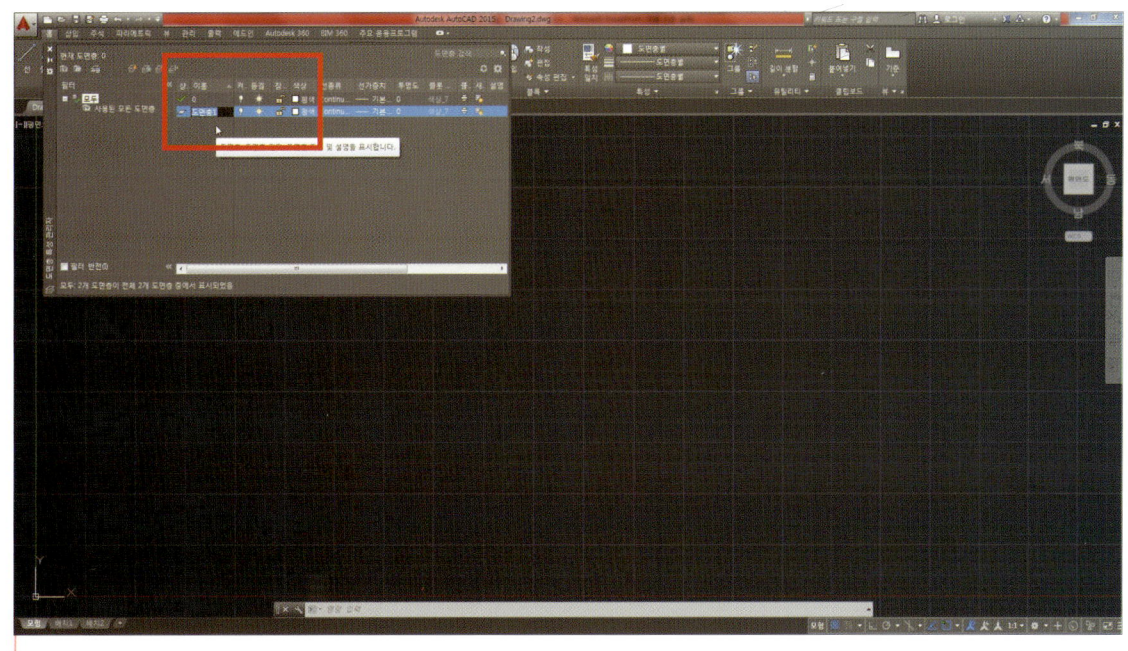

위와 같이 도면 층 1이 생기면 가죽, 안감, 보강재, 인솔 등, 원하는 대로 객체 명을 바꾸면 된다. 마우스를 색상 쪽에 놓고 왼쪽 버튼을 클릭하면 색상을 변경 할 수 있게 되는데, 각 패턴마다 색상 분류를 해주는 것이 좋다.

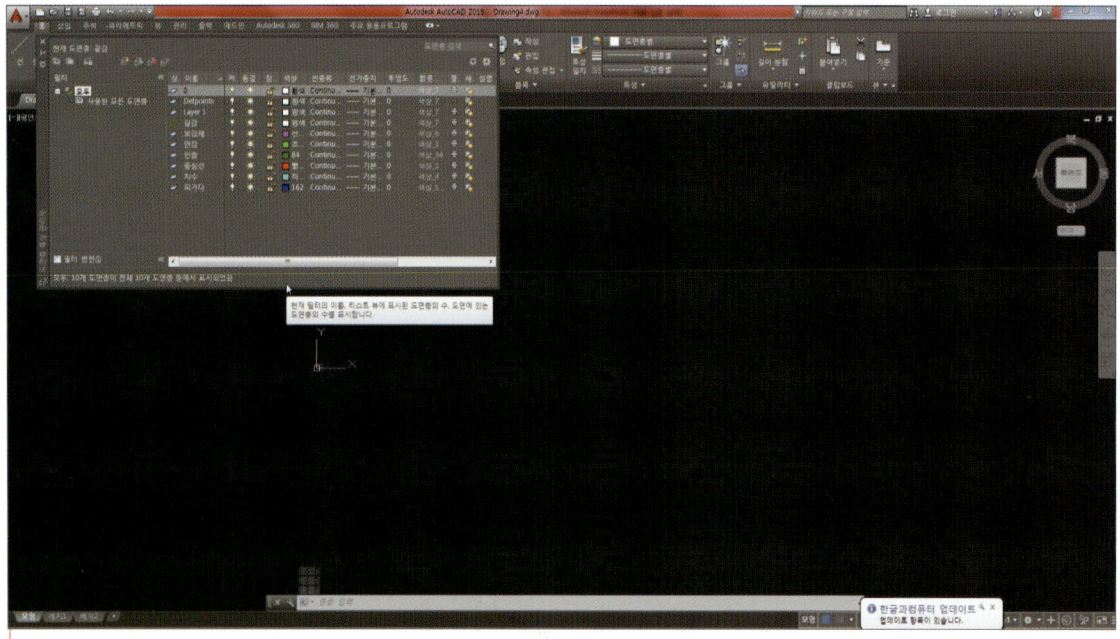

도면 층 별로 이름과 색상을 구분해 놓은 모습이다. 여기까지 도면 층을 추가해두면 자동으로 저장되어, 이후 다른 CAD 작업부터는 그냥 사용하면 된다. 파일을 열었을 때 가장 많이 사용하는 도면 층을 더블 클릭 해놓으면 그것이 기준이 된다.

2) 열기 및 저장하기 (단축키 : OP = OPTIONS)

CAD는 연도 별로 다양한 버전이 존재합니다. CAD 2008, 2012, 2015 등 조금씩 버전이 업그레이드 되는데, 이때 상위 버전에서 작성된 파일은 하위버전에서 열리지가 않는 경우가 생깁니다. 그렇기 때문에 저장할 때 변경을 한 후 저장해주어야 파일을 다른 컴퓨터에서 열고 인쇄할 때도 지원이 될 수 있답니다. 이에 열기와 저장하기를 세팅해두면 편리하게 사용하실 수 있습니다.

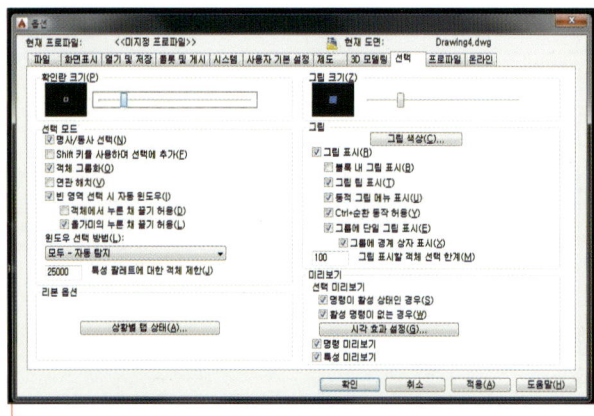

그리기 화면에서 OP를 입력 → Enter

위와 같은 OPTIONS화면이 나타난다.

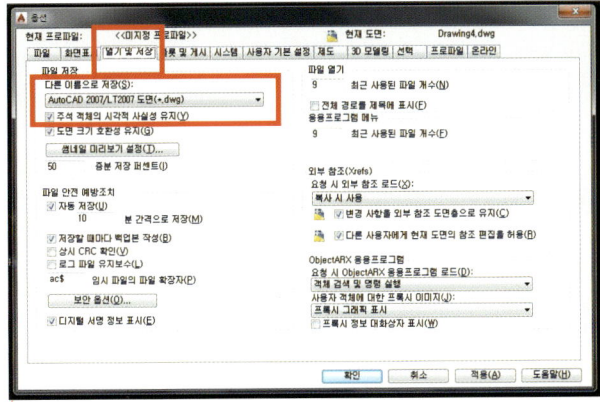

위에 표시된 '열기 및 저장'을 클릭하고, 2008 등 낮은 버전으로 다른 이름으로 저장 해주면 된다.

3) 마우스 클릭 설정 (단축키 : OP = OPTIONS)

마우스 클릭을 설정해두면, 그리기 작업을 할 때 마우스를 더 편하게 사용할 수 있게 됩니다.

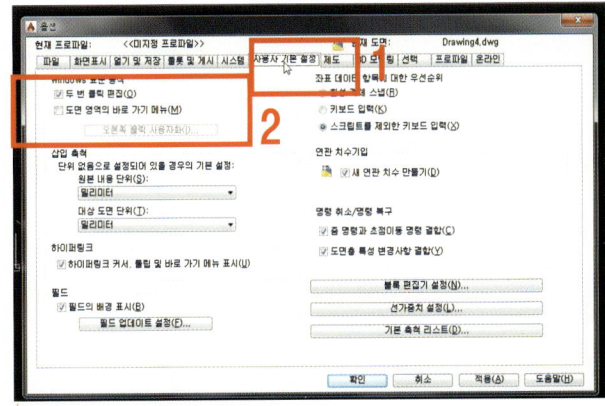

단축키 OP를 눌러 다음과 같은 화면이 열리면 사용자 기본설정 → Windows표준동작 → 도면영역의 바로 가기 메뉴를 체크한다. 이때 아래쪽에 '오른쪽 클릭 사용자화' 버튼이 활성화가 된다.

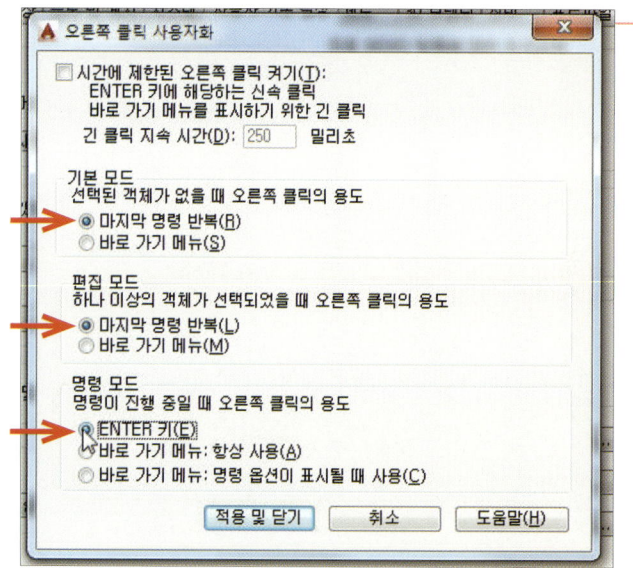

'오른쪽 클릭 사용자화' 버튼을 클릭하면 다음의 화면이 열리는데, 여기서 기본모드, 편집모드는 '마지막 명령 반복'을 선택하고, 명령모드는 Enter 키를 선택한다. 적용 및 닫기를 클릭하여 그리기 화면으로 돌아간다.

4) 스냅 설정 (단축키 : OS = OSNAP)

선을 그리거나 이동하거나 복사해서 붙여 넣을 때, 끝점, 중간점, 중심점 등 서로 붙이는 부분이나 시작하는 부분이 표시되도록 설정해주는 단계입니다.

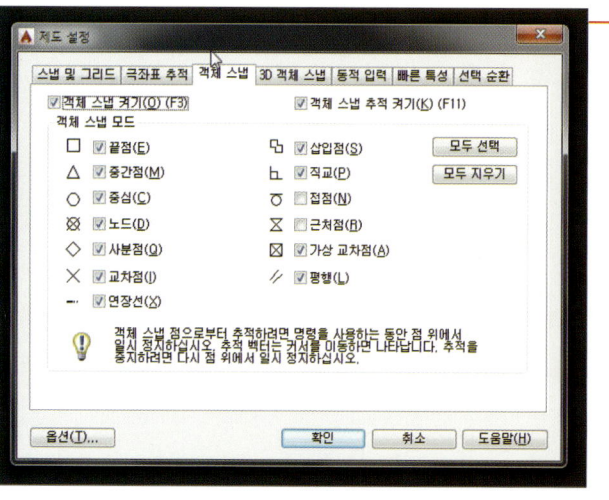

그리기 창에서 OS를 입력 → Enter → 왼쪽 화면이 생성된다.
이때, 체크박스를 모두 체크해준다. 예를 들어 끝점에 체크가 안되어 있다면 끝점을 잡을 수가 없게 된다.

5) 패턴 템플릿 저장

세팅이 끝났다면 그 내용을 저장을 해 두어야 다음 번 작업할 때 그대로 불러와 사용할 수 있답니다.

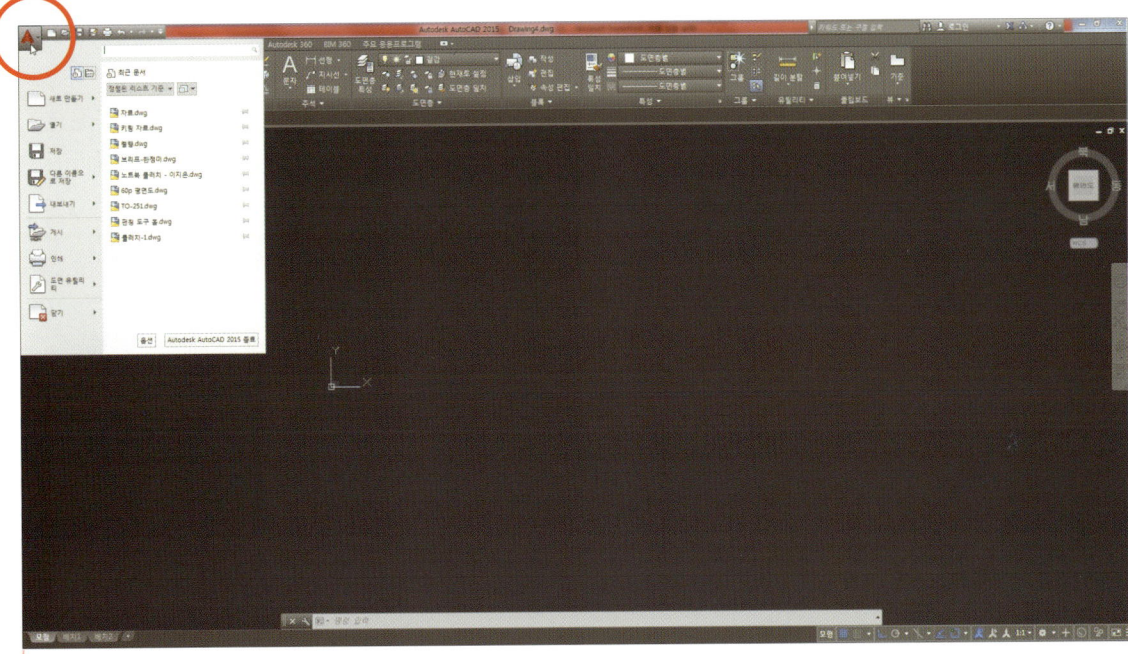

왼쪽 상단의 빨간색 CAD 홈 버튼을 누르면 왼쪽과 같은 카테고리가 보인다.

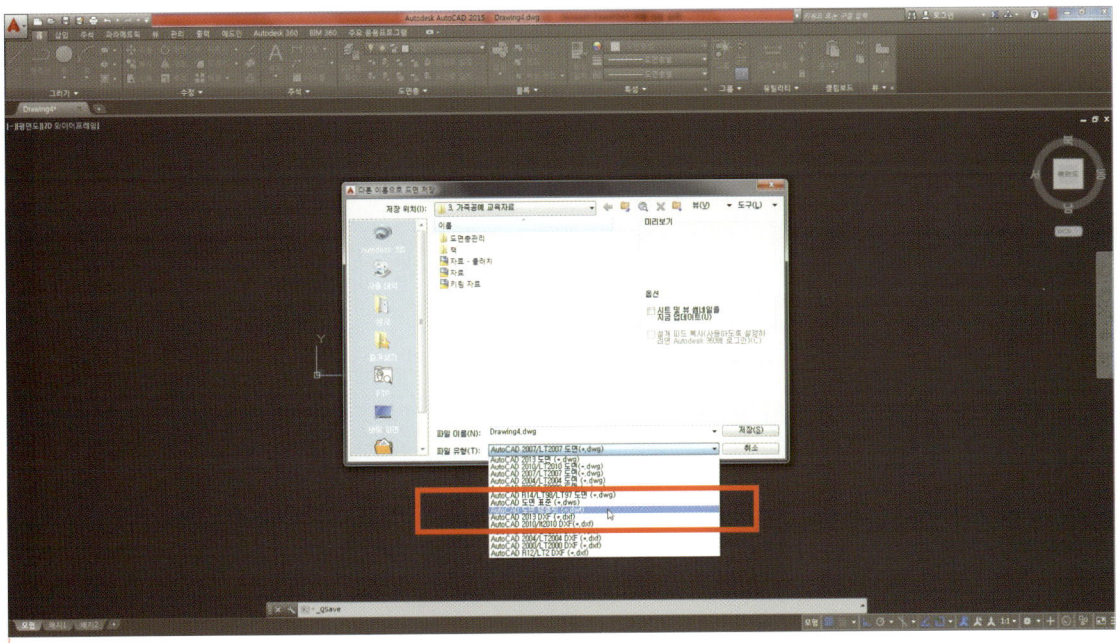

다른 이름으로 저장 버튼을 누르면 대화상자가 나타나는데, 파일 유형을 도면템플릿(*.dwt)로 변경하고 파일이름은 사용자가 임의로 만들어 저장을 한다.

6) 세팅 화면 열기

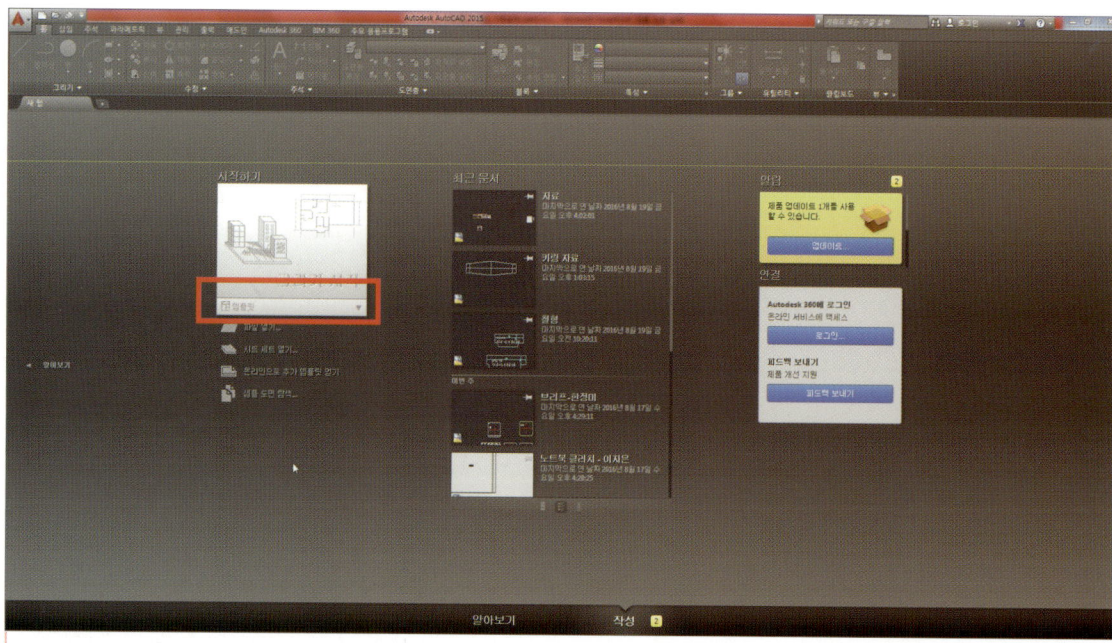

● 처음에 AUTOCAD를 시작하면 위 사진처럼 화면이 열리는데, 이때 빨간 상자 부분인 템플릿을 클릭한다.

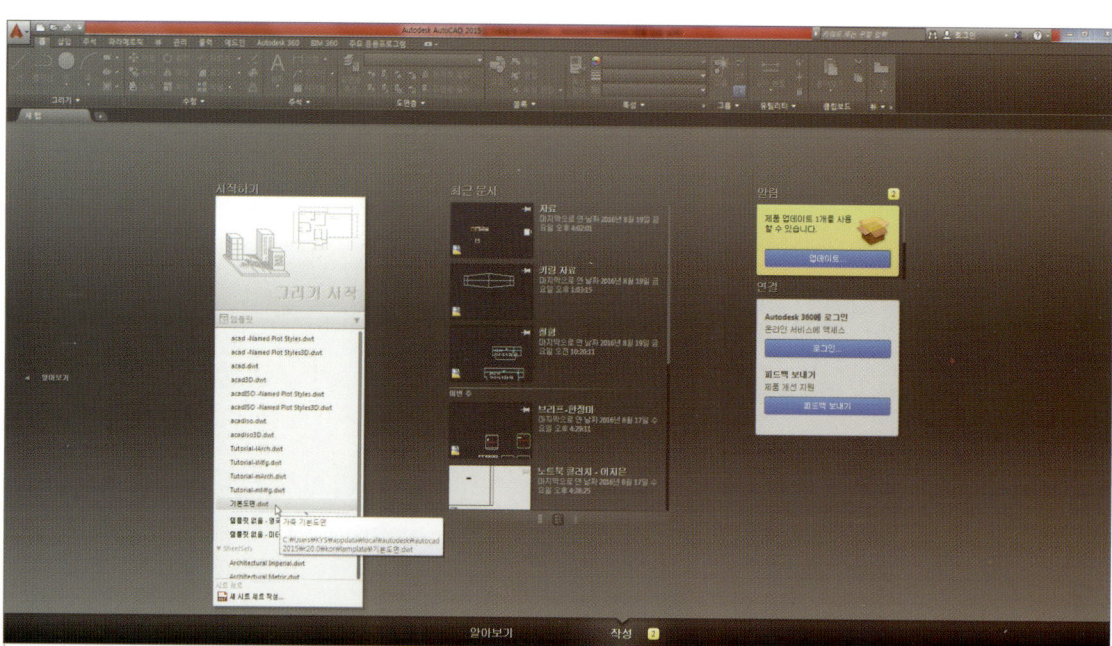

● 아래쪽으로 미리 저장된 설정들이 열리는데, 이때 방금 세팅했던 기본도면을 클릭하면 그리기 화면으로 넘어간다.

Tip 그리기 시작을 바로 누르면 바로 직전 사용한 세팅이 열리니 참고하세요!

★ 꿀팁, 마우스 활용하기 ★

– 드래그 방향에 따라 객체를 선택하는 두 가지 방법

1. 왼쪽 → 오른쪽 방향으로 드래그

    마우스를 왼쪽에서 오른쪽으로 드래그 할 경우, 객체의 전체가 드래그 되어야 객체선택이 된다.

2. 오른쪽 → 왼쪽 방향으로 드래그

    마우스를 오른쪽에서 왼쪽으로 드래그 할 경우, 객체의 일부만 드래그 되어도 객체전체가 선택이 된다.

– 화면의 확대와 축소

   화면의 확대와 축소는 마우스의 휠 버튼으로!
   마우스를 내가 원하는 부분에 두고 휠을 움직이면 확대 및 축소가 된다.

– 전체 화면 보기

   마우스의 휠을 더블 클릭하면 그려놓은 모든 객체가 한 화면에 보이도록 가운데에 나타난다.

– 화면 움직이기

   마우스의 휠을 클릭한 채로 있으면, 커서가 손 모양으로 바뀌면서 원하는 대로 화면을 움직일 수 있다. 이때 역시 마우스 휠은 누른 상태로 움직여야 한다.

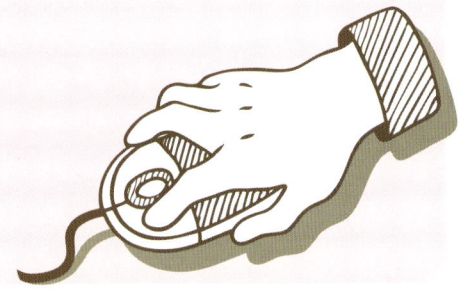

3 CAD의 기본 명령어

L (선 그리기)   L를 입력 후 [Enter] → 화면 아래쪽과 마우스 지점에 '첫 번째 점 지정' 이라고 표시→ 원하는 지점에 점을 찍은 후, 두 번째 점을 찍을 곳으로 마우스를 이동 → 길이를 지정해 입력 후 [Enter]

C (원 그리기)   C를 입력 후 [Enter] → 중심점을 찍으라 표시 → 원하는 위치에 중심점을 찍고 원하는 크기의 원의 반지름을 입력한 후 [Enter]

CP (복사 하기)   원하는 객체를 복사하는 명령어이다. CP를 입력 후 [Enter] → 원하는 객체를 선택 하고 [Enter] → 기준점 입력이라고 표시됨. 복사하고자 하는 객체에서 원하는 기준점을 클릭하고 붙여 넣고자 하는 위치로 이동한 후 마우스 왼쪽 버튼 클릭. 또는 마우스 이동 후 이동하고자 하는 거리를 입력하고 [Enter]

TR (잘라내기, 연장하기)   최소 두 개의 선이 교차될 때, TR을 입력 후 [Enter] → 교차되는 객체를 모두 선택하고 [Enter] → 자르고자 하는 부분을 클릭

RO (회전)   RO를 누르고 [Enter] → 객체 선택 후 [Enter] → 기준점 클릭 → 원하는 각도를 입력 후 [Enter]

F (모 깎기)   F를 입력 후 [Enter] → R 입력 후 [Enter] → 원하는 라운드 값 입력 후 [Enter] → 첫 번째 객체 선택 → 두 번째 객체 선택

MI (대칭 복사)   MI 입력 후 [Enter] → 객체 선택 후 [Enter] → 기준점 클릭
객체를 복사 후 원본객체를 지울 것인지 물어보는데, Y는 원본객체 삭제, N는 원본객체 그대로 둠

`S (늘리기)`　S를 입력 후 `Enter` → 객체 선택 후 `Enter` → 기준점 클릭 → 원하는 길이 입력 후 `Enter`

`M (이동)`　M 입력 후 `Enter` → 객체 선택 후 `Enter` → 기준점 클릭 → 원하는 이동 길이 입력 후 `Enter`

`O (간격 띄우기)`　O 입력 후 `Enter` → 간격 띄울 거리 입력 후 `Enter` → 간격 띄울 객체 선택 후 마우스로 방향 지정 → 마우스 왼쪽 클릭

`LEN (선 연장)`　LEN 입력 후 `Enter` → DE 입력 후 `Enter` → 연장 할 길이 입력 후 `Enter` → 연장 할 객체를 선택

`F8`　직교 스냅을 켜는 버튼 (자주 사용함)

`F9`　스냅 (항상 꺼져있는 상태가 편함)

`ESC`　초기 명령어 입력 상태로 되돌아갈 때

`DELETE`　객체 선택 후 지울 때

step. 4 실전! CAD를 활용한 작품 만들기

1 맛보기 작품, 테슬만들기 54

2 맛보기 작품, 키링 만들기 79

3 몸 풀기 작품, 목걸이형 카드지갑만들기 99

4 뽐내기 작품, 2D 클러치 만들기 139

step. 4 실전! CAD를 활용한 작품 만들기

1 맛보기 작품, 테슬만들기
2 맛보기 작품, 키링 만들기
3 몸 풀기 작품, 목걸이형 카드지갑만들기
4 뽐내기 작품, 2D 클러치 만들기

1 맛보기 작품, 테슬만들기

1) 테슬 – 완성품 미리 보기

테슬은 한 번 만들어두면 여러 가방이나 소품에 장식용으로 사용이 가능한 아이템이랍니다. 패턴이 단순하고 일정해 CAD를 통해 패턴 그리기가 쉽고, 실제로 만드는 과정도 간단해서 가죽공예를 처음 접하는 사람들이 누구나 만들 수 있는 소품이에요.

맛보기 작품 테슬을 만들면서 가죽공예의 매력 속으로 들어가볼까요?

필요한 재료 및 예상 비용

가죽 1/2평 (1평= 약 30cm*30cm) – 평당 3,000~5,000원

테슬고리 – 약 1,000원

종 모양 고리 – 약 1,000원

가죽공예 기본 도구 – 자, 칼, 두꺼운 도화지, 본드, 헤라, 재단칼, 송곳 등

2) 테슬 - 도안, 패턴그리기

테슬의 길이를 100mm로 하기로 하고, 감았을 때 풍성하게 하기 위해서 가로 넓이를 120mm로 하기로 하자. 가로 길이를 길게 할수록 테슬을 말았을 때 풍성해진다. 그럼 먼저 120 * 100 으로 된 사각형을 그려보자.

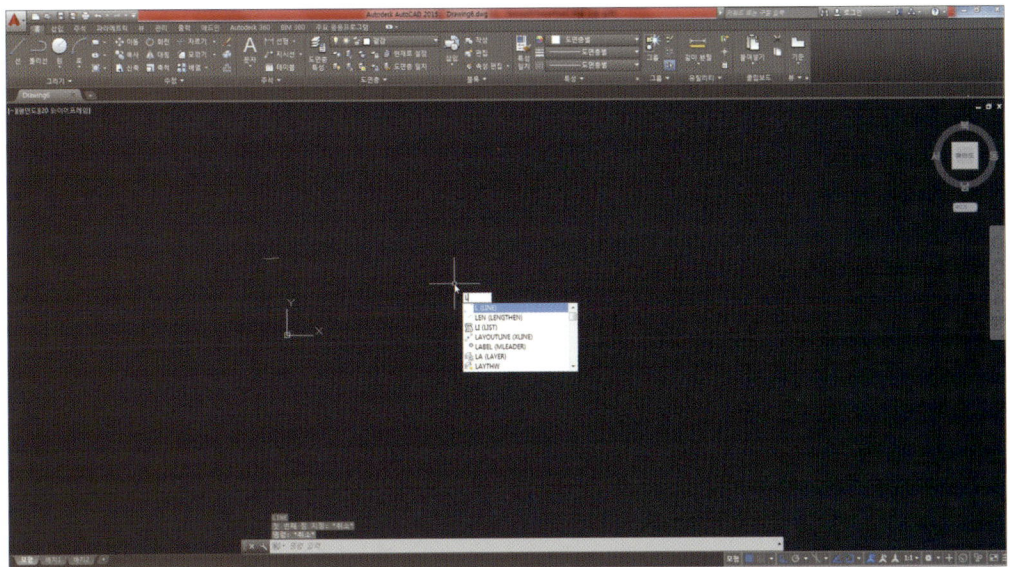

1. **단축키 (L : LINE)** 선을 그릴 때 사용 : 대기화면에서 L 을 입력하면 화면과 같이 L로 시작하는 명령어들을 보여주는데, 우리는 LINE를 그리기 때문에 이를 선택 후 Enter

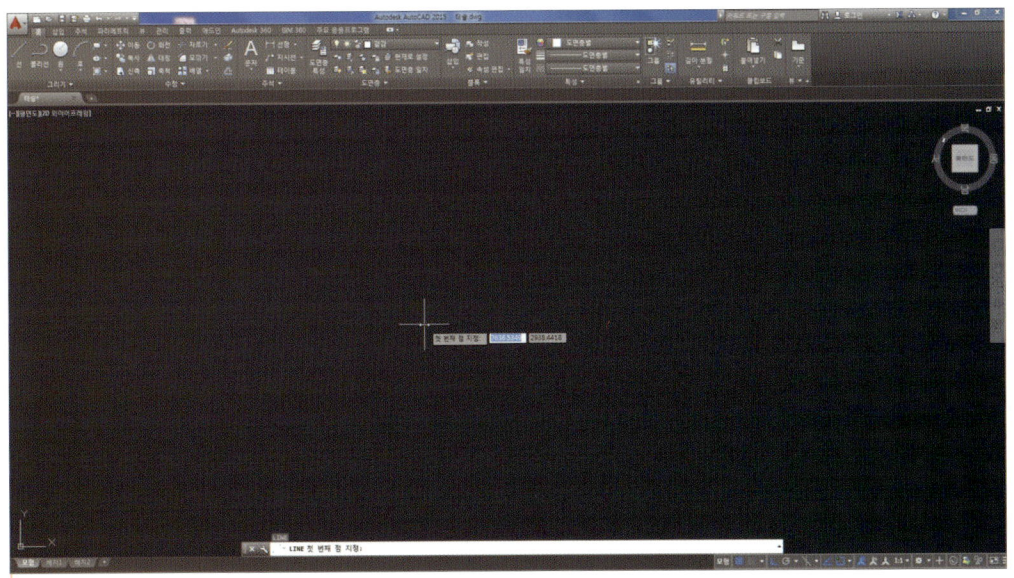

2. 첫 번째 점 지정이라고 표시가 바뀌면서 좌표를 나타내고 있다.

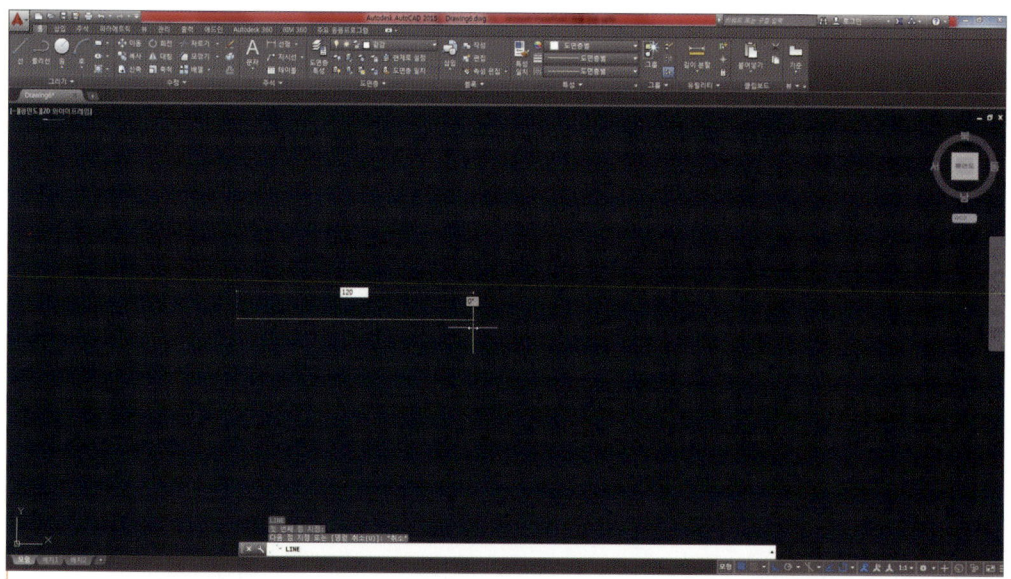

3. 마우스 왼쪽을 클릭하여 첫 번째 점을 아무 곳에나 지정한다. 마우스를 왼쪽, 오른쪽, 위, 아래로 이동하면 숫자가 나타나는데, 먼저 가로 선을 그리기 위해 오른쪽으로 마우스를 옮겨 놓고 120을 입력 → Enter

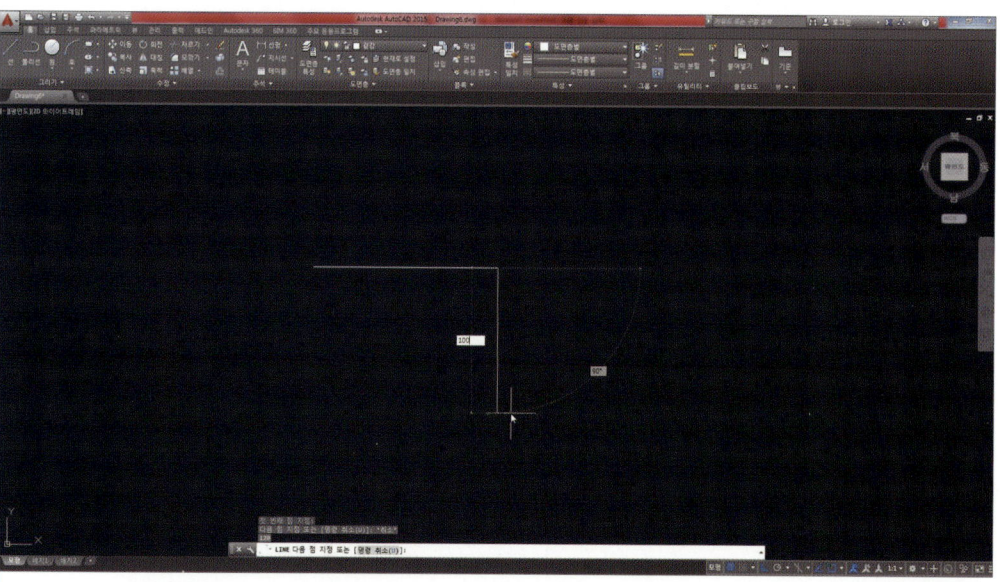

4. 첫 번째 점에서 120mm만큼 가로 선이 그려지고 다음 점 지정 이라고 나타난다. 그러면 마우스를 아래로 향하게 하고 100를 입력 → Enter

 아하! 첫 번째 점을 지정하고 마우스를 이동하면 그 방향으로 선을 그릴 수 있는 것이랍니다. 마우스를 위쪽으로 향하고 50을 입력하게 되면 위로 50mm거리에 두 번째 점이 나타나고, 그 사이가 선으로 연결되게 되는 거죠~

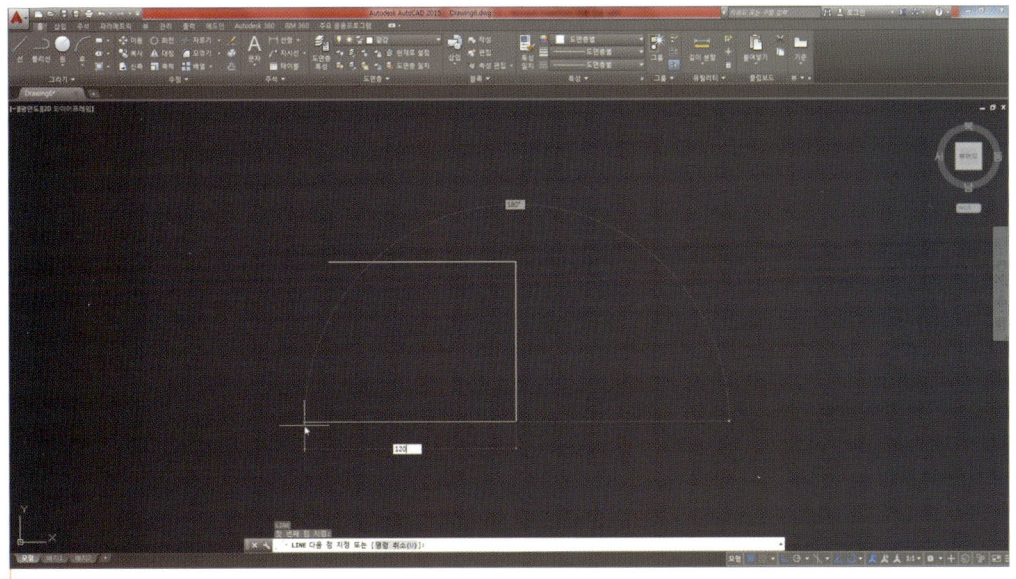

5. 다음으로 마우스를 왼쪽으로 하고 120을 입력 → Enter → 왼쪽으로 120 mm길이의 선이 그려진다.

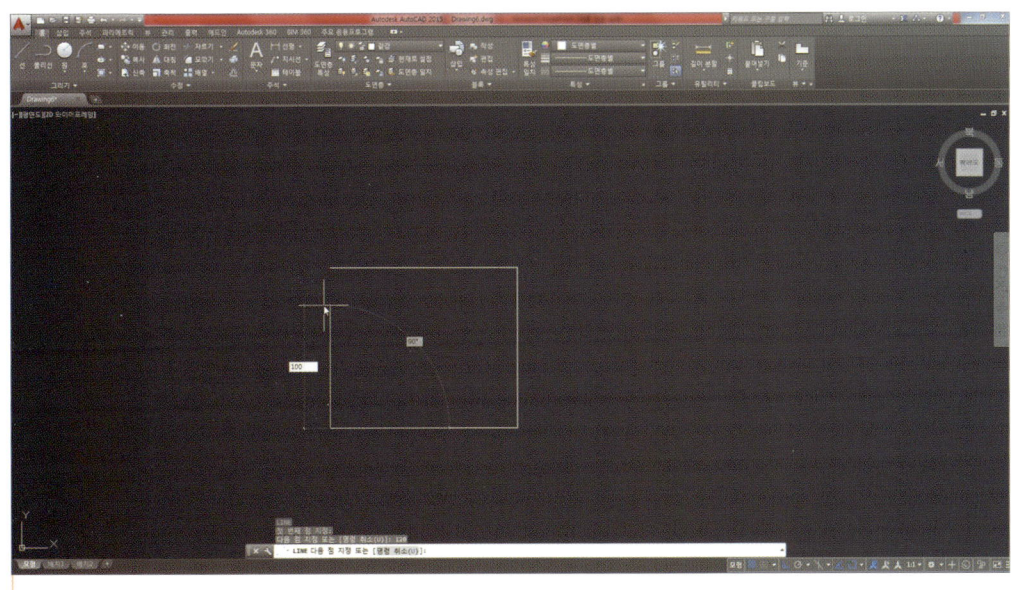

6. 위의 그림처럼 그려지면서 또 다음 점을 지정하라고 나타나면, 마우스를 위쪽으로 향하고 100을 입력 후 Enter

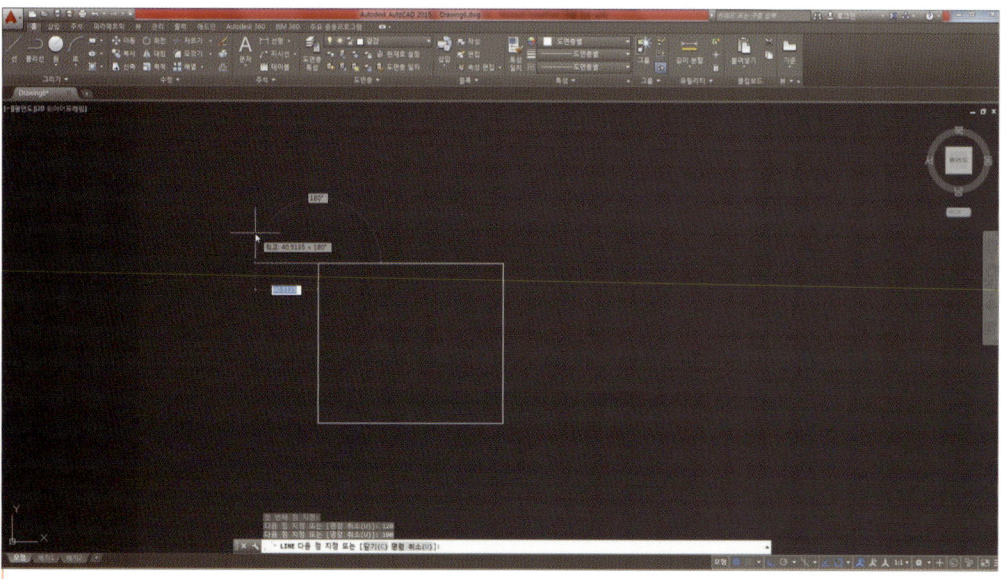

7. 위의 사진처럼 되면서 다음 점을 지정하라고 나오는데, 사각형을 다 그렸기 때문에 Esc 를 눌러서 명령을 종료 한다.

마지막 선을 그릴 때는 100 라는 명령어 입력 대신, 마우스 방향만 위로 해둔 채 C 만 누르고 Enter 입력해도 직사각형이 만들어진다. 이는 하나의 연결된 선으로 그린 경우에만 적용되는 것이다.

이 방법 이외에 화면의 왼쪽 위의 그리기에서 선, 폴리선, 원, 호 등을 선택해 그릴 수도 있고, 그 옆의 직사각형 모양 아이콘을 클릭해서 그릴 수도 있다.

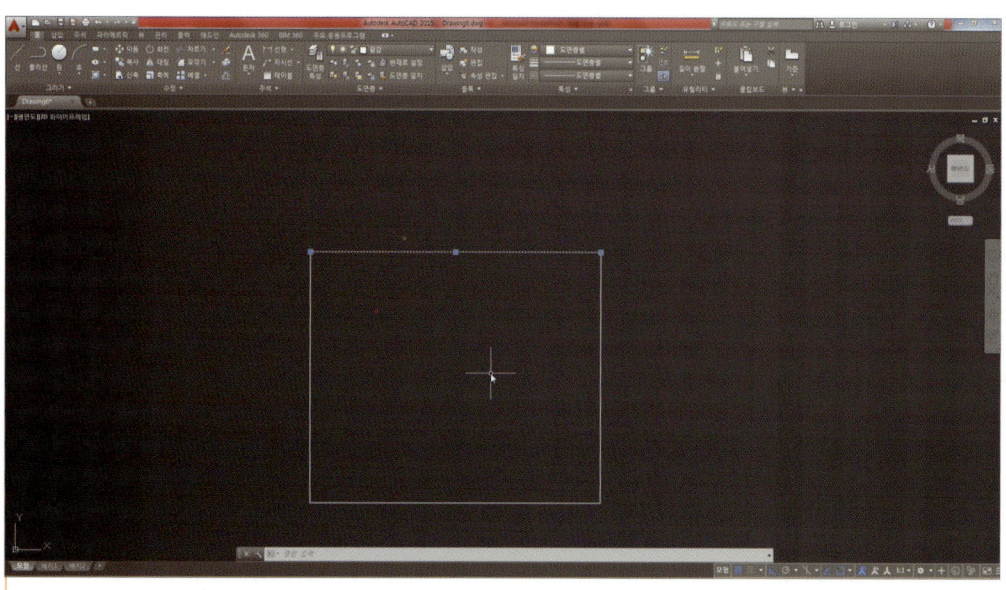

8. 테슬 가장 위쪽을 말아주는 부분을 10mm간격으로 정하고, 제일 위에 있는 선을 COPY 해서 밑으로 10mm 내려보자. 먼저 COPY 할 대상(선)을 위 사진처럼 선택해준다.

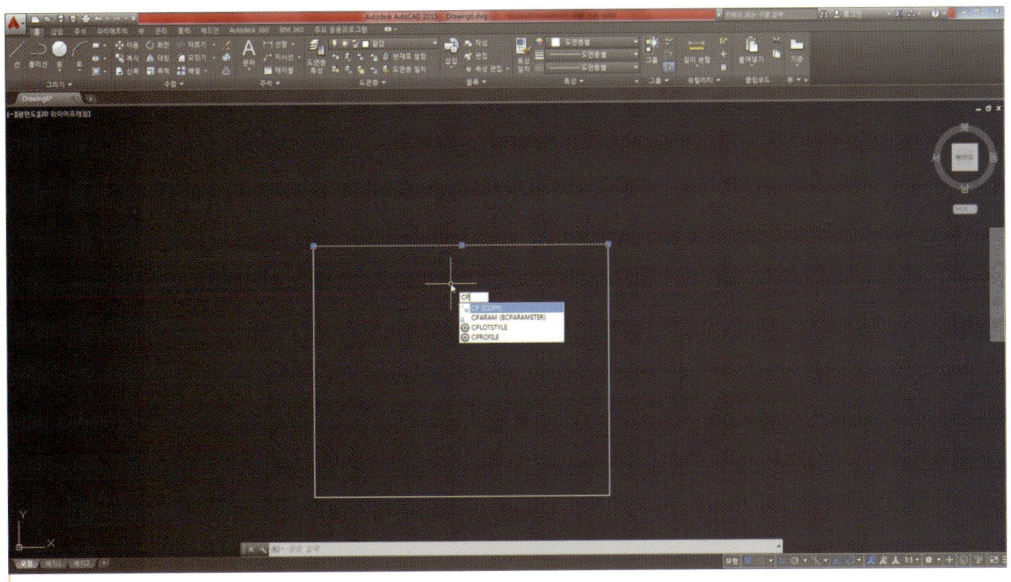

9. **단축키 (CP : COPY)** : 그림과 같이 선택한 상태에서 명령어 C를 입력하면 C로 시작하는 명령어가 모두 나타나는데, 우리가 사용할 명령어는 COPY 이므로 이를 클릭, Enter

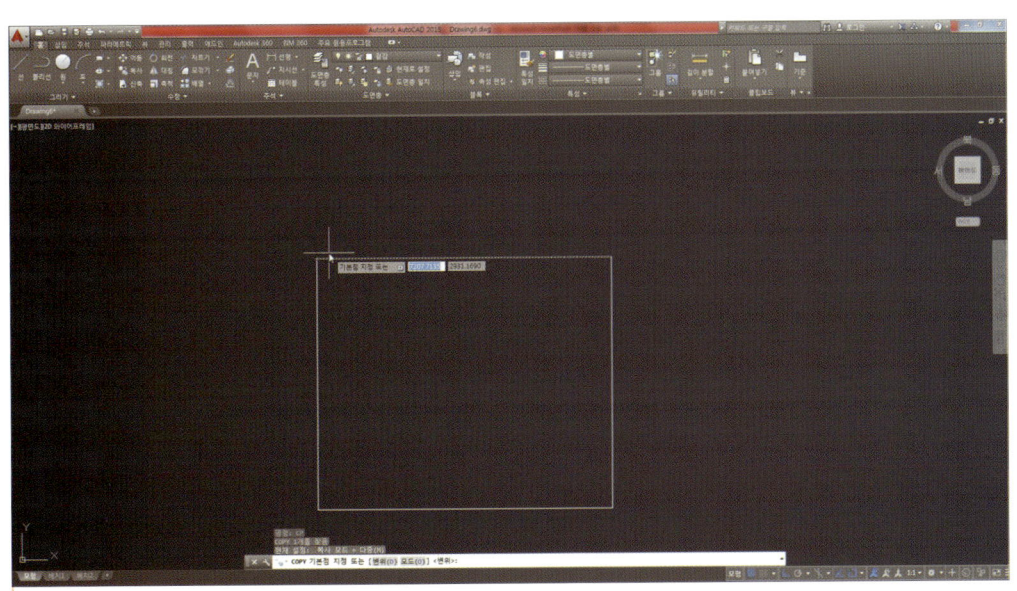

10. 기준점 지정이라는 말은 복사하고자 하는 객체를 어디로 얼마큼 이동해서 복사하는지를 결정할 때, 그 기준이 되는 지점을 정하라는 것이다. 마우스 왼쪽 버튼을 클릭해서 기준점을 정해준다. 여기서 기준점은 선택한 객체의 끝점이나 중간 점을 클릭하는 것이 좋다.

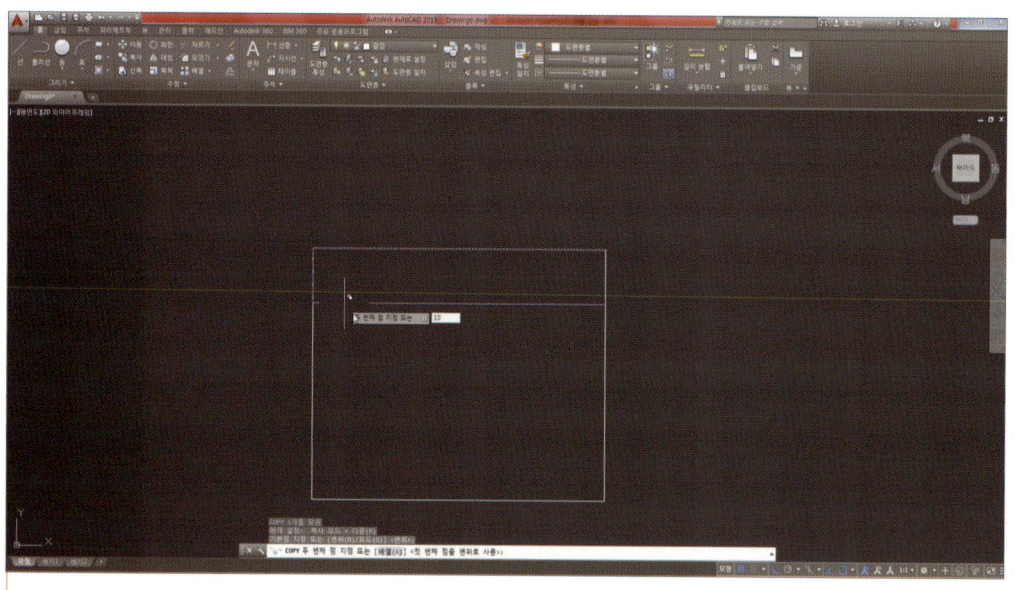

11. 기준점을 선택하면 두 번째 점 지정이라고 나오는데, 이때 마우스를 아래쪽으로 향하게 하고 10을 입력하고 Enter

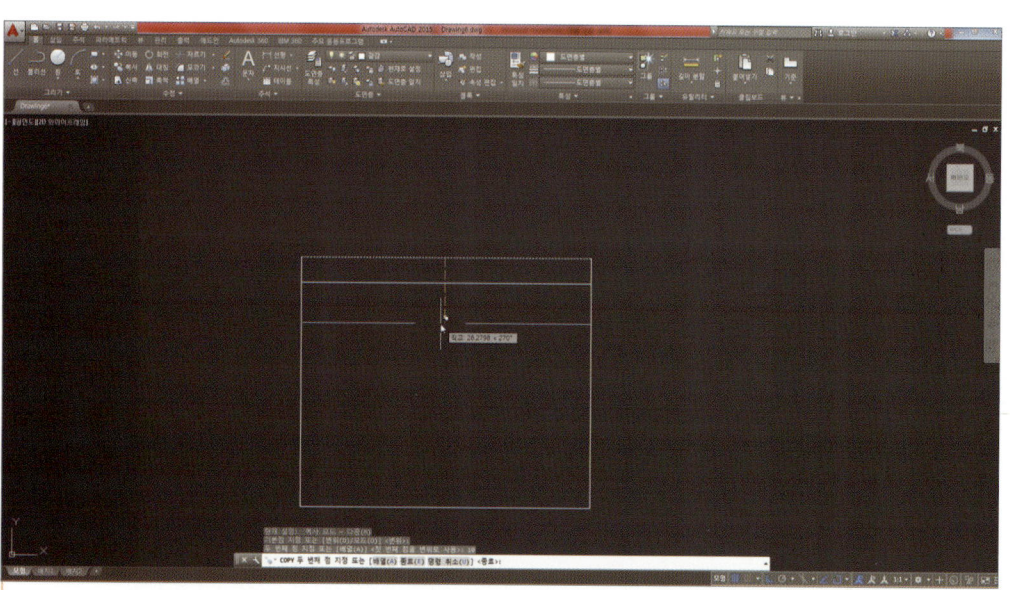

12. 밑으로 10mm 위치에 선이 생기고 또 다음 점을 지정하라고 나온다. 추가로 복사할 것이 없으니 Esc 를 눌러 명령을 종료한다.

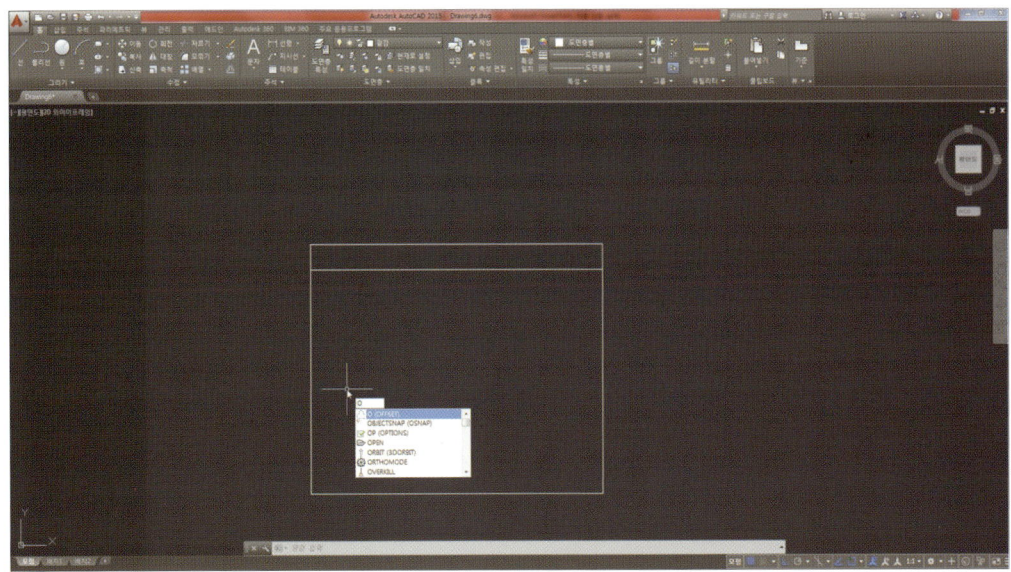

13. 띠를 제외한 밑 부분은 테슬의 술이 되기 때문에 이 곳에 술을 몇mm 간격으로 할지 정해주면 된다. 우리는 4mm로 해보자. O (OFFSET 간격 띄우기)를 입력 후 Enter
배열을 이용한 방법도 있는데 이 방법은 다음 번에 해보기로 하자.

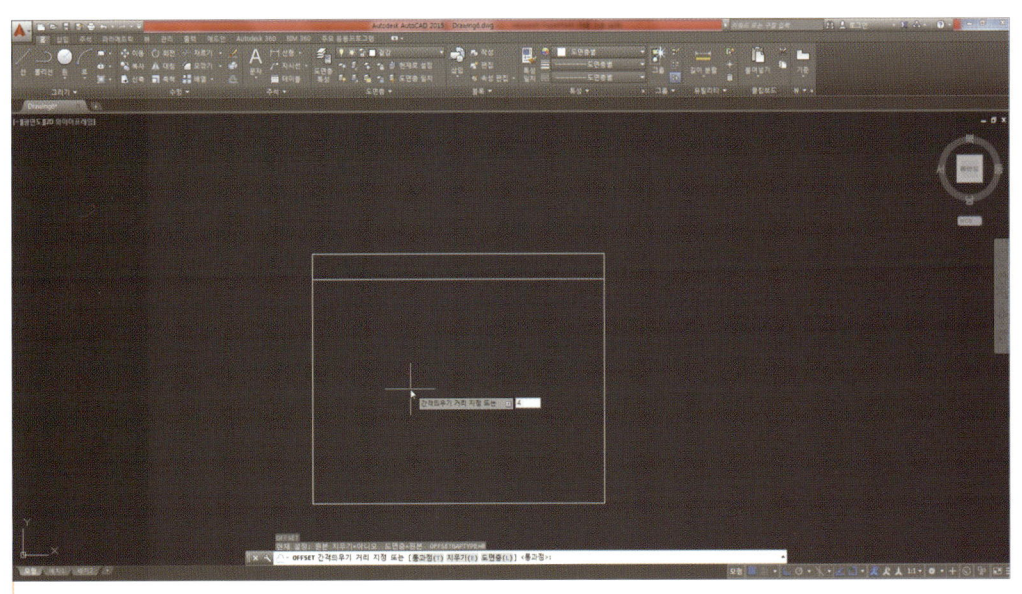

14. 간격 띄우기 거리 지정이라는 명령어가 나오면 4 를 입력하고 Enter

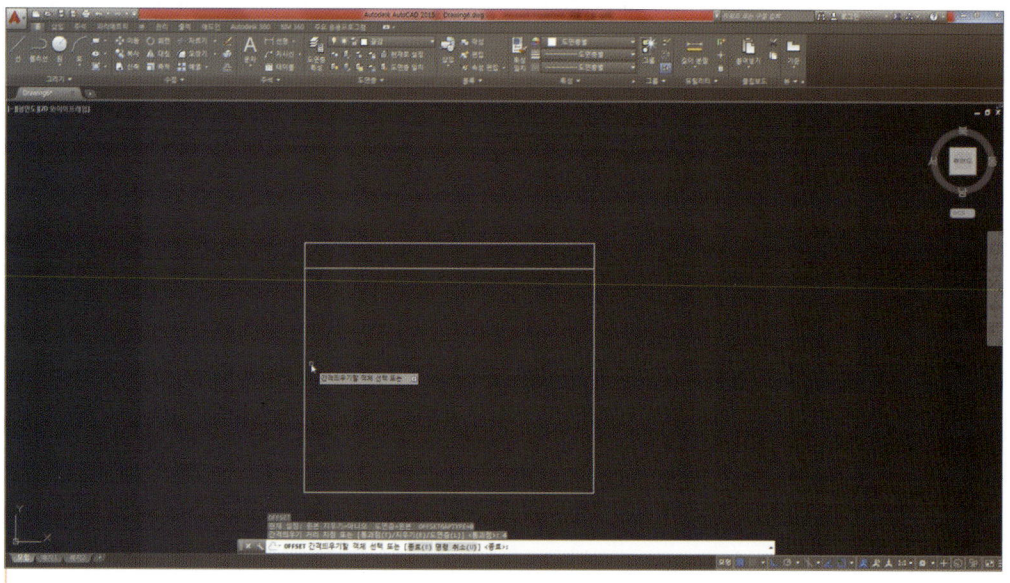

15. 간격 띄우기 할 객체 선택이라고 나타나면 왼쪽 선을 클릭해준다.

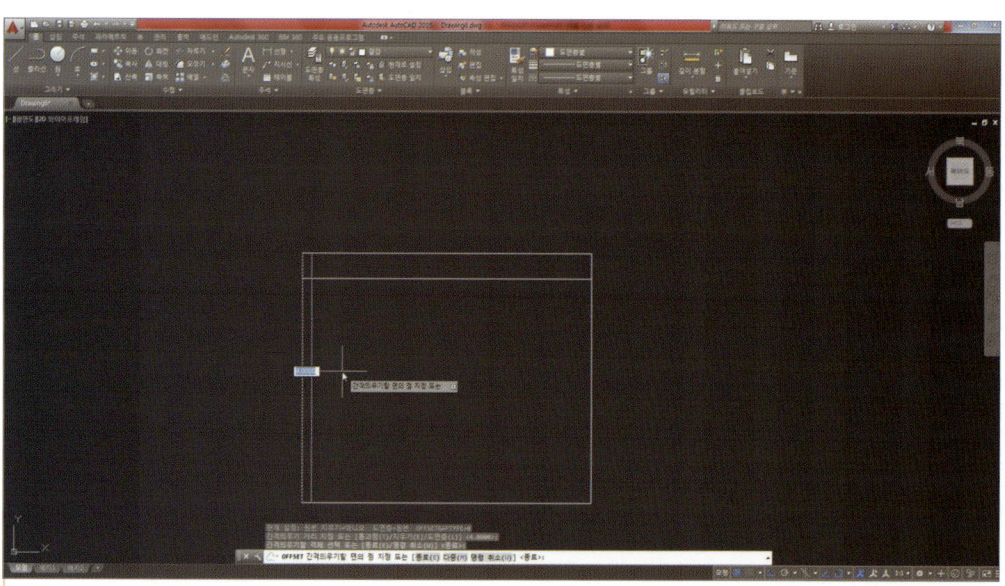

16. 간격 띄우기 할 면의 점 지정이라고 나오면 마우스를 오른쪽으로 이동시키고 마우스 왼쪽버튼을 클릭한다. 바로 오른쪽에 선이 하나 생기면서 또 다시 간격 띄우기 할 면의 점 지정이라고 나타나는데, 똑같은 방법으로 반복해주면 된다.

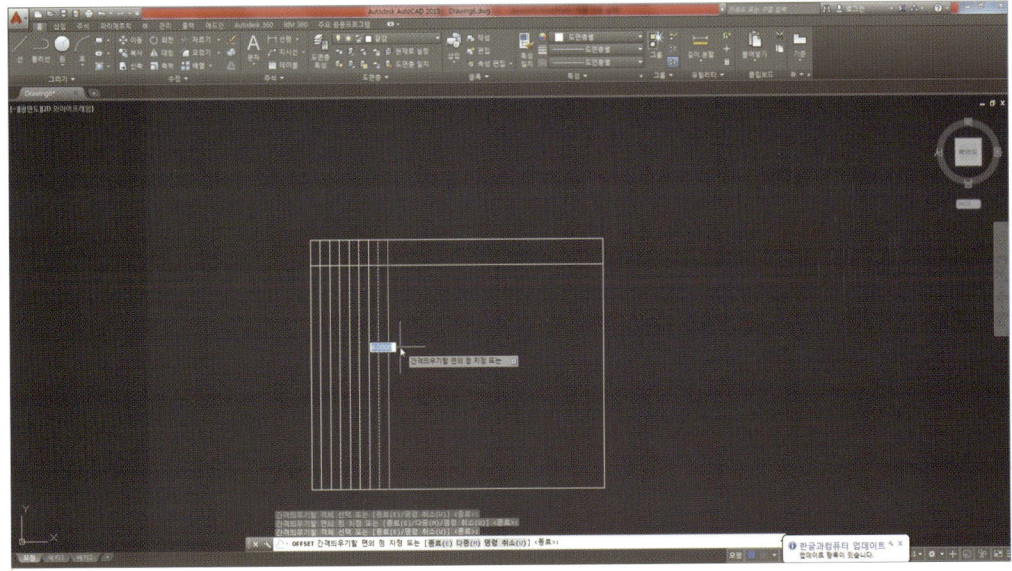

17. 위 사진처럼 세로 선들을 계속 그려준다.

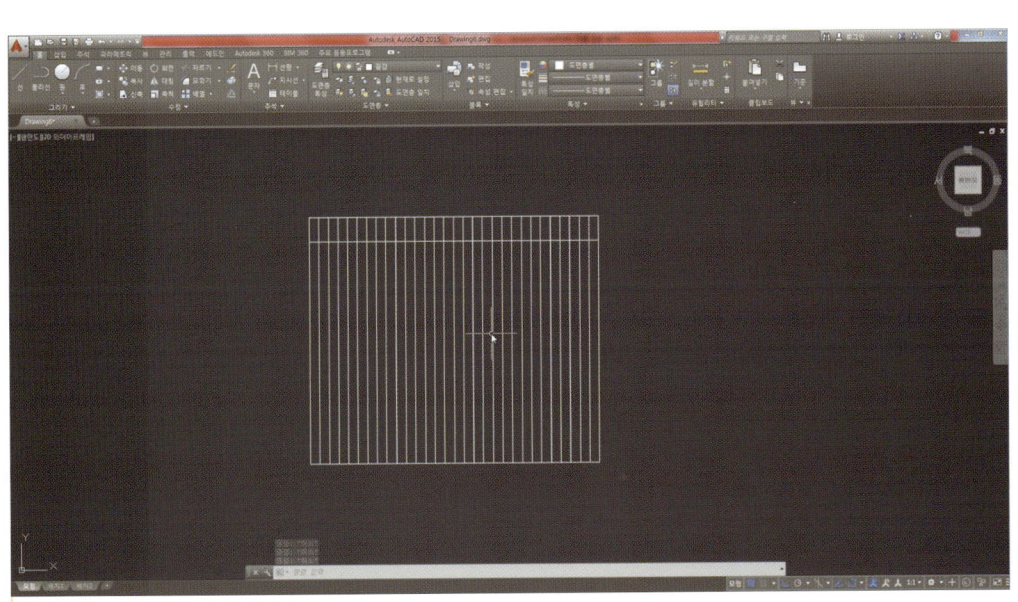

18. 마지막까지 다 그려준 다음, 위쪽에 말아주는 띠 부분까지 그려진 선을 지워보자.

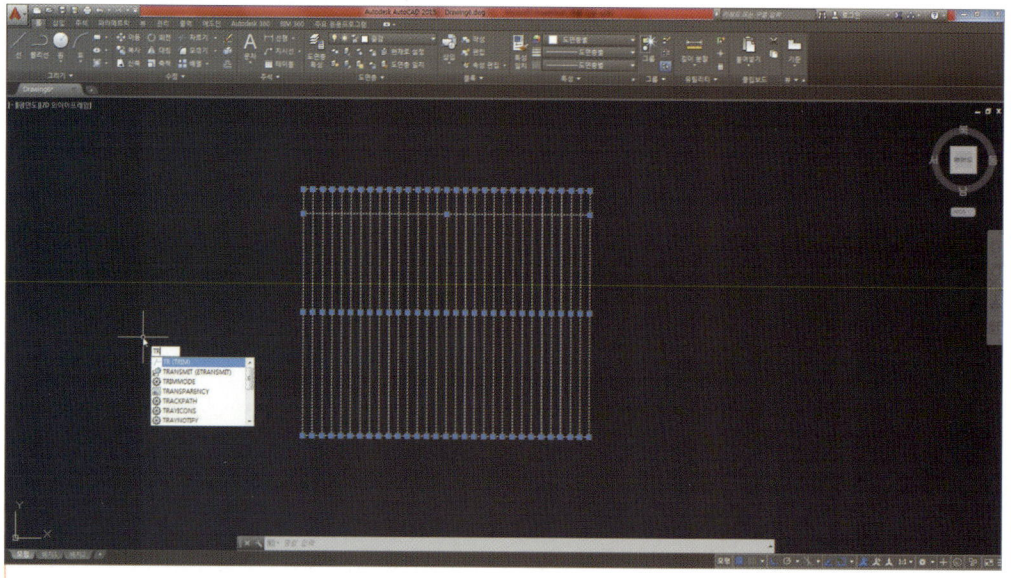

19. 마우스를 드래그 하여 전체를 선택해주고, 명령어 TR(자르기)를 입력하고 Enter

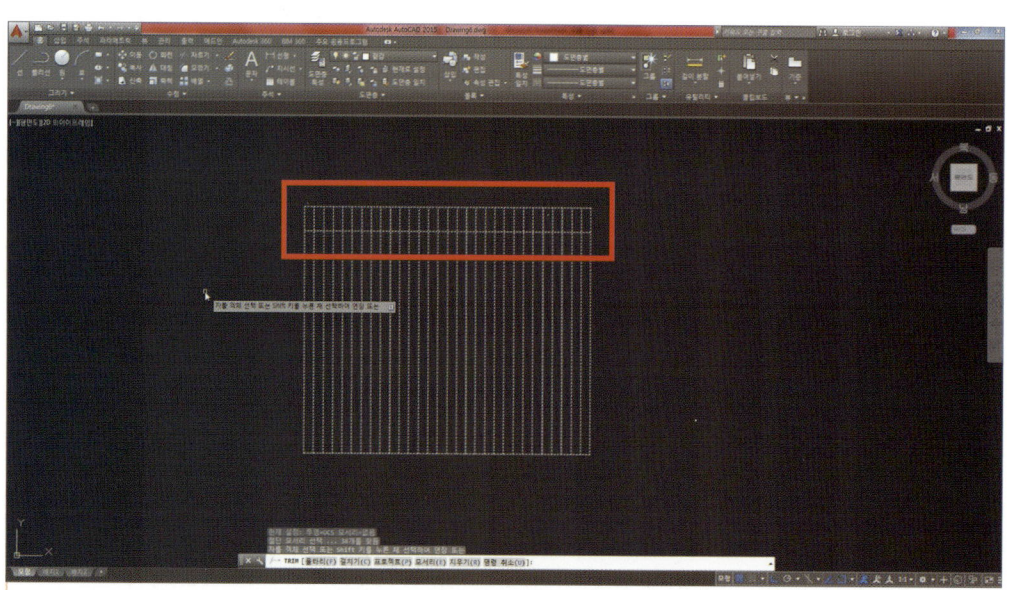

20. 자를 객체 선택이라고 나오면, 띠 안쪽의 선들을 선택해서 지워준다. 띠 부분(빨간 네모)의 선을 각각 클릭해도 되고, 마우스를 오른쪽에서 왼쪽으로 드래그해도 지워진다.

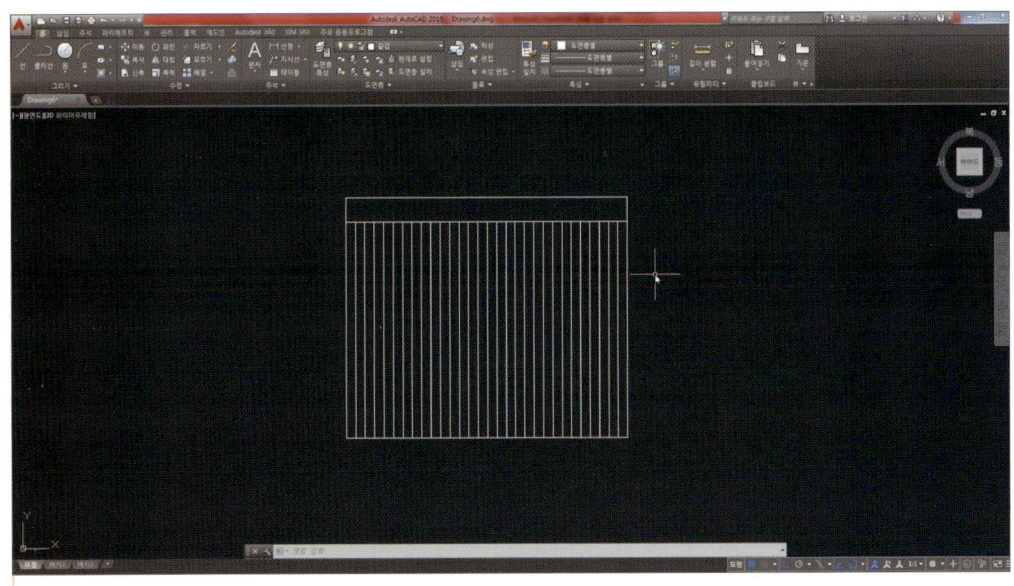

21. 위 사진처럼 띠 부분과 술 부분의 형지가 완성이 되었다. 이제 테슬을 키링이나 고리 등에 연결할 수 있도록 연결 매듭을 만들어 보자. 매듭의 크기는 50mm * 5mm로 하기로 한다.

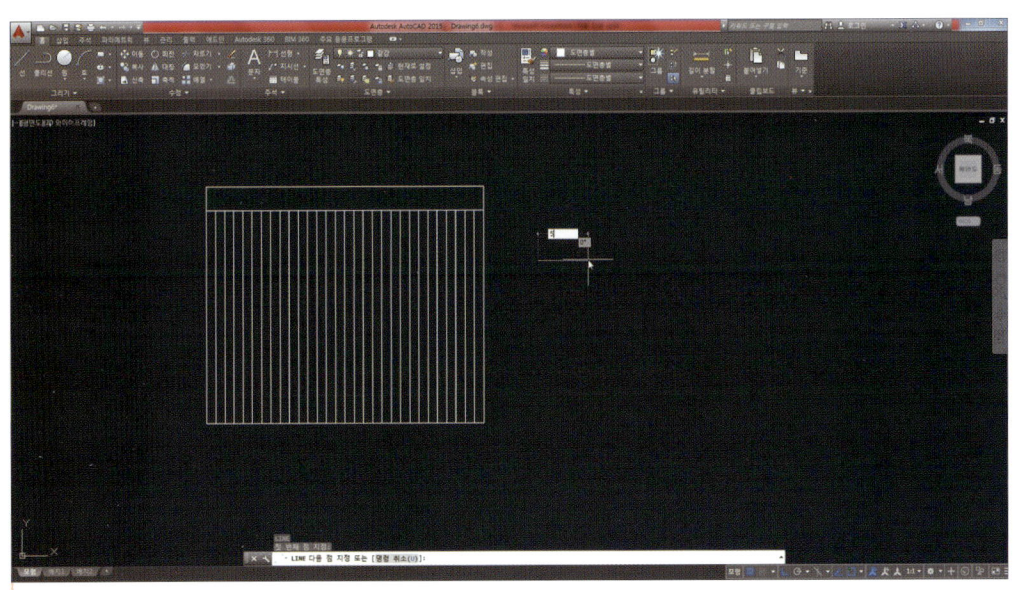

22. 사각형 50 * 5를 그리면 된다. 선을 그리는 명령 L 을 입력하고 Enter 첫 번째 점 지정이 나오면 화면의 빈 공간에 마우스 왼쪽을 클릭해서 점을 찍고, 마우스를 오른쪽으로 이동한 후 5를 입력하고 Enter

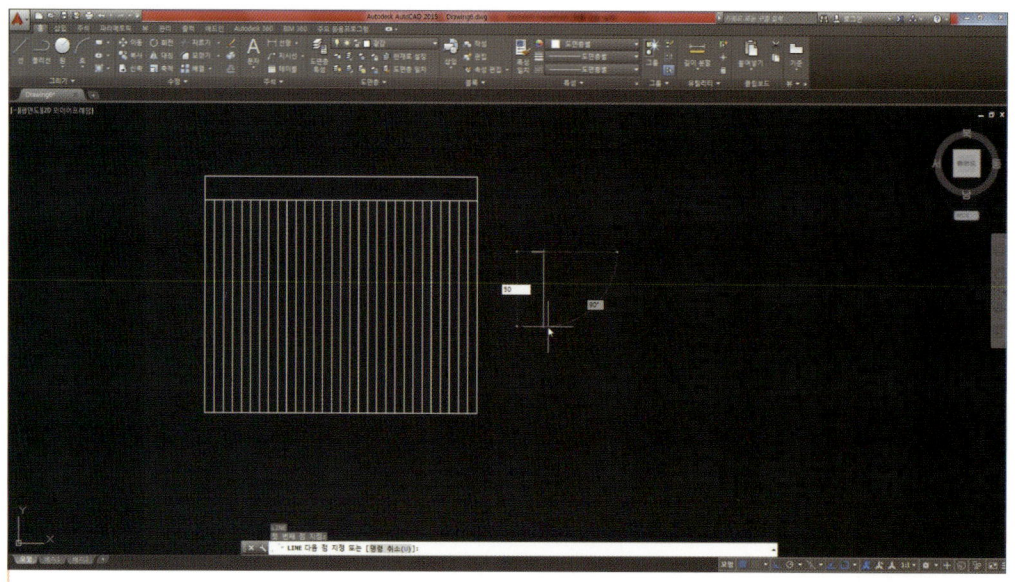

23. 5mm의 한 면이 그려지면 마우스를 아래쪽으로 향하게 하고 50을 입력한 후 Enter

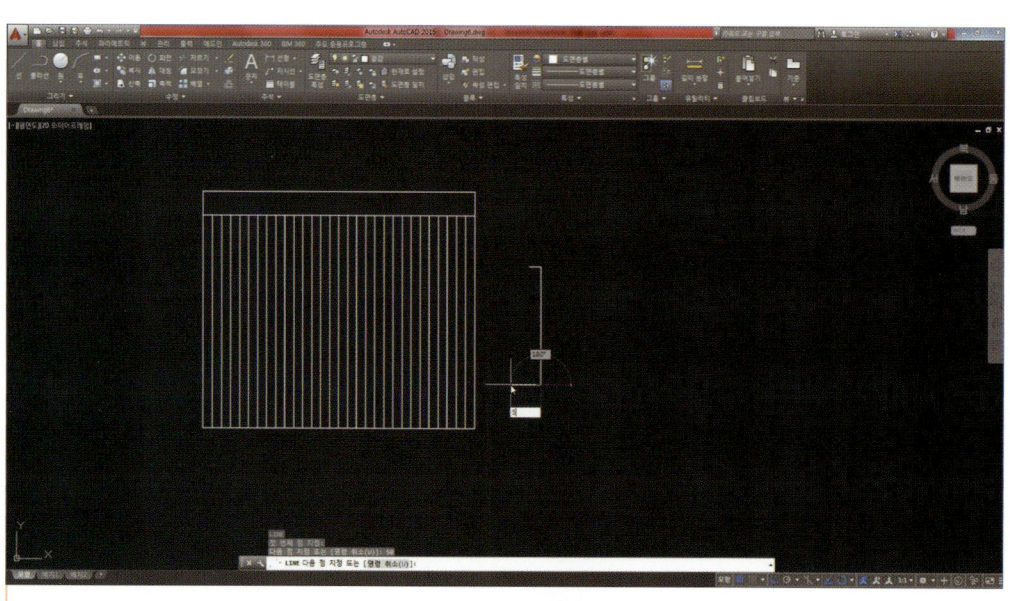

24. 마우스를 왼쪽으로 이동시키고 5를 입력 후 Enter

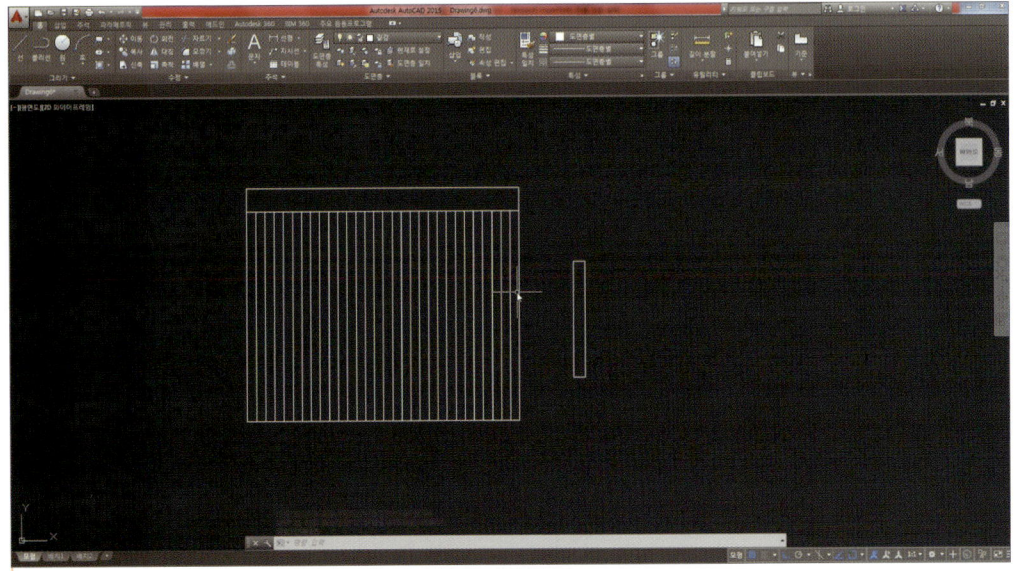

25. 마우스를 위쪽 방향으로 놓고 50을 입력 후 Enter

자, 50 * 5 사이즈의 사각형이 완성되었다. 이제 패턴이 완성되었으니 출력해보자.

3) 테슬 - 패턴 출력하기

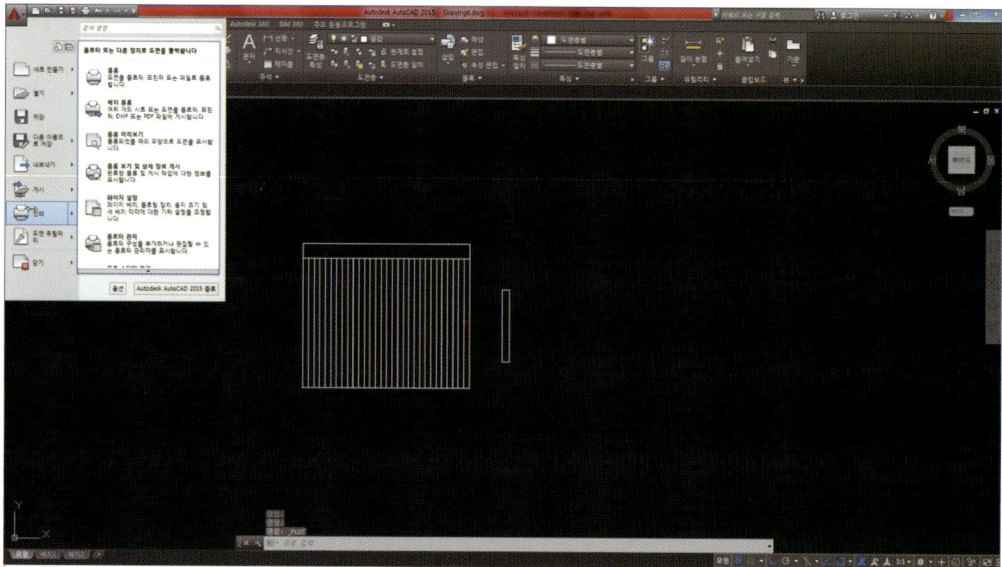

1. **프린트 (단축키 : Ctrl + P)** : 그리기가 완성되면 이제 출력을 할 단계이다. 패턴을 출력할 때, 단축키를 입력하는 방법 이외에 왼쪽 위 AUTOCAD 아이콘을 누르면 저장 및 인쇄 버튼이 나타나는데, 여기서도 선택이 가능하다.

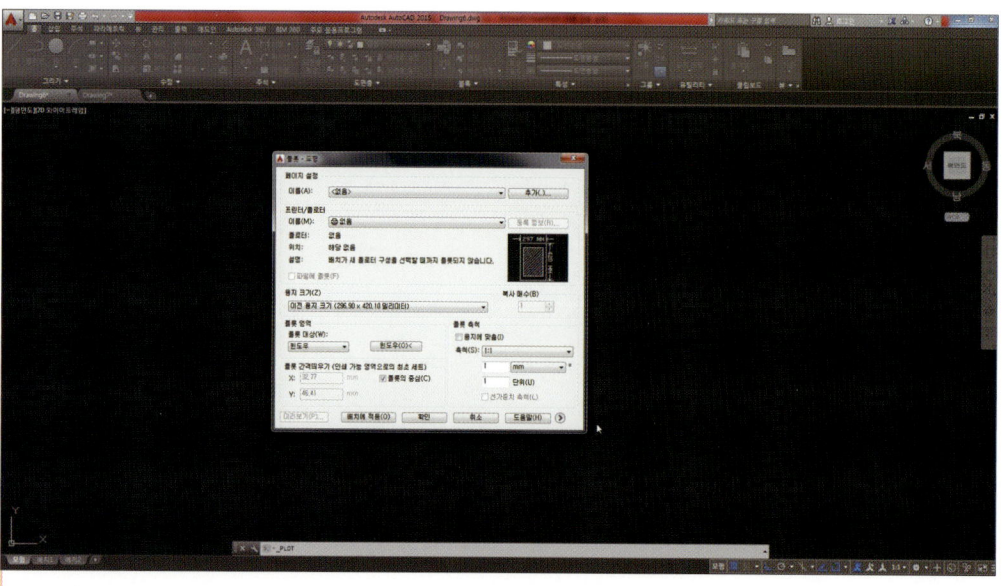

2. 저장 및 인쇄 버튼을 누르면 위의 사진처럼 출력 창이 나타난다.

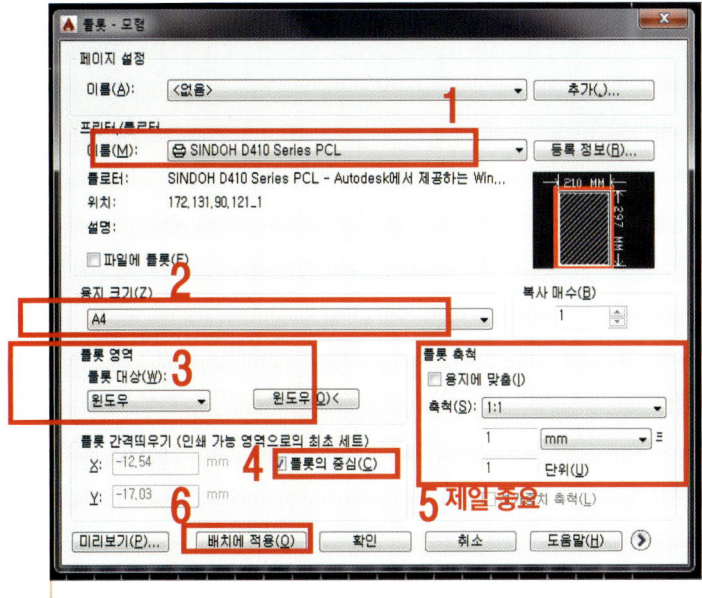

3. 출력 창은 자세히 보면서 꼭 기억해두자!

❶ 본인의 컴퓨터에 장치되어 있는 프린터를 선택

❷ 용지크기 설정

❸ 플롯 대상을 반드시 윈도우로 선택

❹ 플롯 간격 띄우기에 플롯의 중심이 클릭되도록 선택

❺ 플롯축척을 꼭 1:1로 설정 (가장 중요함)

 '용지에 맞춤' 버튼을 클릭하게 되면 작은 것도 용지에 맞춰 크게 나타나므로 절대 클릭이 되어 있으면 안돼요~

❻ 프린터 설정이 끝나고 나면 '배치에 적용' 버튼을 눌러 주어야만 다음에 출력할 때도 설정을 해둔 대로 적용이 되니 빠뜨리지 말자.

4. 다음으로 위 사진의 3번 표시부분인 플롯영역을 설정해 주어야 한다. 1번은 대상을 선택하는 것이고, 2번이 범위 지정하는 것이다.

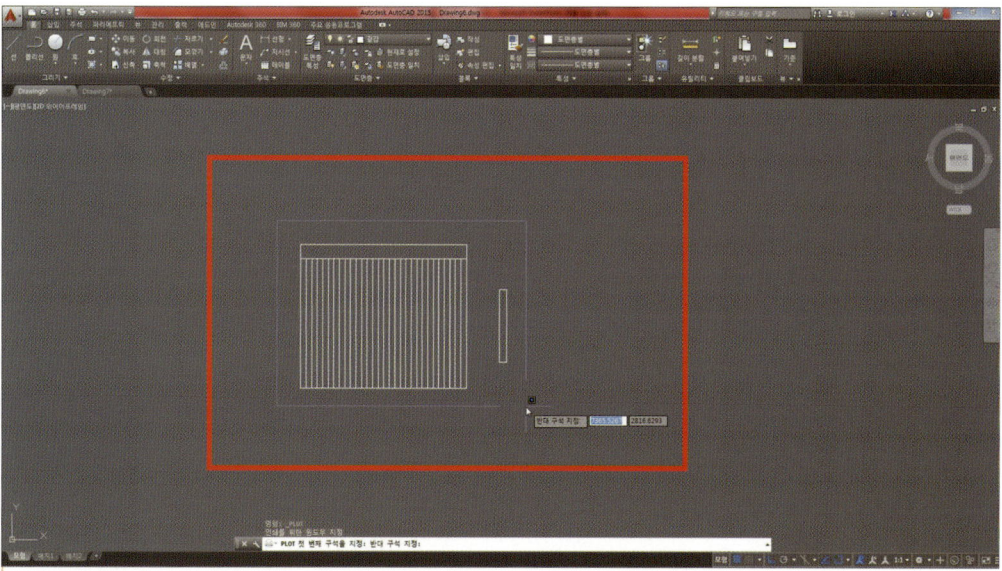

5. 2번 범위 지정을 클릭하면, 위의 화면이 나타나면서 첫 번째 구석을 지정하라고 한다. 위의 빨강 범위를 선택해주면 다시 출력 화면으로 이동을 하는데, 미리 보기 버튼을 누르면 출력할 화면이 보여진다.

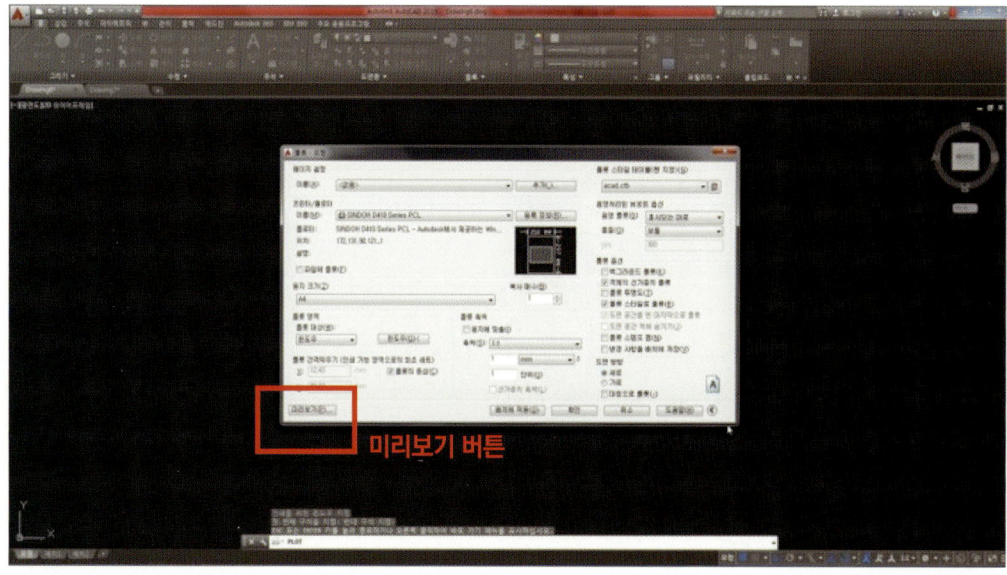

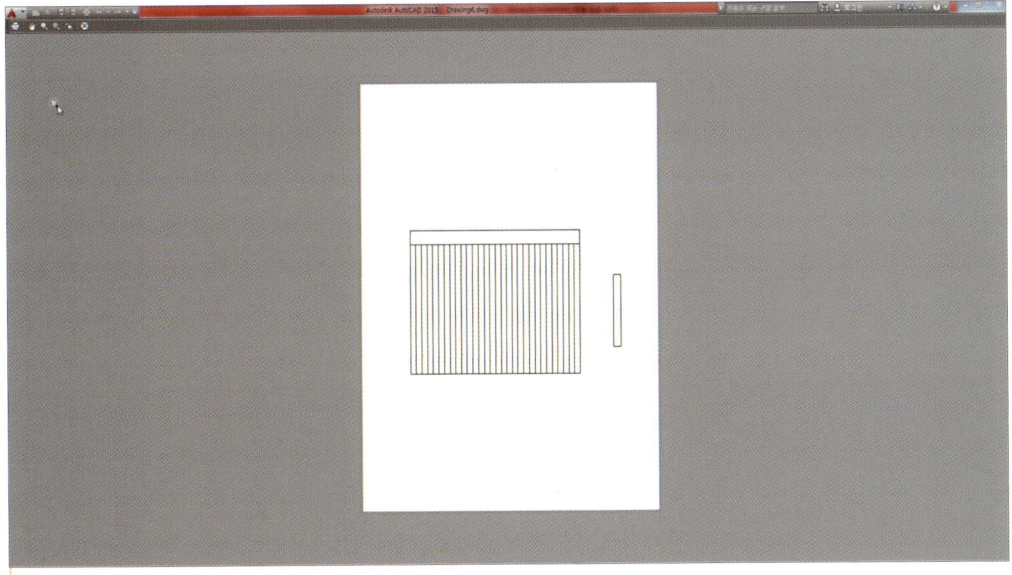

• 6. 미리보기 버튼을 누르면 그림처럼 실제 출력될 패턴이 보여진다. A4용지를 사용할 경우, 세로방향으로 나온다.

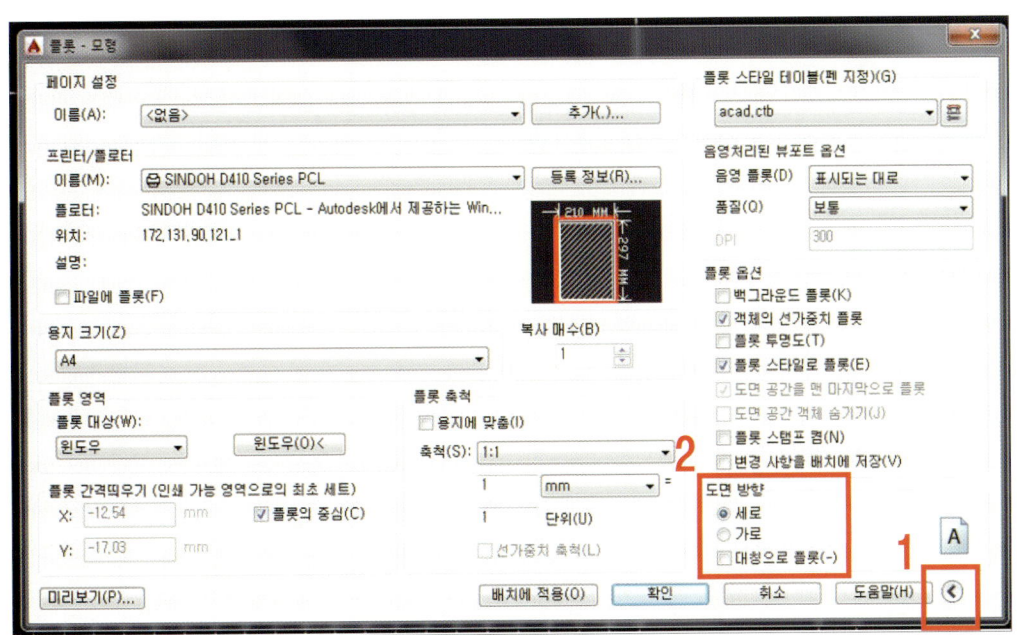

• 7. 프린터 설정 화면에서 1번을 눌러 설정 창을 늘린 다음, 2번에서 프린터 용지를 가로, 세로로 바꿔줄 수 있다.

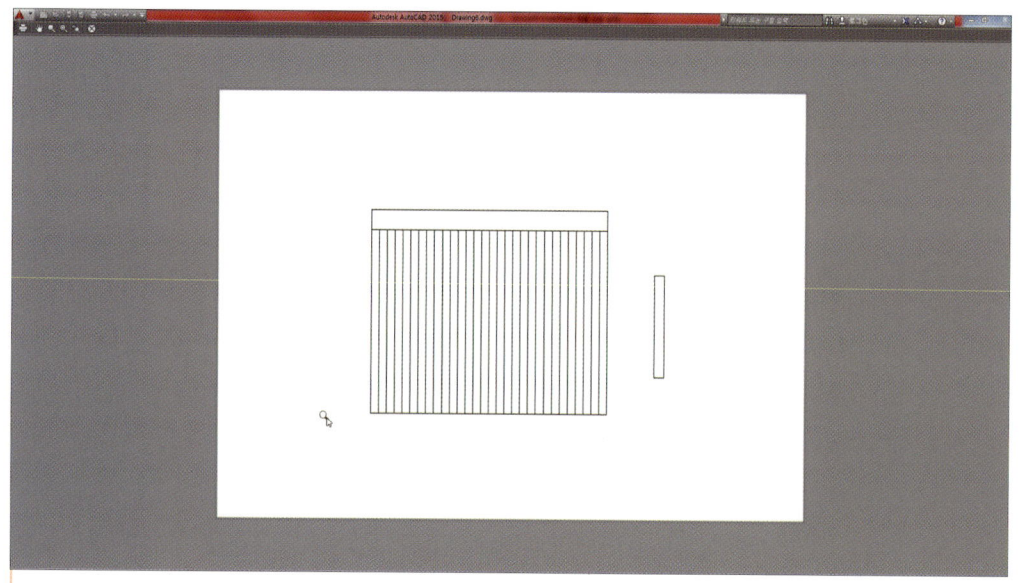

8. 가로로 변경 후, 다시 미리 보기를 눌러 확인하고 이 화면에서 바로 프린트 버튼을 누르면 패턴이 출력된다.

여기까지 CAD프로그램을 이용하여 간단하게 테슬의 패턴을 완성했어요.~ 이 패턴은 잘 저장해서 이후에도 계속 사용할 수 있도록 해두고, 다음은 출력된 패턴으로 형지를 만들고 실제로 테슬을 만드는 것까지 함께 해 보기로 해요. 천천히 따라 하시면 아주 쉽게 테슬을 만드실 수 있으실 거예요!

4) 테슬 - 형지 만들기

1   출력된 종이는 두께가 얇아 가죽을 재단하기 힘들고 쉽게 구겨지기 때문에, 이를 두꺼운 종이에 붙여 형지를 만 들어준다. 종이를 붙일 때는 얇은 출력물에 바로 풀칠을 하지 말고, 두꺼운 종이에 풀을 칠한 다음 붙여주면 더 평평하게 형지를 만들 수 있다.

❶

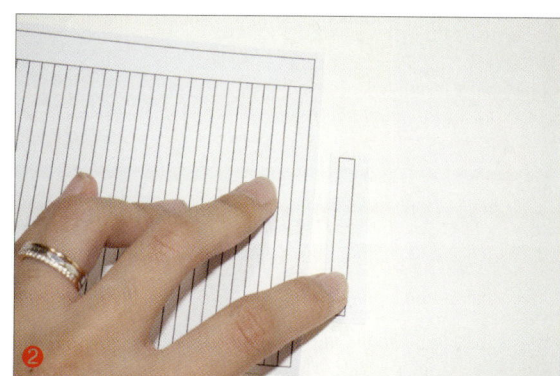

❷

2 잘 붙여진 종이를 잘라 재단용 형지를 만든다. 자를 때, 선의 안쪽이나 바깥쪽이 아닌 중앙을 최대한 정확히 자르는 것에 집중하도록 하자!

❸

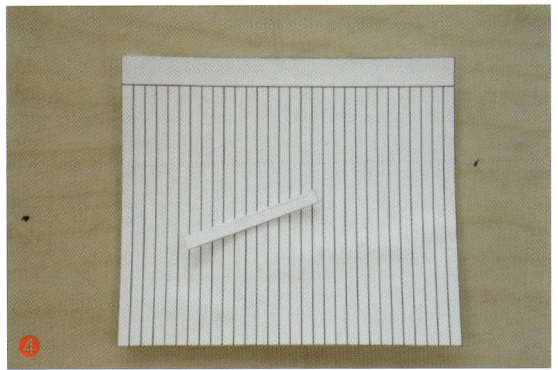
❹

3 테슬은 가늘고 길게 여러 차례 가죽을 잘라 만든다. 가죽을 자르는 방법은 여러 가지가 있는데, 여기서는 송곳으로 찍어 표시를 한 후, 이것을 연결하여 자르는 방법을 사용할 것이다. 이를 위해 먼저 형지에 송곳으로 마크를 해둔다.

❺

❻

4 먼저 테슬의 윗부분, 칼로 자르기 시작하는 지점을 송곳으로 뚫어주고, 이어 아래 쪽도 마크해준다.

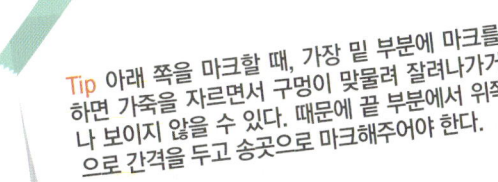

Tip 아래 쪽을 마크할 때, 가장 밑 부분에 마크를 하면 가죽을 자르면서 구멍이 맞물려 잘려나가거나 보이지 않을 수 있다. 때문에 끝 부분에서 위쪽으로 간격을 두고 송곳으로 마크해주어야 한다.

5) 테슬 – 가죽 재단하기

1 형지에 마크가 끝났다면, 테슬을 만들 가죽을 재단해보도록 하자. 앞서 가죽을 재단하는 여러 가지 방법에 대해 설명하였으므로, 각자 편한 방식으로 재단하면 된다. 여기서는 형지 위에 문진을 올려 눌러준 후 가죽을 재단하도록 하겠다. 테슬의 본판과 고리를 잘라준다.

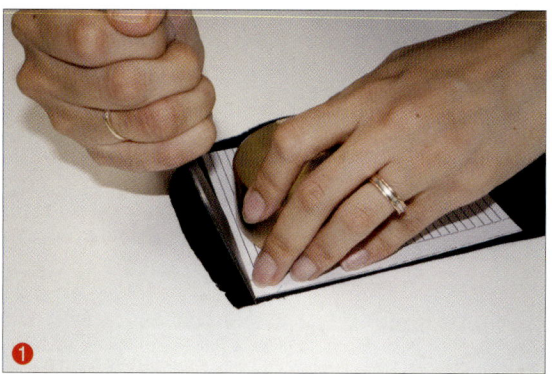

2 앞서 미리 송곳으로 마크해 둔 형지를 가죽 위에 놓고, 같은 곳을 다시 눌러 가죽에 표시를 해준다.

3 가죽의 위쪽과 아래쪽에 마크된 점을 잘 맞춘 후, 재단 칼로 잘라준다.

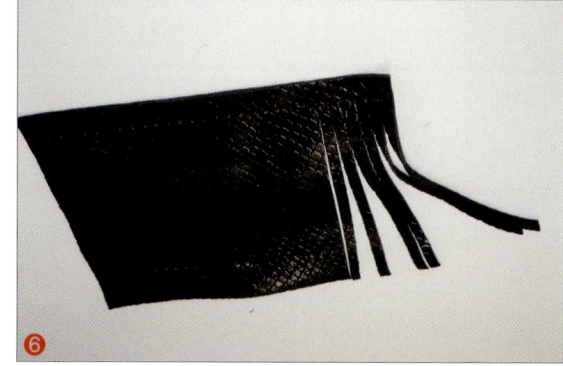

6) 테슬 – 본딩하기

1. 먼저 테슬 본판에서 동그랗게 말아지는 위쪽부분에 10mm정도로 본드를 칠해준다. 본드를 바를 때에는 모서리 끝에 가죽을 놓고 힘있게 눌러 내려준다는 생각으로 얇게 펴 발라야 한다. 매듭 부분도 안쪽 양 끝에 10mm정도 본드를 발라준다.

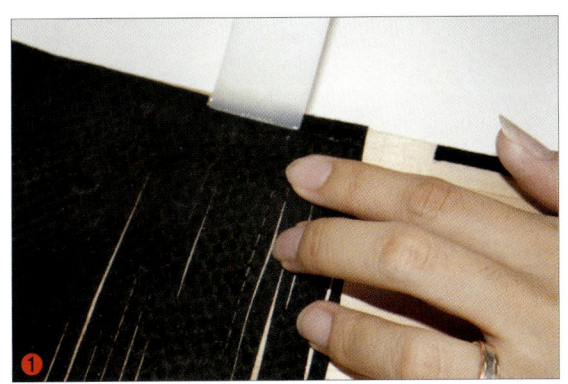
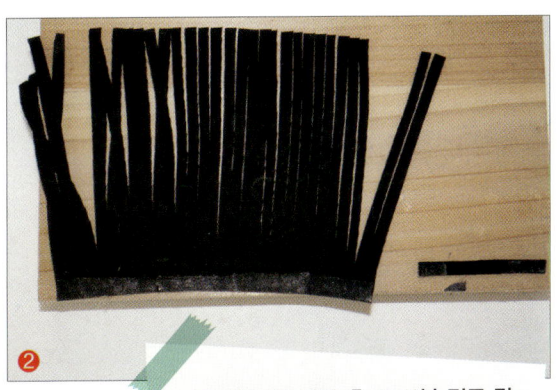

Tip 본드를 바른 후, 5-10분 정도 말려준 후 붙여야 한다는 것! 바로 붙이게 되면 본드가 마르지 않은 상태에서 서로 겹쳐져 공기가 통하지 않기 때문에 접착이 떨어질 수 있다.

2. 테슬 매듭 부분을 동그랗게 만들고, 앞서 본드를 발라놓은 부분끼리 잘 붙여준다.

3 테슬 매듭의 겉면과 본판의 겉면 역시 말아줄 때 접착 면이 된다. 그렇기 때문에 매듭은 밖으로 나오는 부분을 제외하고 10mm정도 본딩하고, 본판은 가장 바깥 쪽 한 바퀴가 되는 부분 3cm정도 남겨두고 본딩해준다.

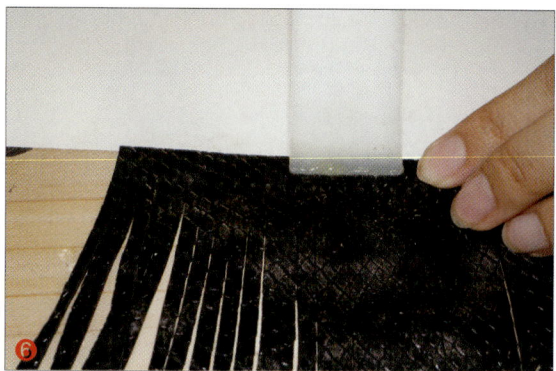

7) 테슬 – 마무리

1 본드가 적당히 말랐다면, 매듭을 붙이고 돌돌 말아 마무리 해준다.

8) 테슬 – 응용하기

1. 테슬은 마감 부분에 어떤 장식을 사용하는지에 따라 느낌이 아주 다르다. 종 모양의 장식을 사용해 다른 형태의 테슬을 만들어보자. 테슬 본판 가죽은 앞에서 한 것과 같은 방법으로 크기를 정해 잘라주고, 띠 부분 안쪽과 바깥쪽에 본드를 발라 말아준다. 종 장식을 사용할 경우, 가죽 매듭이 필요가 없으니 본판만 준비하면 끝!

2 종 모양 장식 안에 꽉 차게 테슬의 두께를 맞추어 말아준 다음, 순간접착제를 장식의 안 쪽 부분에 발라준다. 손에 묻지 않도록 주의할 것!

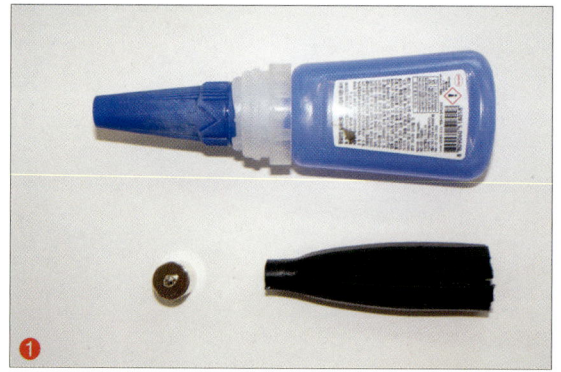
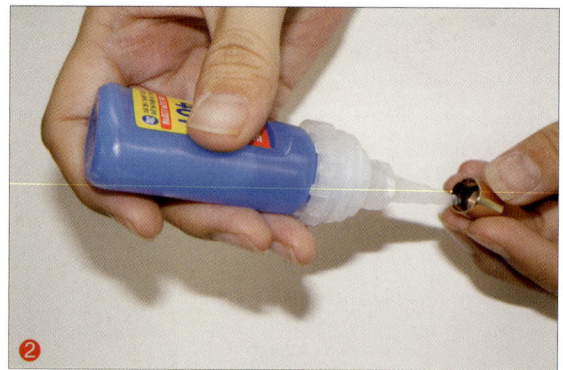

Tip 본드와는 달리, 접착제를 바르고 난 후 바로 테슬을 끼워 고정시켜 주어야 한다.

3 그림과 같이 잘 끼워 넣어 고정시킨다. 링을 연결해 열쇠고리나 장식용으로 사용해도 좋다.

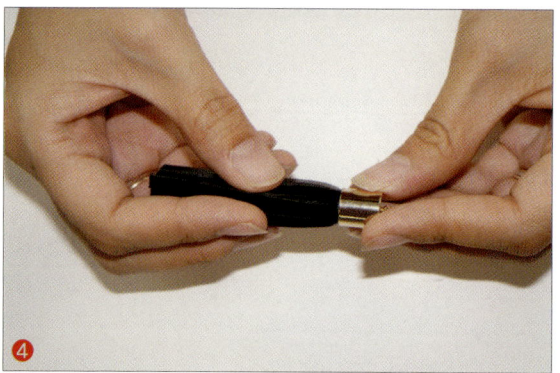

2 맛보기 작품, 키링만들기

1 맛보기 작품, 테슬만들기
2 맛보기 작품, 키링 만들기
3 몸 풀기 작품, 목걸이형 카드지갑만들기
4 뽐내기 작품, 2D 클러치 만들기

1) 키링 – 완성품 미리 보기

테슬 만들기, 잘 따라 오셨나요? 어떠세요? 아주 쉽게 소품 하나를 뚝딱 만들 수 있었죠? 이번에도 간단한 아이템을 만들면서, 가죽공예와 좀 더 친해지는 시간을 가져보도록 할게요~ CAD로 패턴 그리는 과정이 테슬보다 조금 추가 되었지만, 걱정하지 마세요. 머리 속에 오래 오래 기억되도록 같은 명령어도 반복해서 설명할 것이고, 게다가 제작 과정은 오히려 테슬보다 훨씬 간단한 열쇠고리를 만들거니까요! 통가죽으로 멋진 키링을 만들어서 이름을 새겨 넣는 것은 어떨까요?

> **필요한 재료 및 예상 비용**

가죽 1/2평 (1평= 약 30cm*30cm) – 평당 3,000~5,000원

엔틱 키 고리 – 약 2,000원

가죽공예 기본 도구 – 자, 칼, 두꺼운 도화지, 재단칼, 송곳, 슬리거, 토코놀 등

2) 키링 - 도안, 패턴그리기

키링의 길이를 70mm, 넓은 부분의 폭을 30mm로 정하고 패턴을 그려보자. 키링은 반으로 대칭이 되도록 접히므로 길이 140mm, 넓은 면의 폭 30mm로 그려주고, 키링 장식에 들어가는 부분을 11mm로 하여 양쪽에 붙여준다. 그럼 먼저 140 * 30 으로 된 사각형을 그리자.

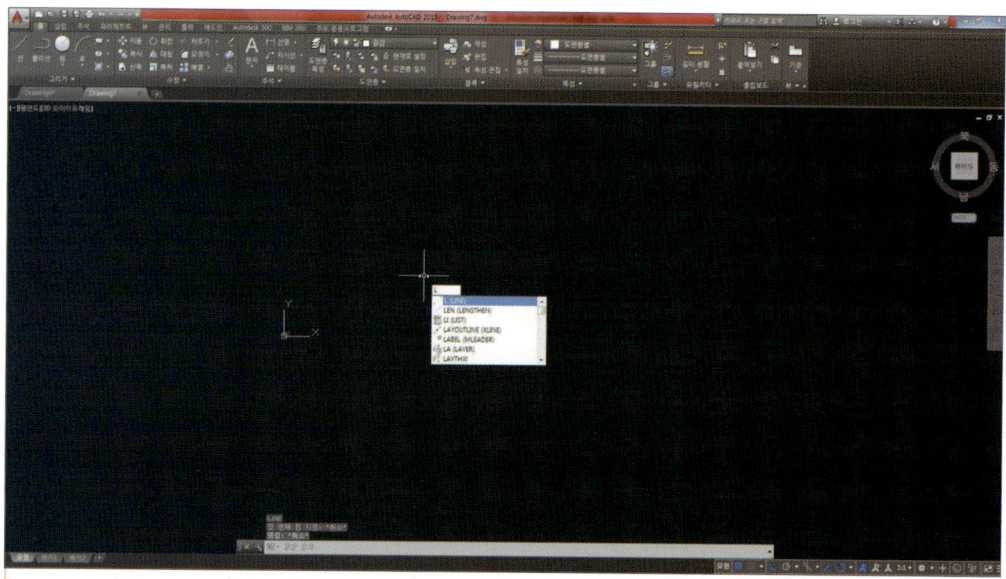

1. **단축키 (L : LINE)** 선을 그릴 때 사용 : 대기화면에서 L 을 입력하면 화면과 같이 L로 시작하는 명령어들을 보여주는데, 우리는 LINE를 그리기 때문에 이를 선택 후 Enter

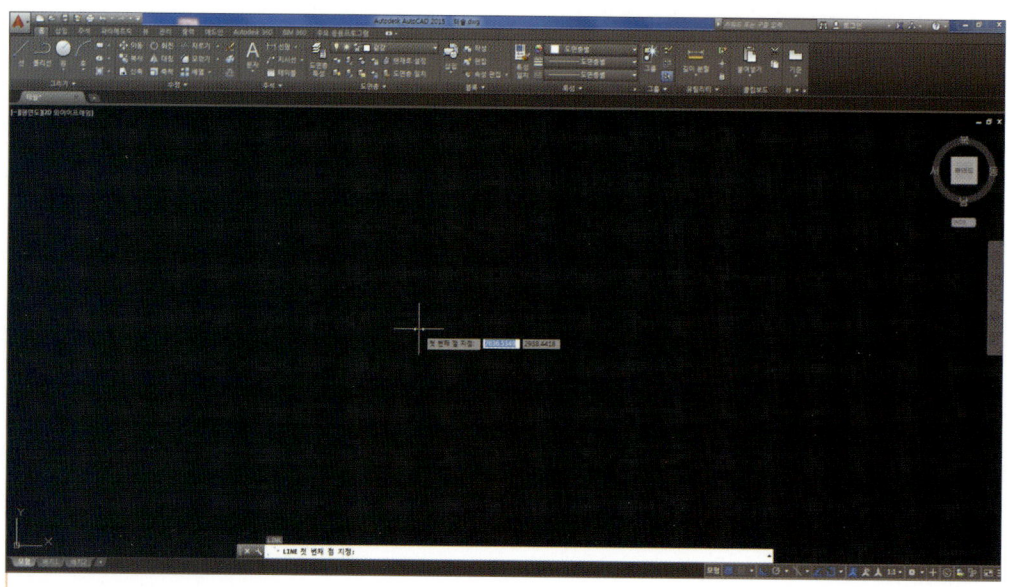

2. 첫 번째 점 지정이라고 표시 나타나며 좌표를 나타내고 있다.

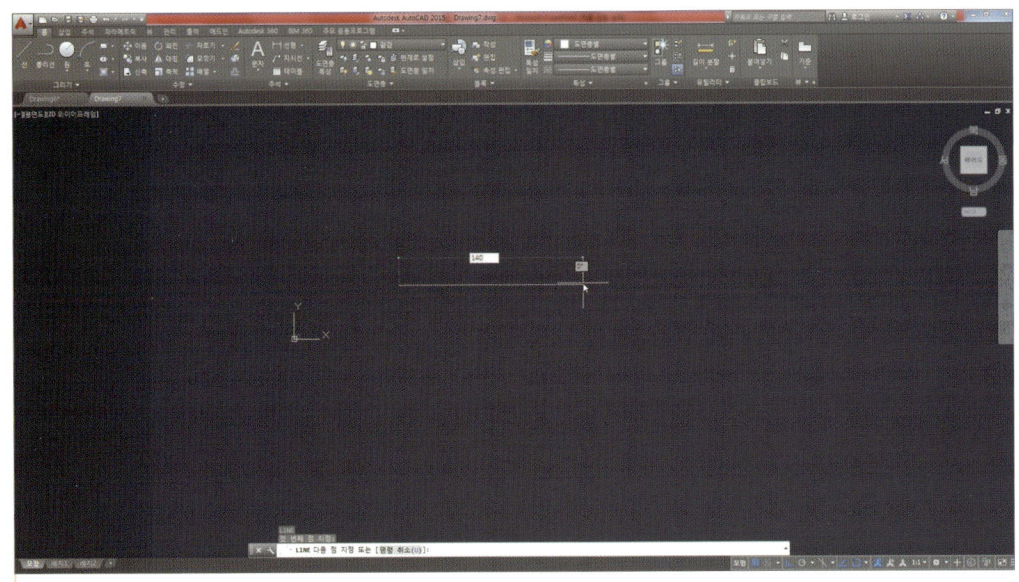

3. 마우스 왼쪽을 클릭하여 첫 번째 점을 아무 곳에나 지정한다. 마우스를 왼쪽, 오른쪽, 위, 아래로 이동하면 숫자가 나타나는데, 먼저 가로 선을 그리기 위해 오른쪽으로 마우스를 옮겨 놓고 140 을 입력 → Enter

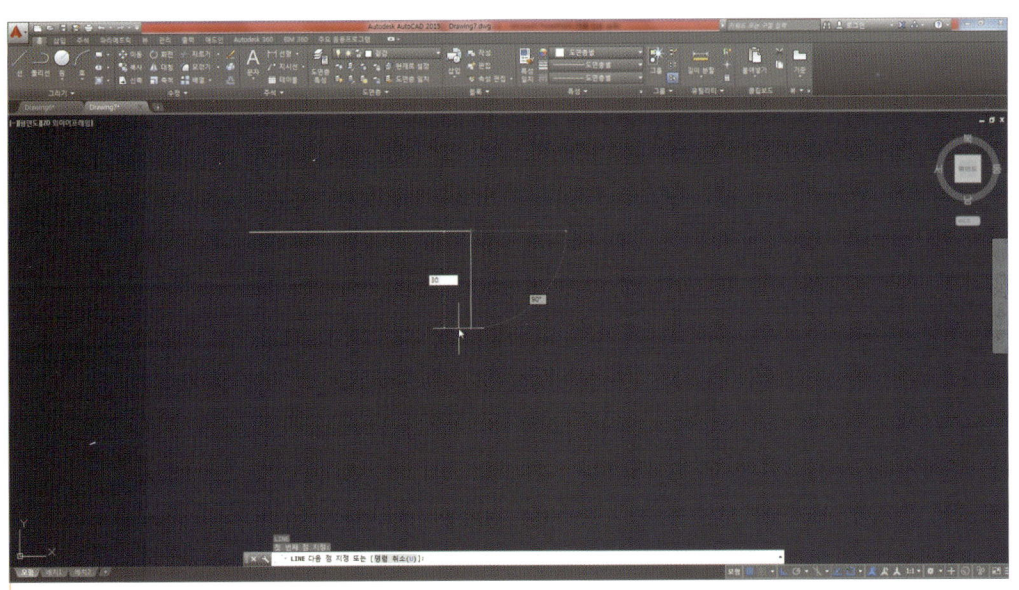

4. 첫 번째 점에서 140mm만큼 가로 선이 그려지고 다음 점을 지정하라고 나타난다. 마우스를 아래로 향하게 하고 30을 입력 → Enter

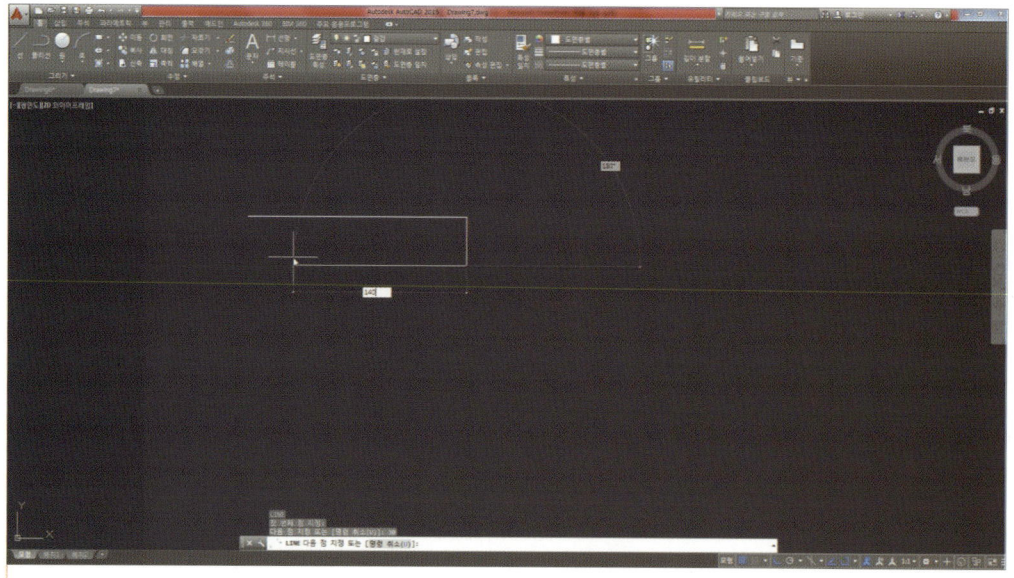

5. 다음으로 마우스를 왼쪽으로 하고 140을 입력 → Enter → 왼쪽으로 140 mm길이의 선이 또 그려진다.

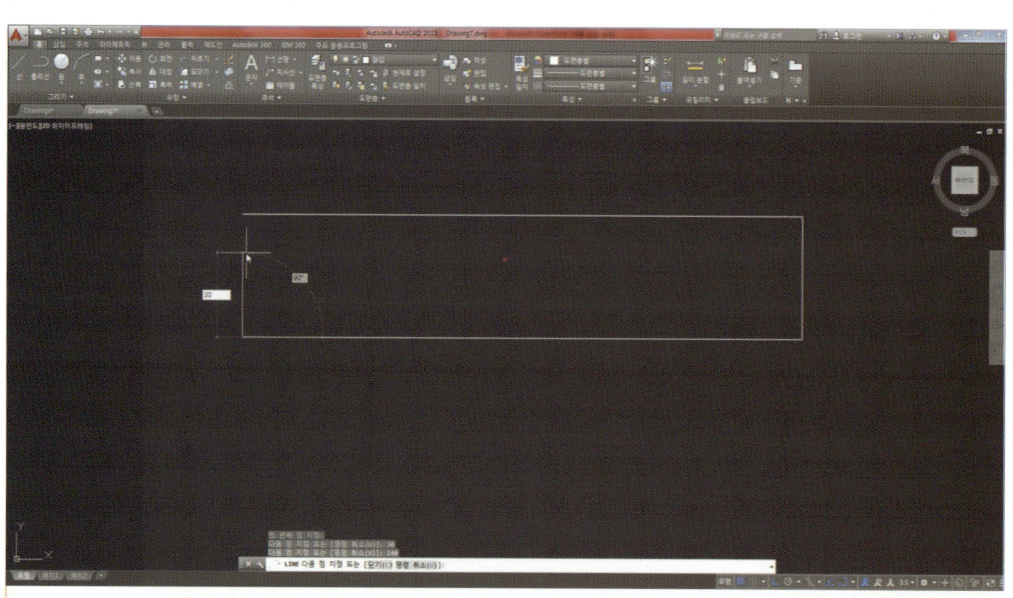

6. 또 다른 점을 지정하라고 나타나면, 마우스를 위쪽으로 향하고 30을 입력하고 Enter 사각형이 다 그려졌으면, 다음 점을 지정하라는 명령어는 무시하고 Esc 를 눌러준다.
자, 직사각형이 그려졌다.

직사각형 모양의 키링은 밋밋하니, 약간의 모양을 변형해보자. 우선 키링이 반으로 접히기 때문에 대칭되는 모양을 만들기 위해 가운데 선을 그려보자.

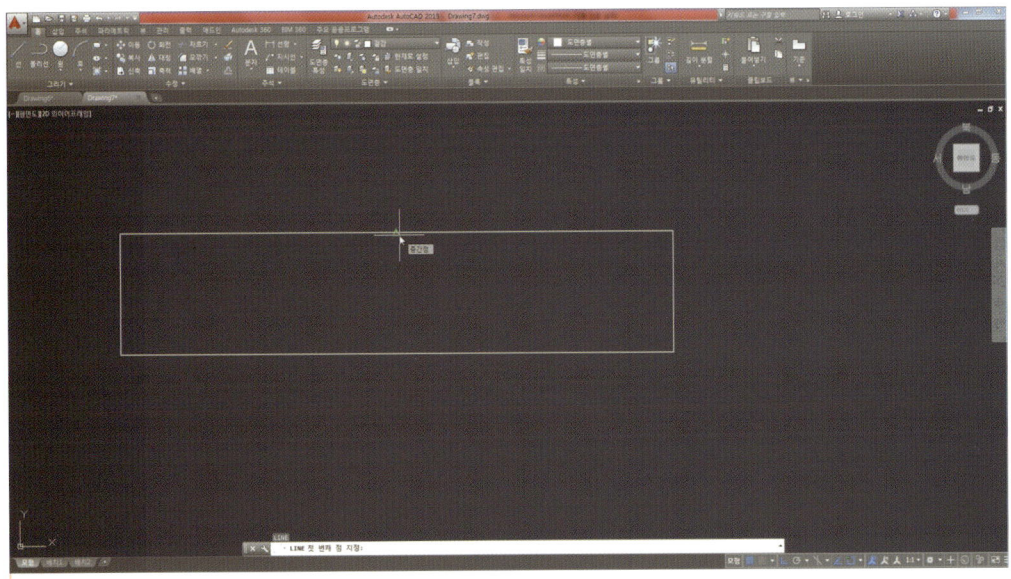

7. 선 그리기 명령어 L을 누르면 처음 시작점을 묻는데, 이때 우리가 중심선을 그리고자 하는 위치(선의 가운데)로 마우스를 이동하면 △ 모양으로 커서가 바뀌게 된다. 이곳이 중심점이 되므로 마우스의 왼쪽을 클릭해서 점을 찍어준다. 만약 △ 표시가 안 된다면 OS를 눌러 중심점에 체크해주면 된다.

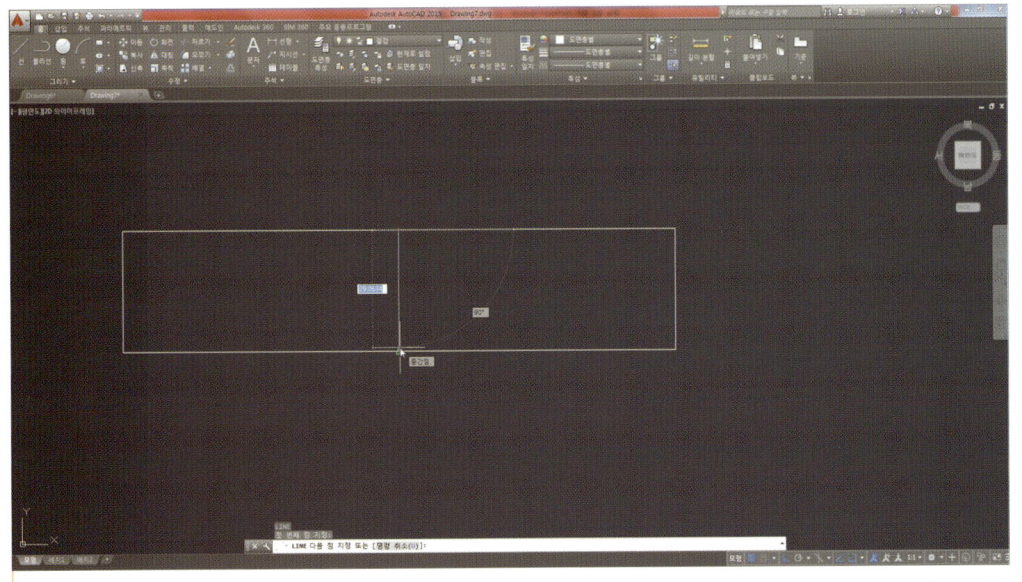

8. 다음 점 지정 이라는 말이 나오면 아래 선의 중심점 위치에 마우스를 대고 왼쪽 버튼을 클릭해준다.

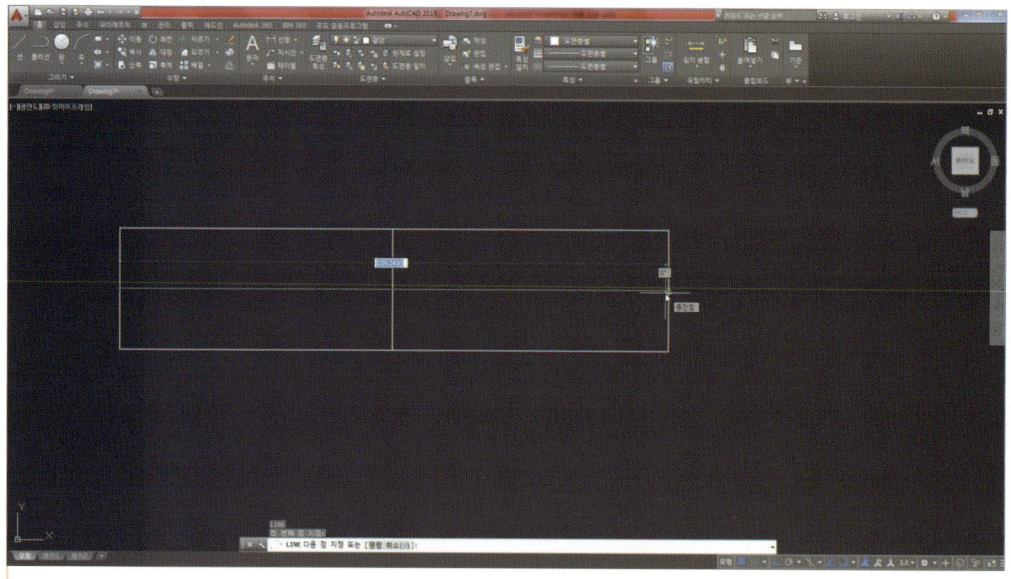

9. 가로도 같은 방법으로 가운데 선을 그려준다.

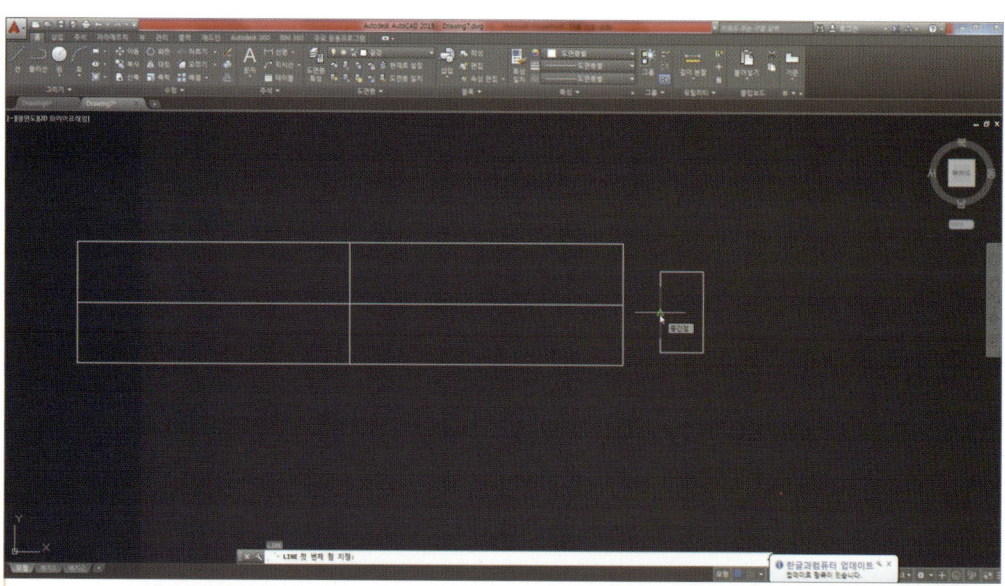

10. 다음으로 키링 고리에 들어가는 가죽 부분을 그려보자. 고리의 폭은 22mm이고, 안으로 들어가는 깊이는 11mm이며, 두께는 4.7mm이다. 이 안으로 가죽 2겹이 들어가야 한다. 실제로 제작할 때 통가죽의 경우 2mm 두께로 만들어 사용하고, 안쪽과 바깥쪽을 다른 가죽으로 할 때는 두 가죽을 1mm 로 피할하여 붙여 사용하면 될 것이다. 앞서 그린 사각형 옆으로 가로11 * 세로 20 의 사각형을 그려준다.

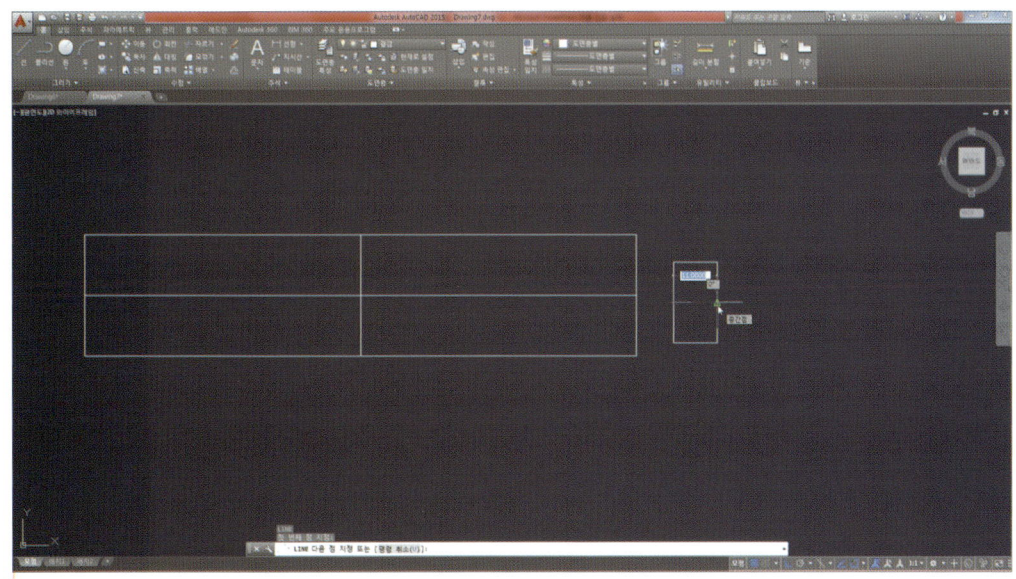

11. 위 사진에서 11mm 부분은 장식과 가죽을 고정시키기 위해 안쪽으로 들어가는 깊이이고, 20mm 는 가죽의 폭이 된다. 앞에서 배운 방법대로 이 사각형 가운데 가로로 중심선을 그어준다.

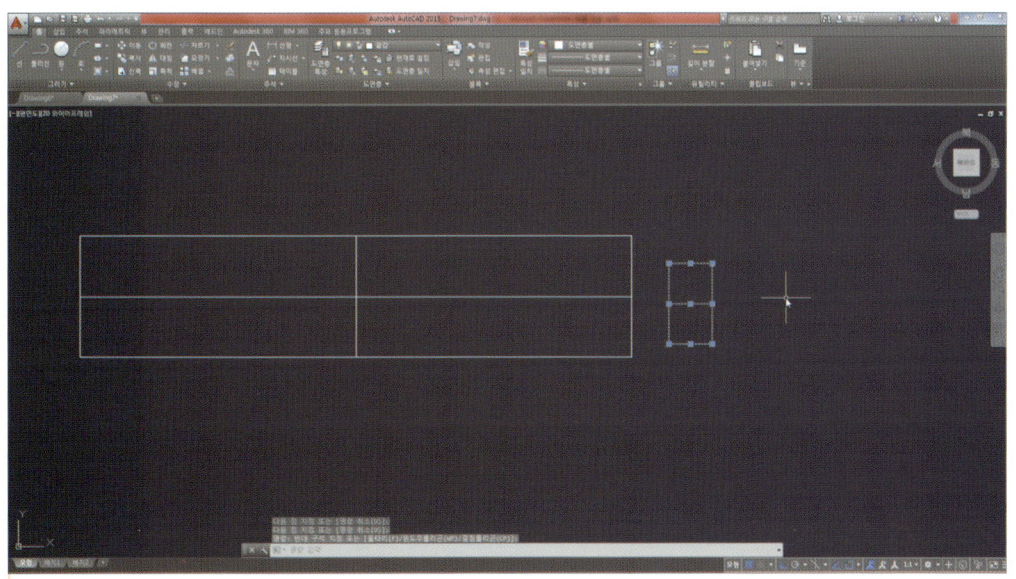

12. 다음으로 M (이동) 명령어를 이용해 키링 본체 패턴과 결합시켜보자. 먼저 마우스로 드래그하여 키링과 결합되는 작은 사각형 형지를 전체 선택하면, 선택된 부분이 점선으로 바뀌게 된다.

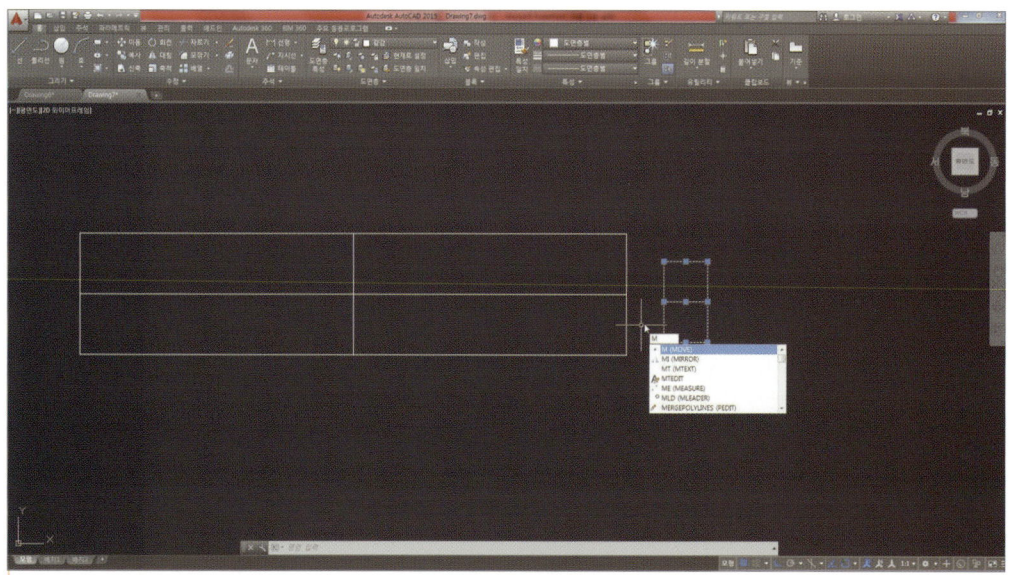

13. 선택이 된 상태에서 명령어 M을 입력하고 Enter

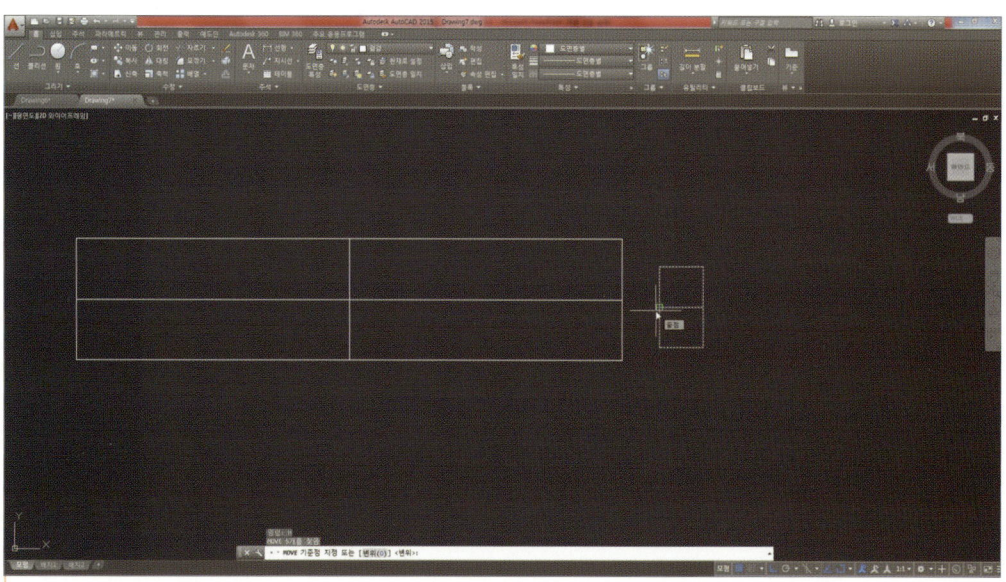

14. 기준점을 지정하라고 나오면, 가운데 그려준 중심선의 끝부분을 클릭해준다.

> **Tip** CAD에서는 기준점을 중심으로 이동이나 복사, 대칭복사, 회전 등이 이루어지므로, 기준점이 가장 중요하답니다!

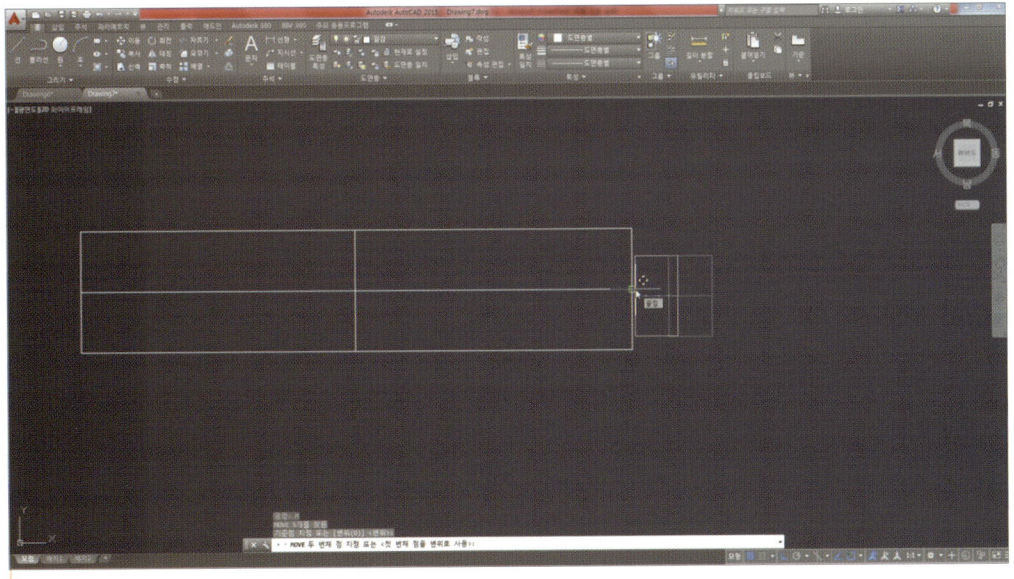

15. 기준점을 선택한 후 붙이고자 하는 큰 본체 패턴의 중간 부분을 클릭을 해준다.

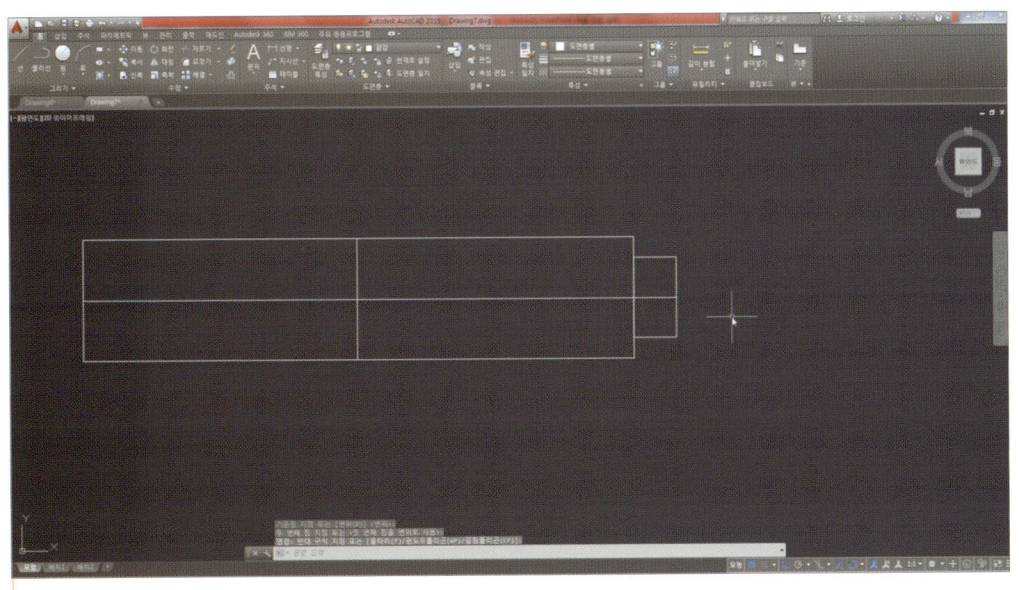

16. 위 사진 처럼 작은 패턴이 큰 패턴에 결합된다.

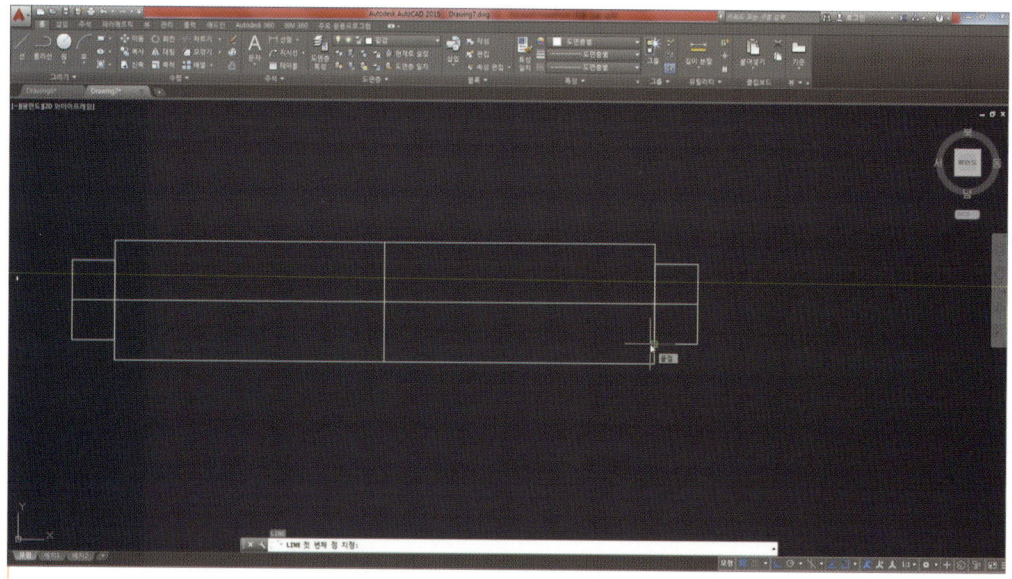

17. 왼쪽도 같은 방법으로 붙여준다. 이 상태로 출력하면 직사각형 모양의 키링이 되지만, 우리는 앞서 언급한 바와 같이 모양을 좀 더 세련되게 변형시키는 연습을 해보기로 하자. 패턴의 가운데 부분(키링의 끝부분)이 굵고 양 끝으로 갈수록 가늘어지는 형태로 변형해보겠다.

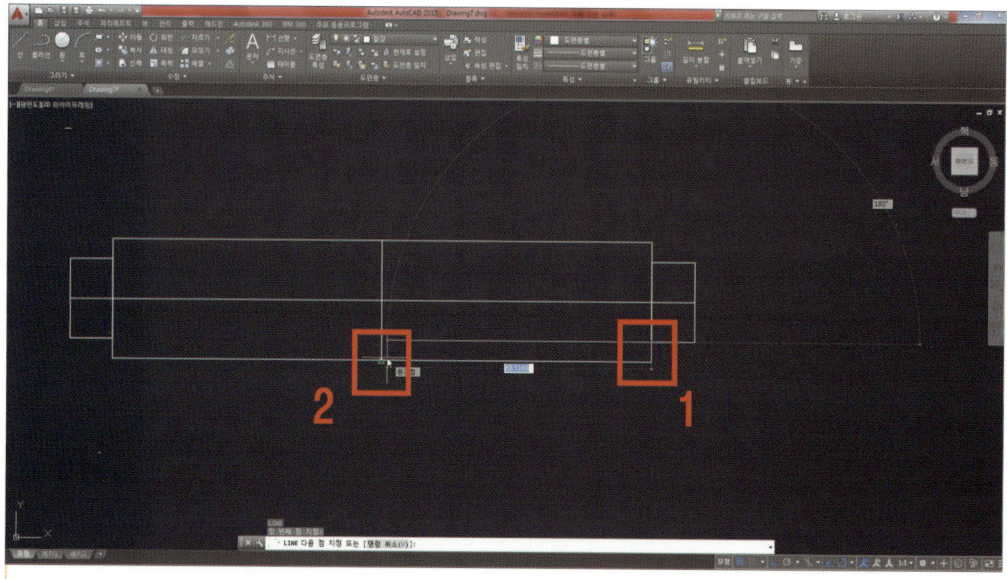

18. 1번 지점과 2번 지점을 부드럽게 연결하면서 패턴의 가운데(키링의 끝 부분)가 두꺼워 지도록 해보자. 라인 그리기 명령어 L 을 입력하고 첫 번째 점을 지정하라고 나오면 고리와 결합되는 부분인 1번 지점을 클릭한다. 그 다음 위 사진처럼 그려지면서 두 번째 점을 지정하라고 나오면, 중간의 2번 점을 선택해준다.

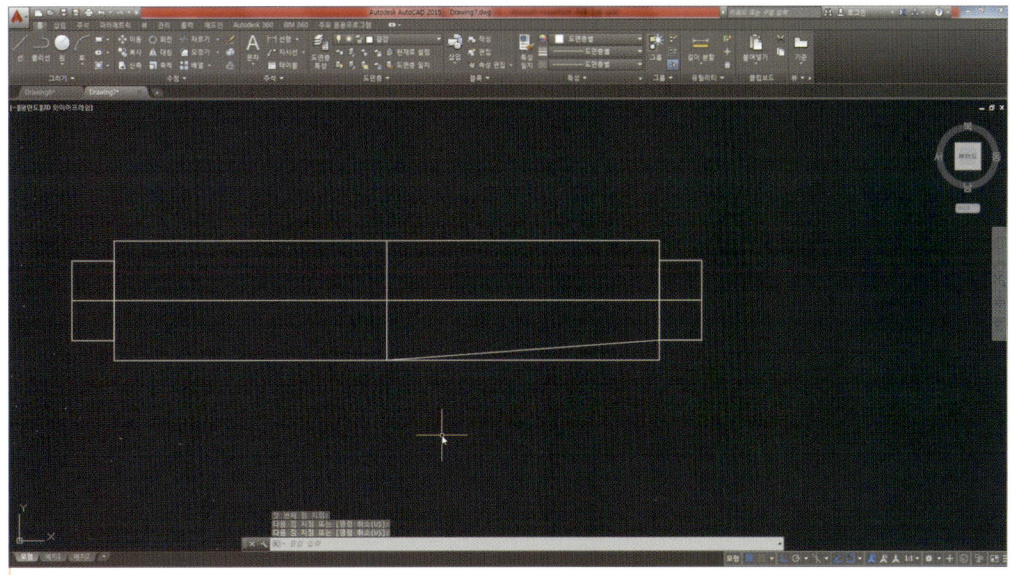

19. 위와 같은 선이 생길 것이다. 나머지 3곳도 같은 방법으로 그려보자.

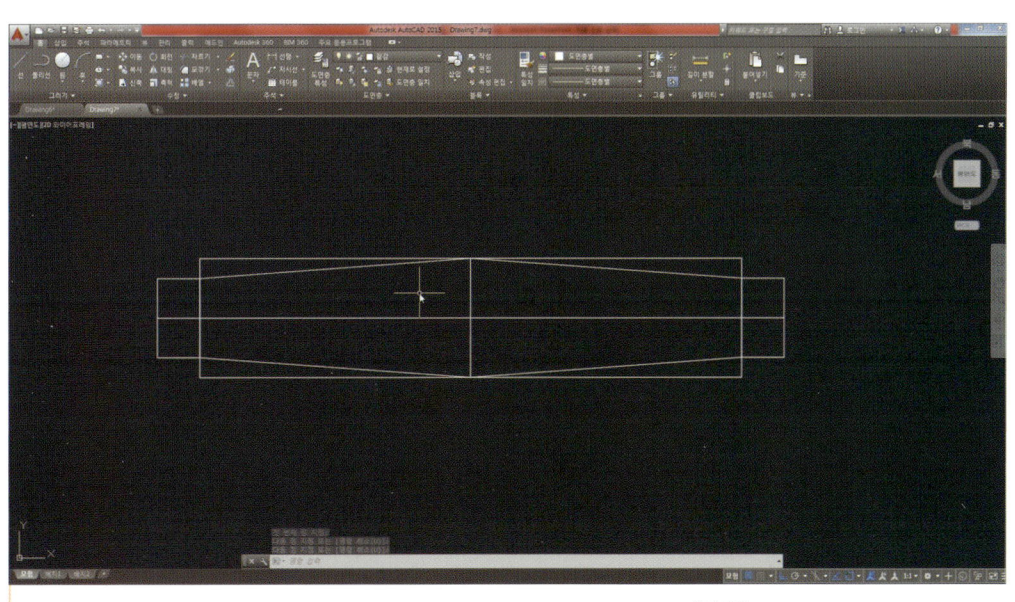

20. 다 그린 후, 변형하기 이전의 필요 없는 선들은 선택하여 Del 키를 이용해 지워보자.

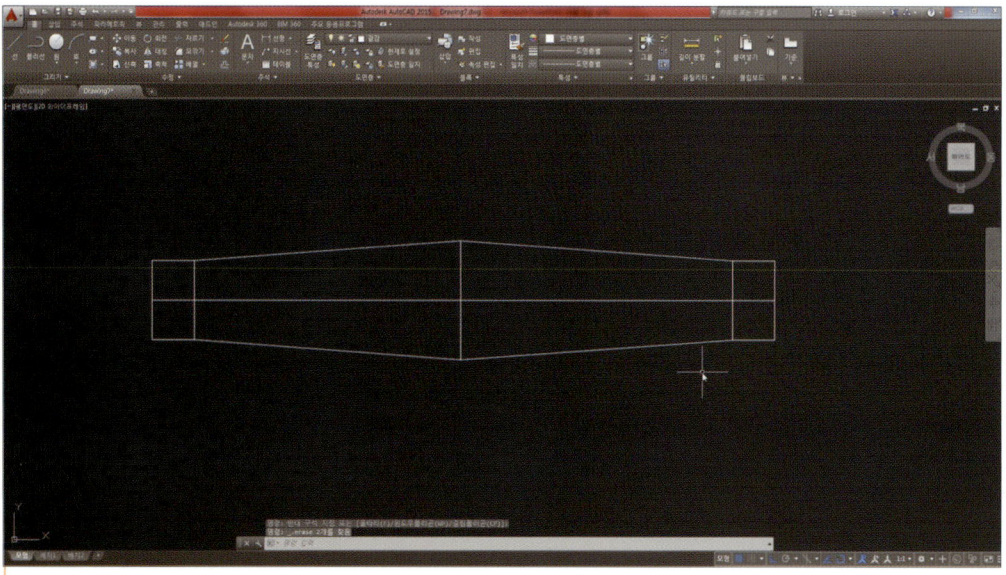

21. 이제 키링의 패턴이 완성되었다.

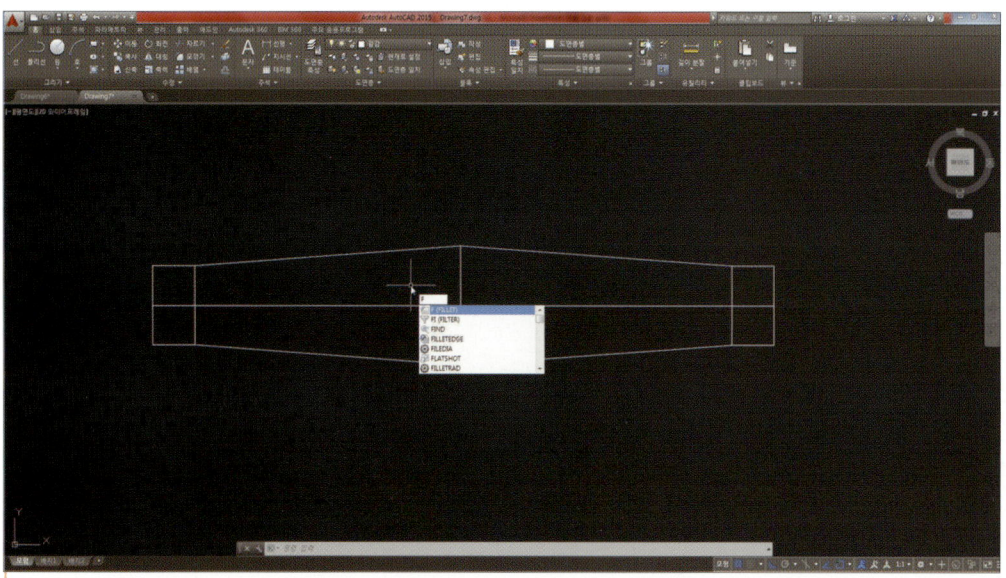

22. 여기서 하나 더! 가운데 부분을 좀 더 부드럽게 약간의 라운드를 주어보자.

모깎기 명령어 F 를 입력하고 Enter 첫 번째 객체를 선택하라고 나타나면서 아래쪽으로 세부 명령이 보인다. 명령취소(U), 폴리선(P), 반지름(R) 등이 보이는데, 라운드는 반지름(R)을 이용하여 만들 수 있다.

먼저 F를 입력하고 Enter

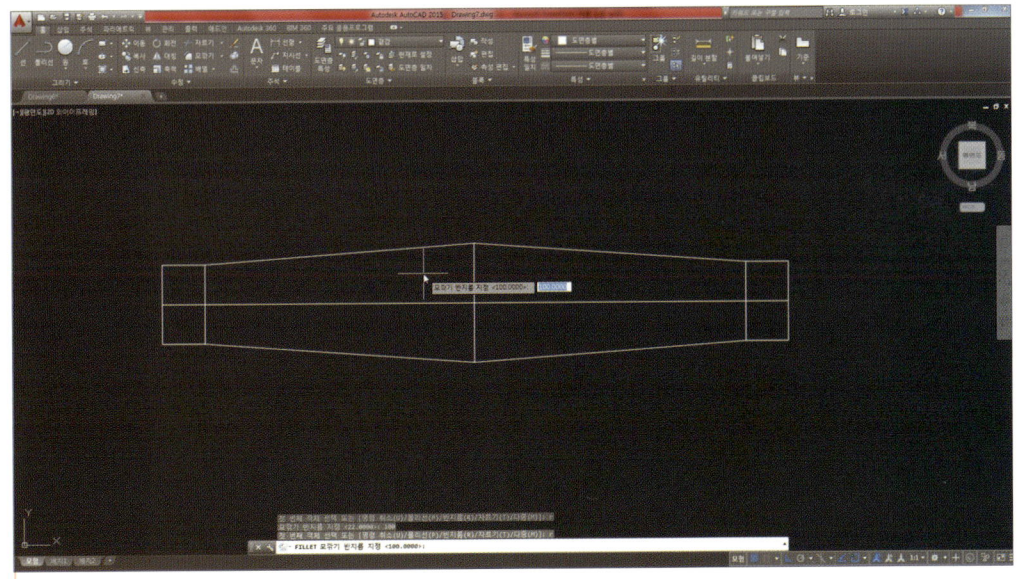

23. 첫 번째 객체를 선택하라고 나타나면서 아래쪽에 세부 명령이 보인다. 반지름 명령어 R을 입력하고 Enter → 본인이 원하는 반지름의 크기를 입력하고 Enter 우리는 반지름 크기에 100을 넣어보겠다.

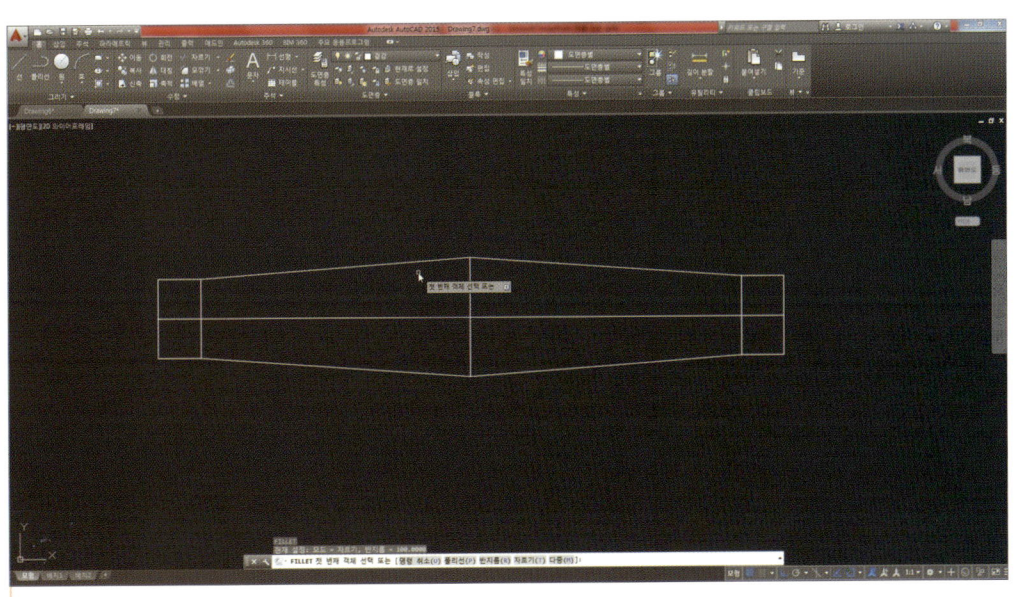

24. 반지름의 크기를 입력하고 난 후, 첫 번째 객체를 선택해준다.

Tip 모깎기를 할 때는 접합된 두 선이 필요합니다. 이때 두 선 중 먼저 선택하는 선이 첫 번째 객체가 되고 다음에 선택하는 선이 두 번째 객체가 되며, 두 선의 결합된 부분이 둥글게 모깎기가 되는 것이죠.

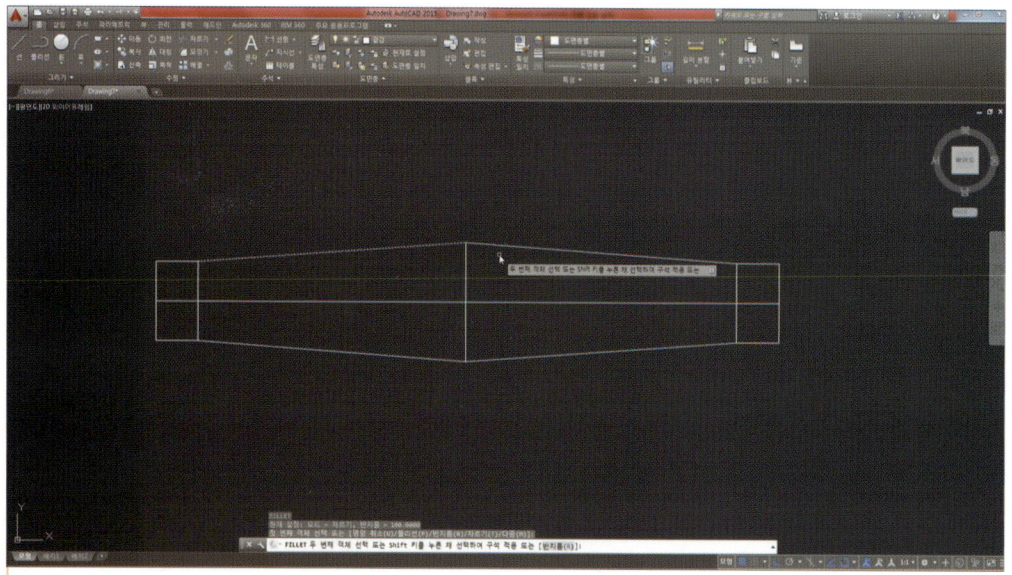

25. 두 번째 객체를 선택하라고 나타나면 다른 한 선을 마우스 왼쪽 버튼으로 선택해준다.

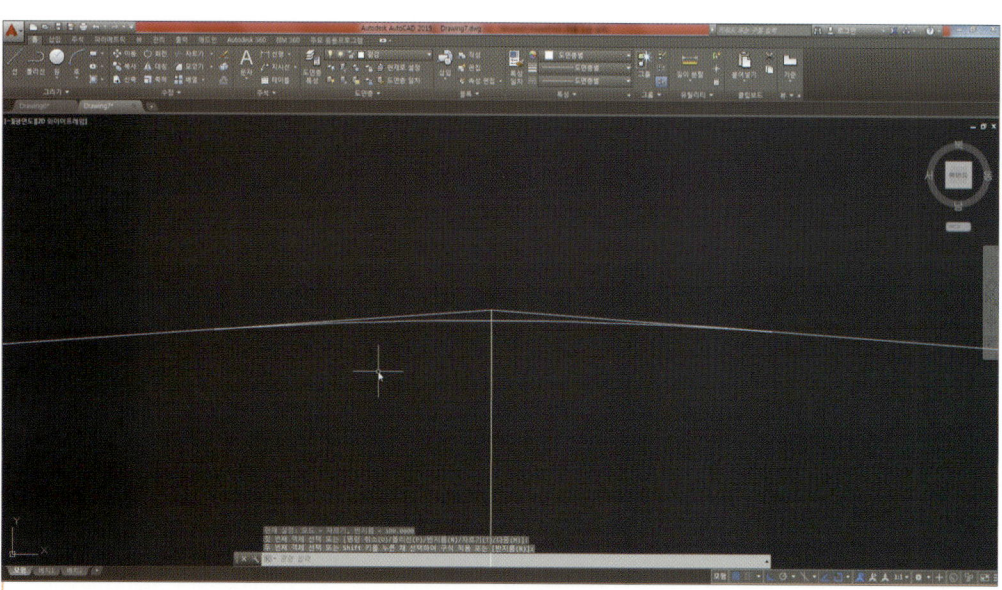

26. 위의 각이 진 선은 모깎기를 하기 전이고, 아래 쪽 선은 모깎기를 한 후 라운드가 된 것이다. 키링의 아래 면도 똑같은 방법으로 둥글게 만들어보자.

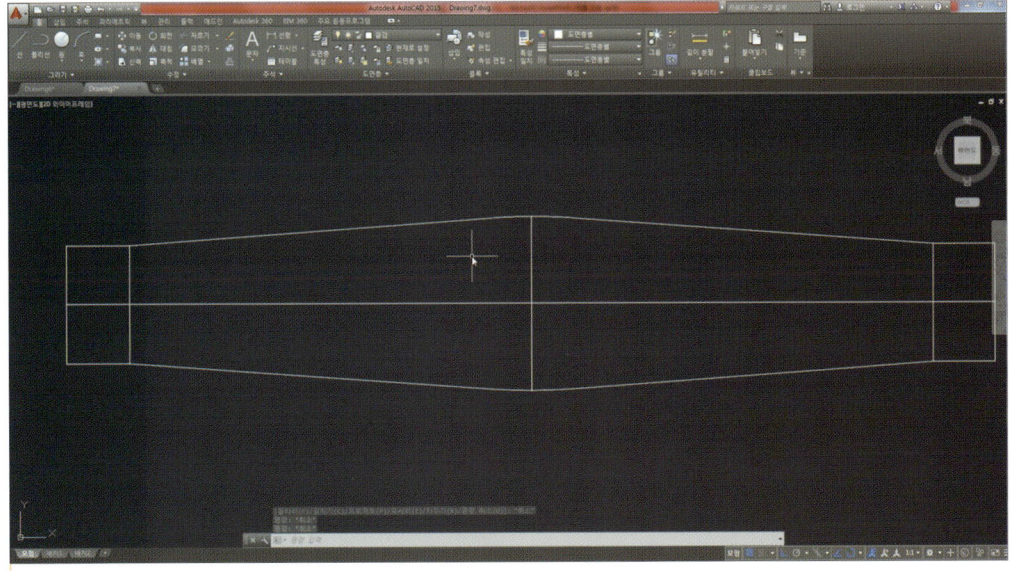

27. 위 아래 두 선이 모두 부드럽게 완성되었다

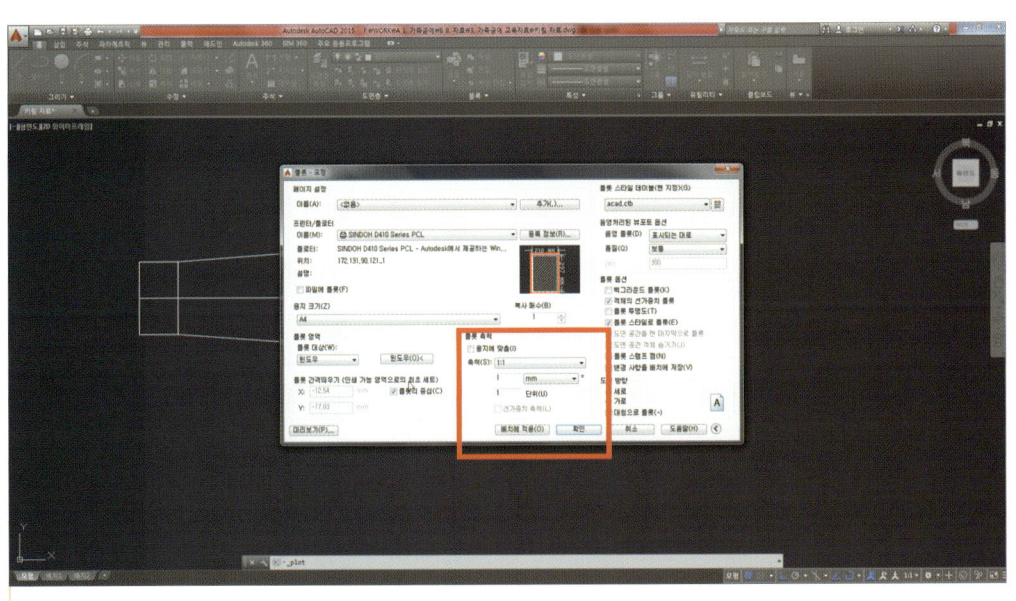

28. 이제 출력을 해보자. 출력의 단축키는 Ctrl + P 이다. 빨간 네모박스 부분을 꼭 확인하고, 프린터와 용지를 설정한 후, 윈도우에서 출력될 부분을 선택해준다.

3) 키링 - 패턴 출력하기

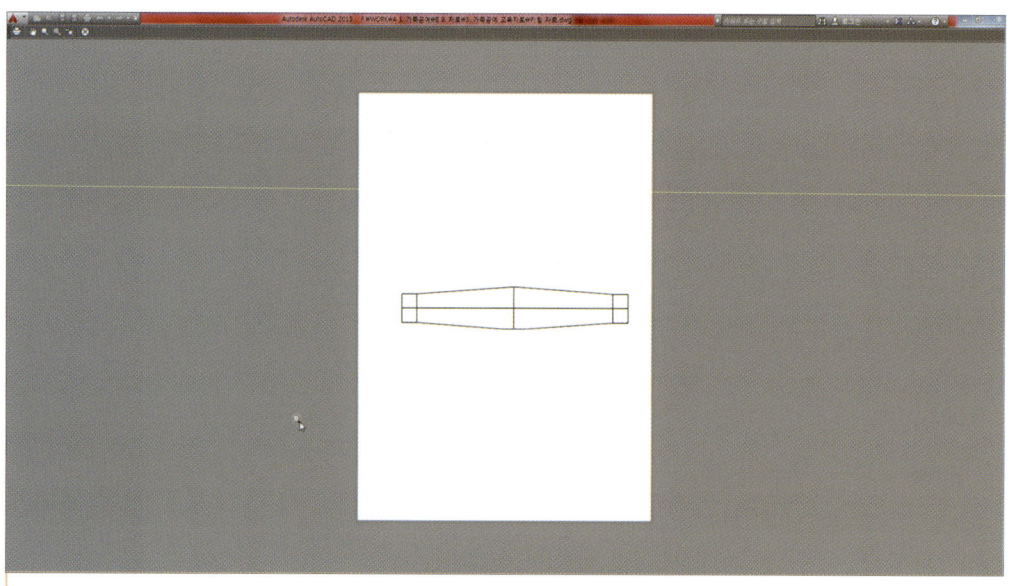

1. 용지를 A4로 하고 출력방향을 세로로 했을 때 미리보기 화면이다.

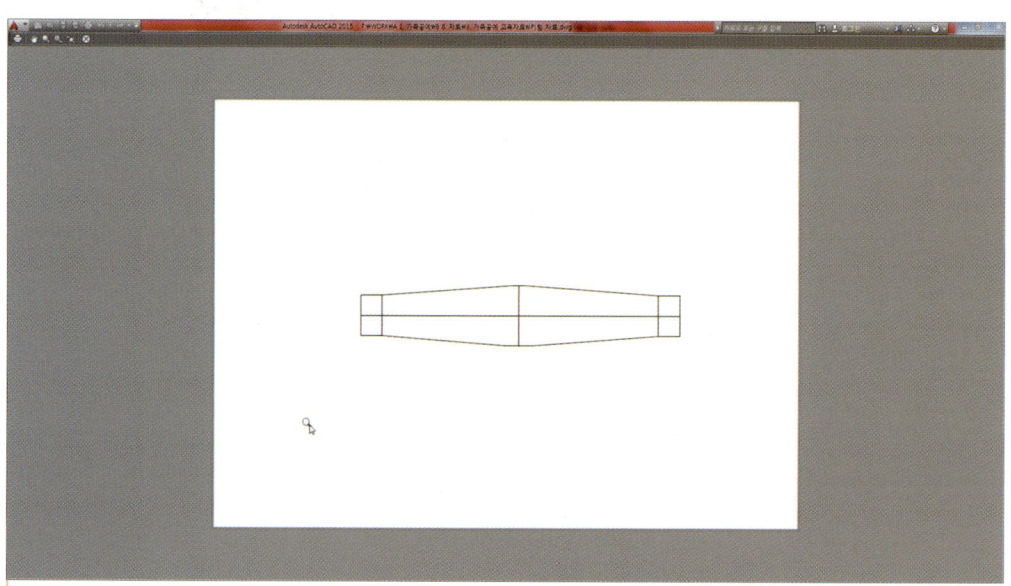

2. 용지를 A4로 하고 출력방향을 가로로 했을 때 미리보기 화면이다. 어떤 방향이든 전체의 패턴이 다 나오다면 어느 것을 선택해도 상관없다. 이대로 출력하여 본격적으로 키링을 만들어보자.

4) 키링 – 형지 만들기

1. 출력된 종이를 두꺼운 종이에 붙여 형지를 만들어준다. 간혹 선이 그려진 부분에만 풀을 칠해 붙이는 경우가 있는데, 그렇게 되면 자를 때 떨어질 수 있으니 전면에 풀을 발라 붙여주도록 한다.

> Tip 딱풀이나 본드를 사용하면 훨씬 깔끔하게 붙일 수 있다.

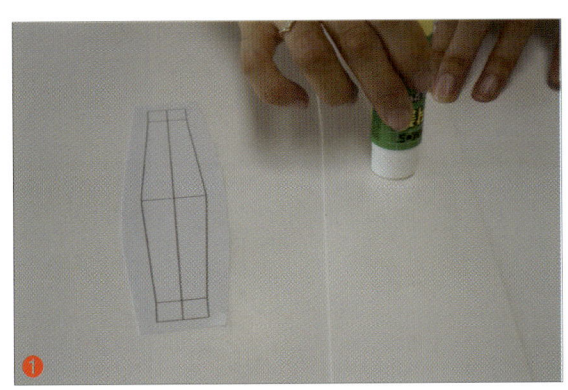
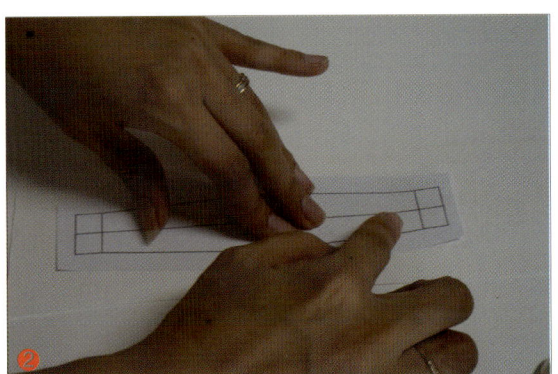

2. 종이를 잘라 재단용 형지를 만들어 준다.

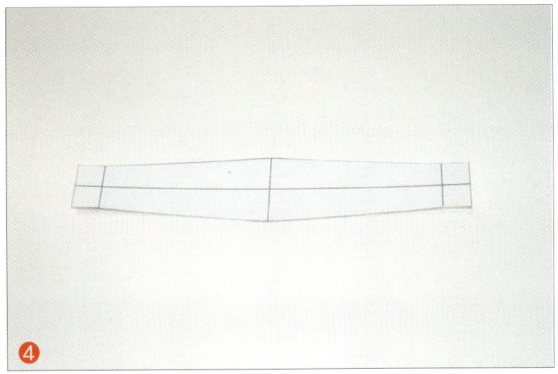

5) 키링 – 가죽 재단하기

1. 형지를 잘랐다면, 형지를 가죽 위에 놓고 가죽을 잘라준다. 여기서는 엣지코트 마감이 아닌 토코놀로 마감하는 것을 배워보도록 하자. 이에 가죽은 통 가죽을 사용할 것이다. 통 가죽은 비교적 두께가 두껍기 때문에 재단할 때 힘이 많이 들어갈 수 있으니 주의하도록 한다.

2. 가죽을 자른 후, 끝 부분이 열쇠 고리에 잘 맞게 들어가는지 두께와 크기를 체크해준다.

6) 키링 – 구멍 뚫기, 장식선 그리기

1. 가죽을 고리 안에 고정시키기 위해 가죽에 구멍을 미리 뚫어주어야 한다. 고리 안으로 가죽을 넣어 송곳으로 구멍 뚫을 부분을 마크한 후, 타공 펀치를 이용해 구멍을 내어준다.

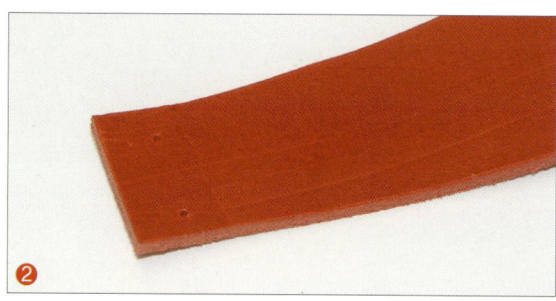

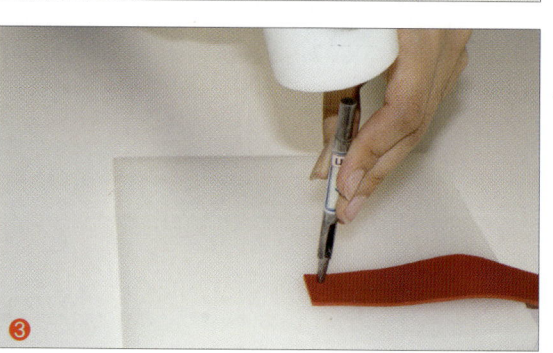

Tip 타공 펀치는 크기가 매우 다양한데, 키링의 나사 두께에 맞추어야 한다. 그래야 구멍 안에 나사가 정확히 들어가 고정이 되므로, 미리 나사의 두께를 확인할 것!

2 크리져를 이용해 가죽의 양 옆에 장식 선을 그려준다. 이는 필수적인 과정이 아니므로, 개인의 취향에 따라 생략하여도 좋다. 단, 통가죽은 크리져 라인이 아주 잘 그려지는 특성이 있으니 이 기회를 놓치지 말자!

7) 키링 - 토코놀 마감

1 슬리거를 이용해 가죽 안쪽 면과 양 옆의 모서리 부분에 토코놀을 바르고 문질러 준다. 많이 문질러 줄수록 가죽 안으로 스며들어 광택이 난다는 것을 기억하자.

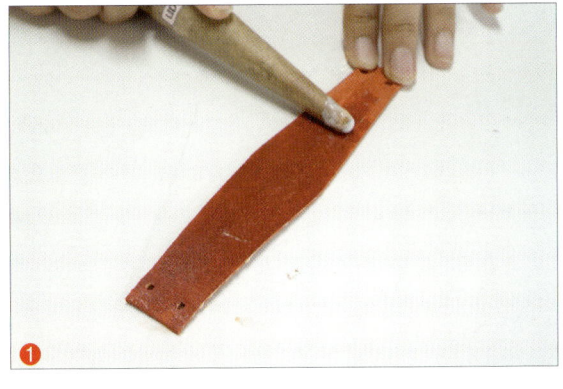

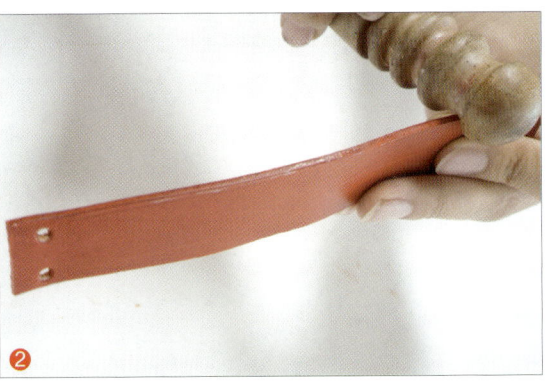

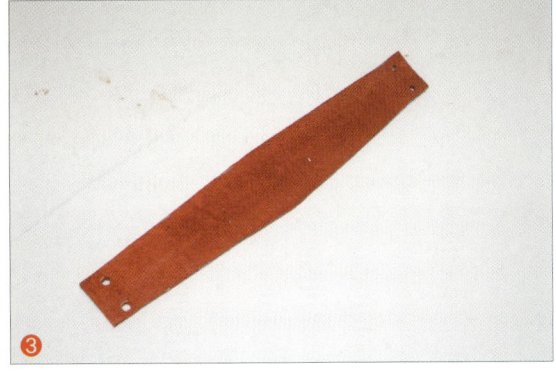

8) 키링 – 마무리

1 나사로 고리와 가죽을 고정시켜 마무리 한다.

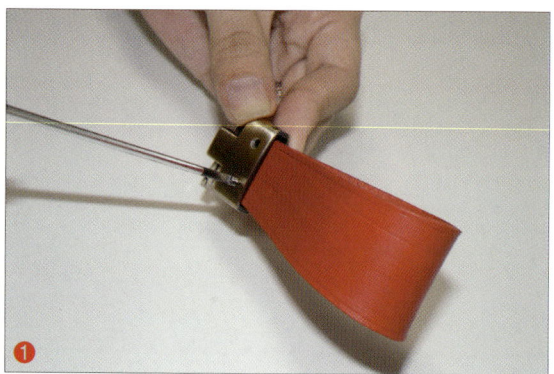

③ 몸풀기 작품, 목걸이 형 카드지갑 만들기

1) 목걸이 형 카드지갑 - 완성품 미리 보기

테슬과 키링을 만들면서 CAD와 가죽공예에 대한 맛보기를 잘 해보셨나요? 그럼 이제 많이 사용하는 소품인 목걸이 형 카드지갑을 만들면서 본격적으로 CAD와 친해지는 시간을 가져보도록 하겠습니다. 전혀 어렵지 않으니 잘 따라 하시면, 얼마든지 CAD로 패턴을 그릴 수 있을 거예요~ 패턴에 이어 실제로 만드는 과정도 함께 하면서 처음부터 끝까지 하나 하나 배워보도록 할게요! 중복되는 내용도 건너뛰지 않고 다루었으니 잘 따라만 오세요!

필요한 재료 및 예상 비용

가죽 1-2 평 (1평= 약 30cm*30cm) - 평당 3,000~5,000원

목걸이 줄 - 약 2,000원

가죽공예 기본 도구 - 자, 칼, 두꺼운 도화지, 재단칼, 디바이더, 치즐, 망치, 아일렛, 본드, 헤라, 엣지코트, 도트봉, 바늘, 실 등

2) 목걸이 형 카드지갑 - 도안, 패턴그리기

지갑에는 카드가 들어가야 하므로, 가지고 있는 카드를 먼저 CAD로 그려주어야 합니다 (크기 : 85.6mm * 54mm 이다).

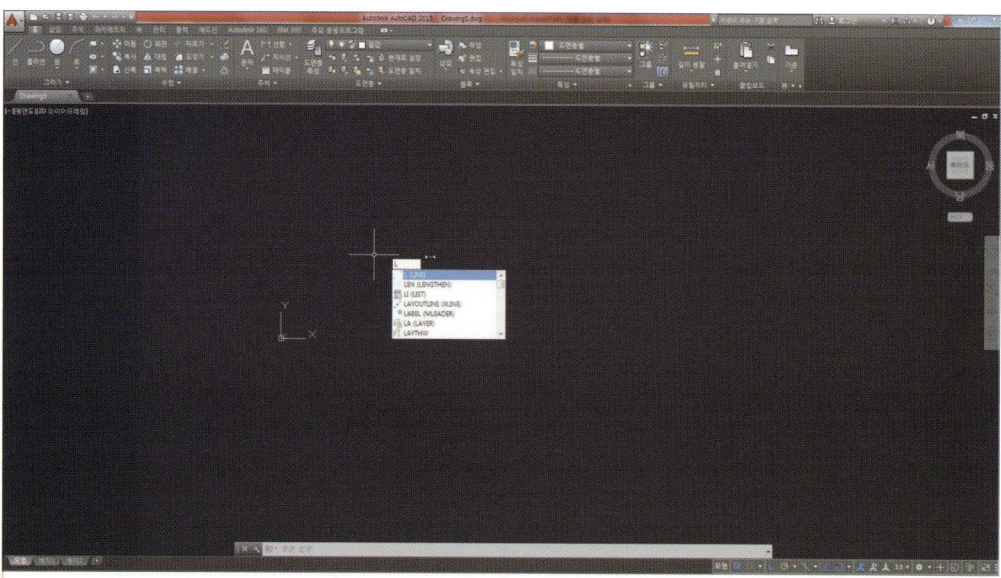

1. **단축키 (L : LINE)** 선을 그릴 때 사용 : 대기화면에서 L 을 입력하면 화면과 같이 L로 시작하는 명령어들을 보여주는데, 우리는 LINE를 그리기 때문에 이를 선택 후 Enter

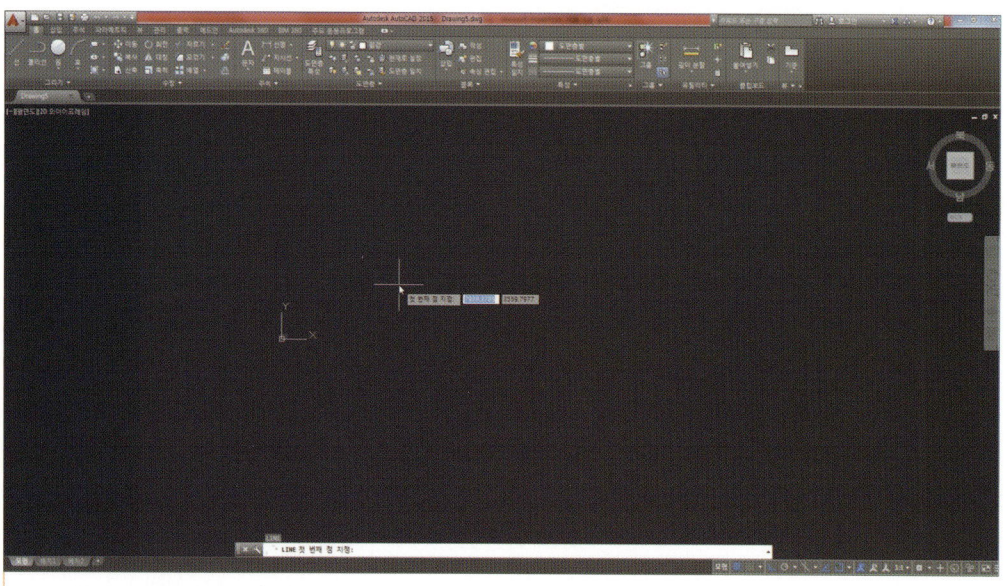

2. 첫 번째 점 지정이라고 표시 나타나며 좌표를 나타내고 있다.

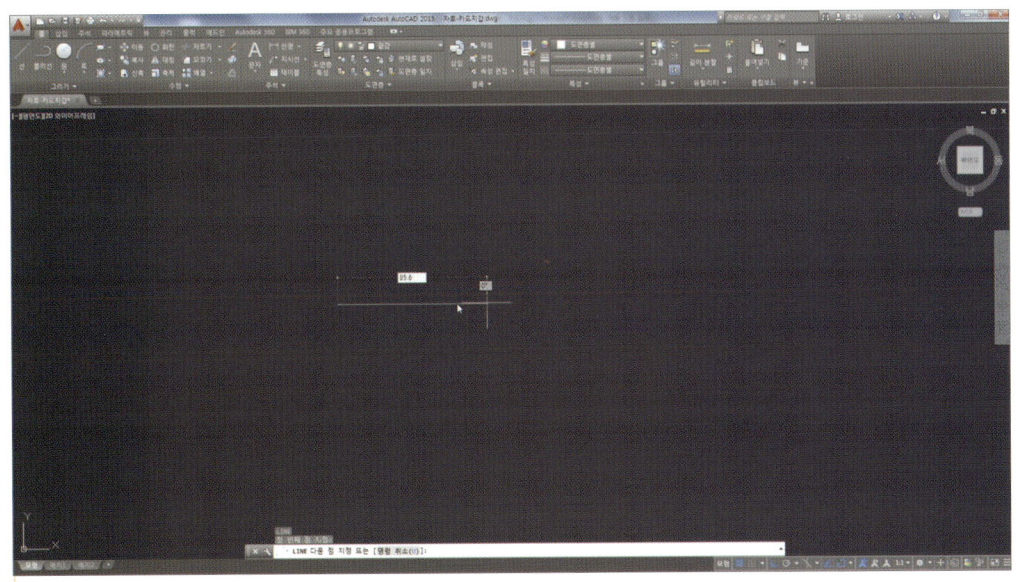

3. 마우스 왼쪽을 클릭하여 첫 번째 점을 아무 곳에나 지정한다. 마우스를 왼쪽, 오른쪽, 위, 아래로 이동하면 숫자가 나타나는데, 먼저 가로 선을 그리기 위해 오른쪽으로 마우스를 옮겨 놓고 85.6을 입력 → Enter

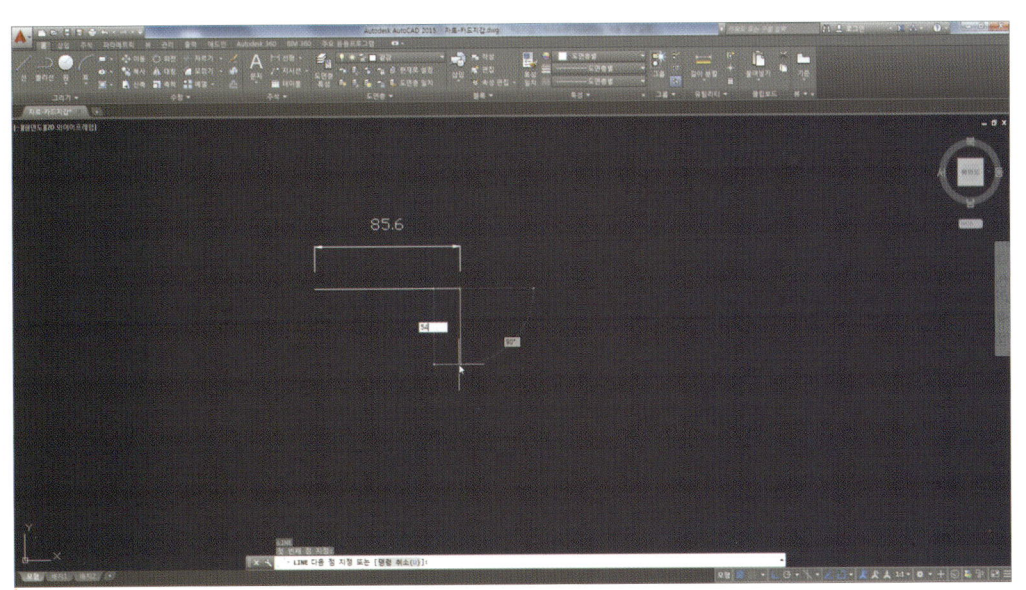

4. 첫 번째 점에서 85.6mm만큼 가로 선이 그려진다. 그리고 다음 점을 지정하라고 나타나면 마우스를 아래로 향하게 하고 54를 입력 → Enter

위의 숫자 85.6은 필자가 보여주기 위해 표기한 것이다.

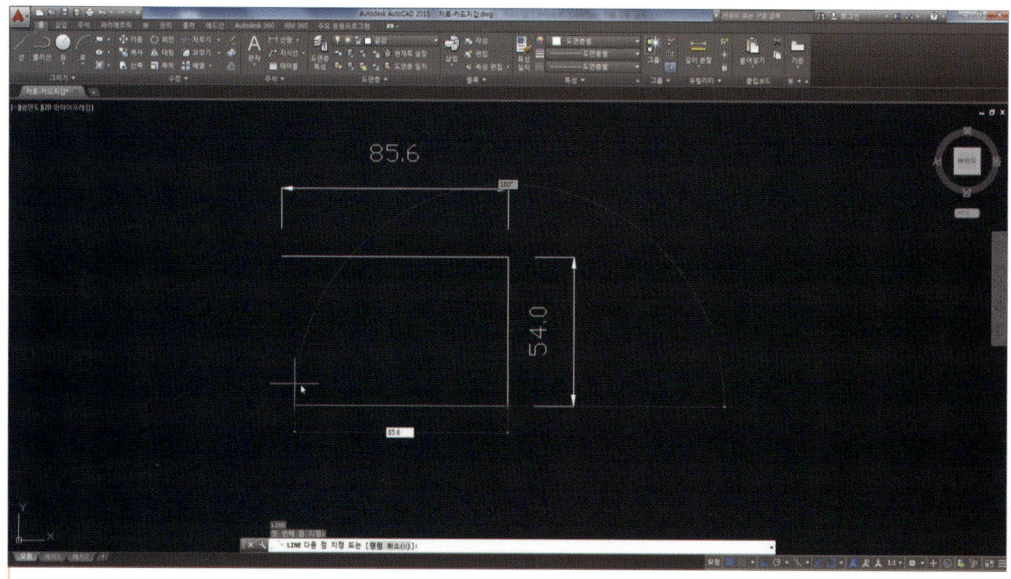

● 5. 다음으로 마우스를 왼쪽으로 하고 85.6을 입력 → Enter → 왼쪽으로 85.6 mm길이의 선이 그려진다.

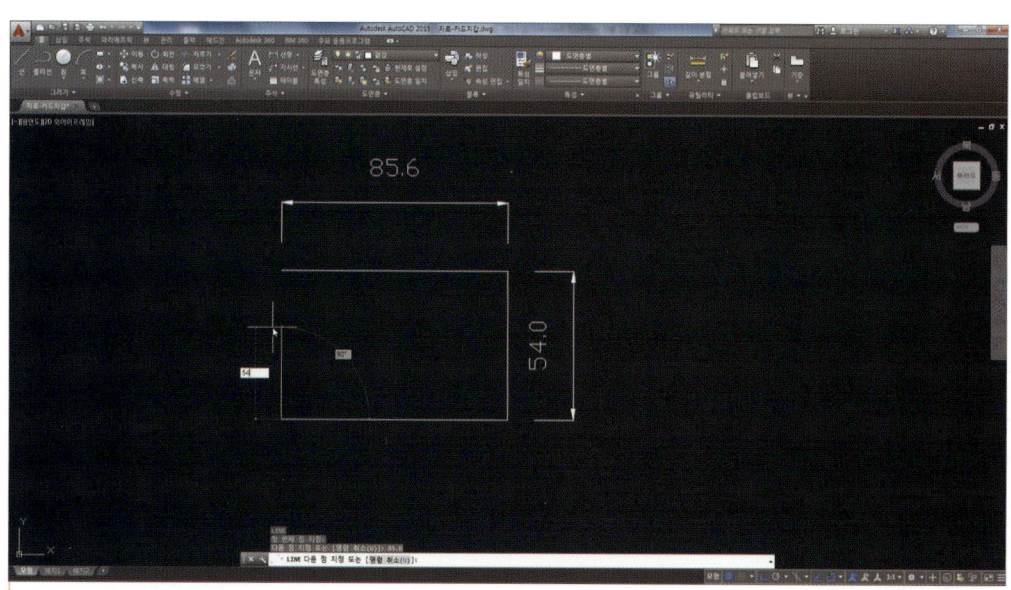

● 6. 위의 그림처럼 그려지면서 또 다른 점을 지정하라고 나타나면, 마우스를 위쪽으로 향하고 54를 입력해준다. 그러면 직사각형 카드가 만들어 진다.

Tip 마지막 선을 그릴 때는 54 라는 명령어 입력 대신, 마우스 방향만 위로 해 둔 채 C 만 누르고 Enter 입력해도 직사각형이 만들어진다. 이는 하나의 연결된 선으로 그린 경우에만 적용되는 것이다.

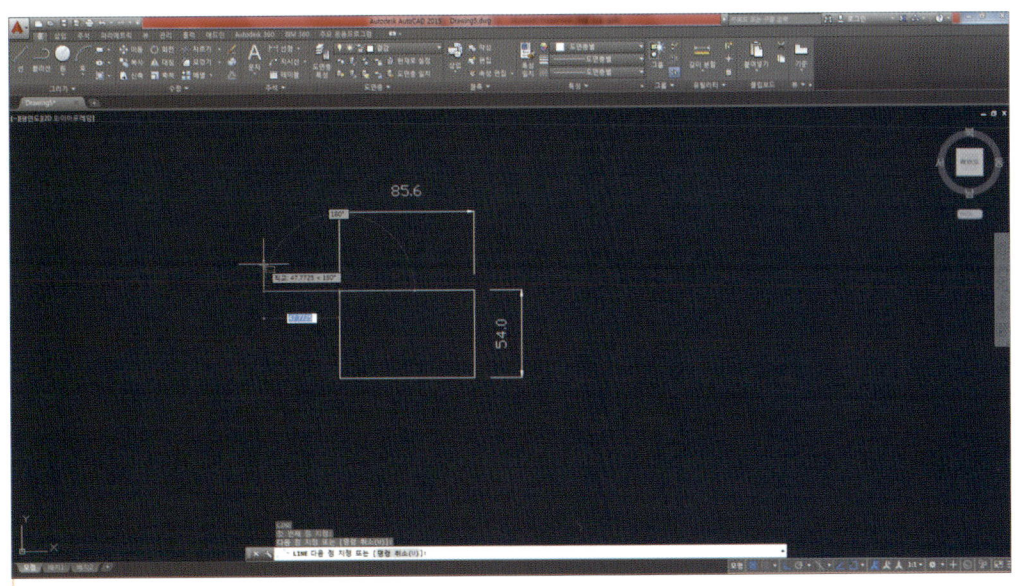

7. 위 사진처럼 사각형이 그려지고 다음 점 지정이라고 나타나는데 우리는 사각형을 그렸기 때문에 Esc 를 눌러서 명령을 종료한다.

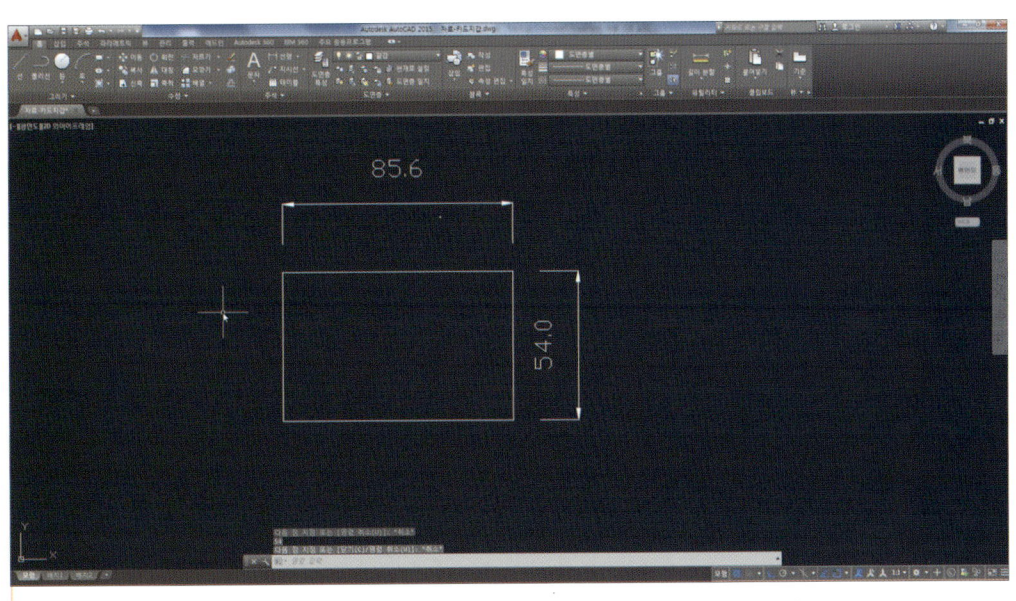

8. 카드 사각형이 완성되었다. 치수는 필자가 보여주기 위하여 기입하였다.

이제 카드를 그렸으니 카드가 들어갈 지갑을 만들어야 할 차례입니다. 카드의 두께가 0.8mm정도이므로 이를 고려하여 양쪽으로 2-3mm씩 여유를 두고 바느질을 해야 합니다. 또한 바느질 선에서 최 외곽까지는 보통 2.5-3mm정도의 여유를 두어야 해요. 그럼 최소 카드보다 사방으로 5mm정도 커야만 지갑에 카드가 들어갈 수 있답니다. 여유롭게 사용하려면 사방으로 5mm 이상으로 키워주시면 됩니다. 카드를 그렸으니 여기서는 사방으로 5mm씩 늘리는 명령어를 알아보고 그려보도록 할게요.

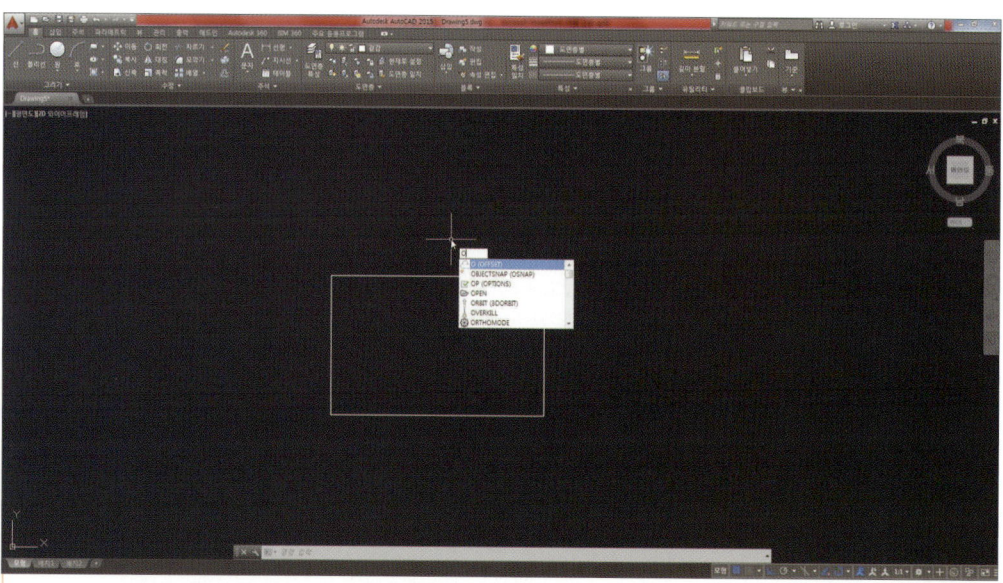

9. **단축키 (O : OFFSET)** : O를 입력하면 O로 시작하는 명령어가 모두 나타나는데, 우리가 사용할 명령어는 OFFSET 이므로 이를 선택 → `Enter`

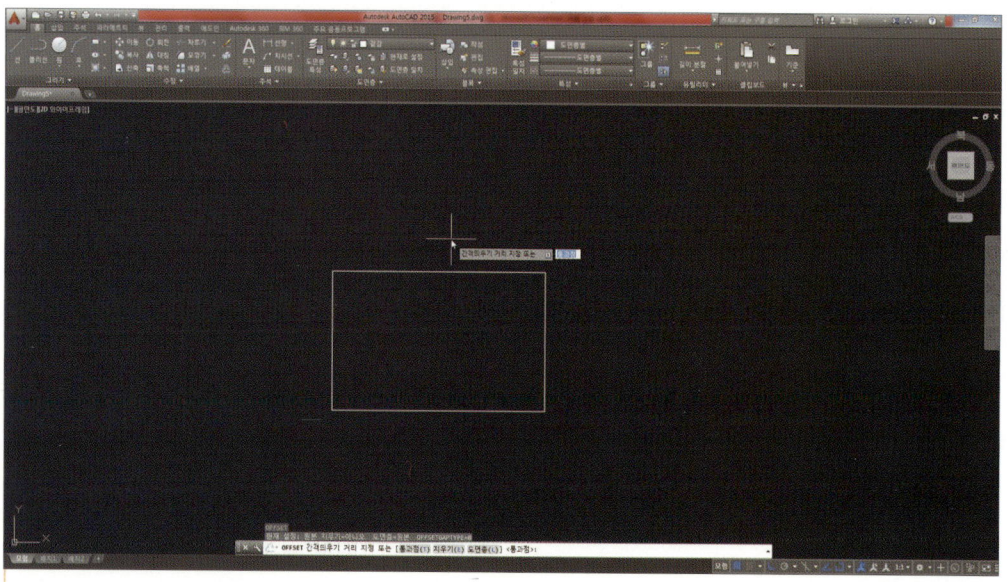

10. 위의 사진처럼 간격 띄우기 거리 지정이라고 나타난다.

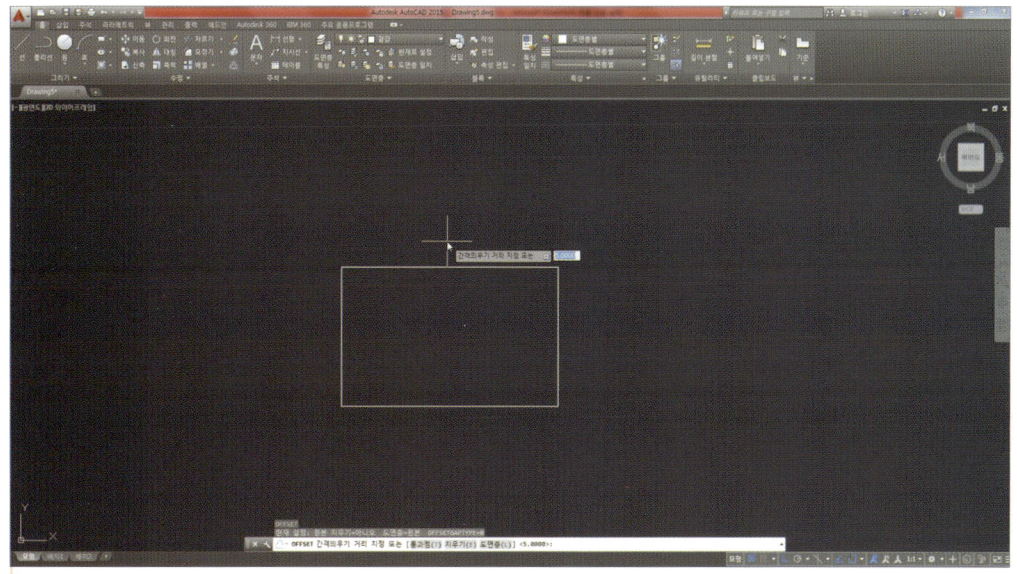

11. 간격 띄우기 거리에 5를 입력하고 Enter

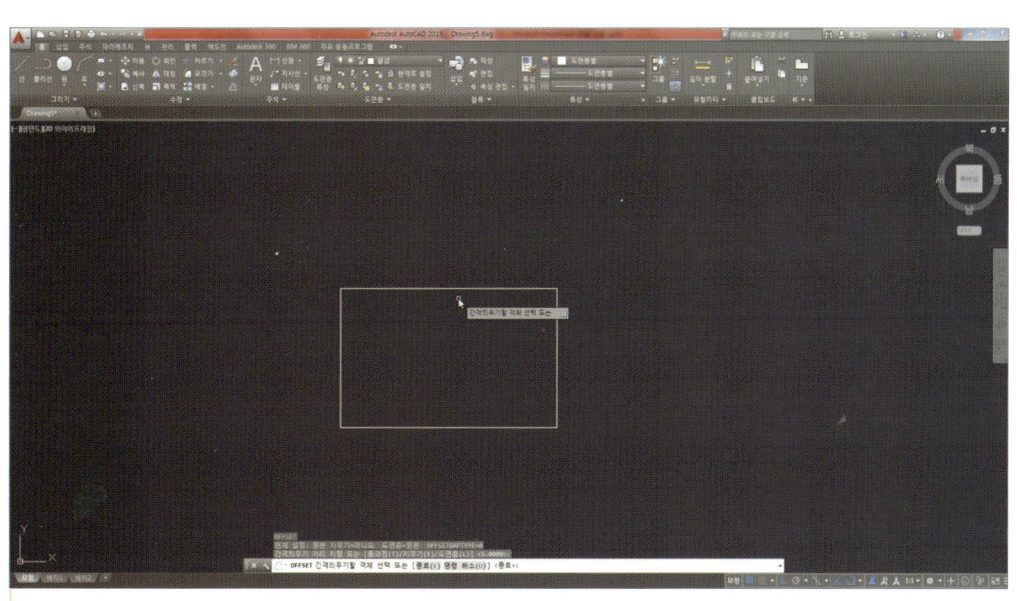

12. 간격 띄우기를 할 객체 선택이라는 표시는 기본 도형에서 어떤 선의 간격을 띄울 것인지 물어 보는 말이다. 모든 면을 다 띄울 것이므로 위쪽부터 선택해본다.

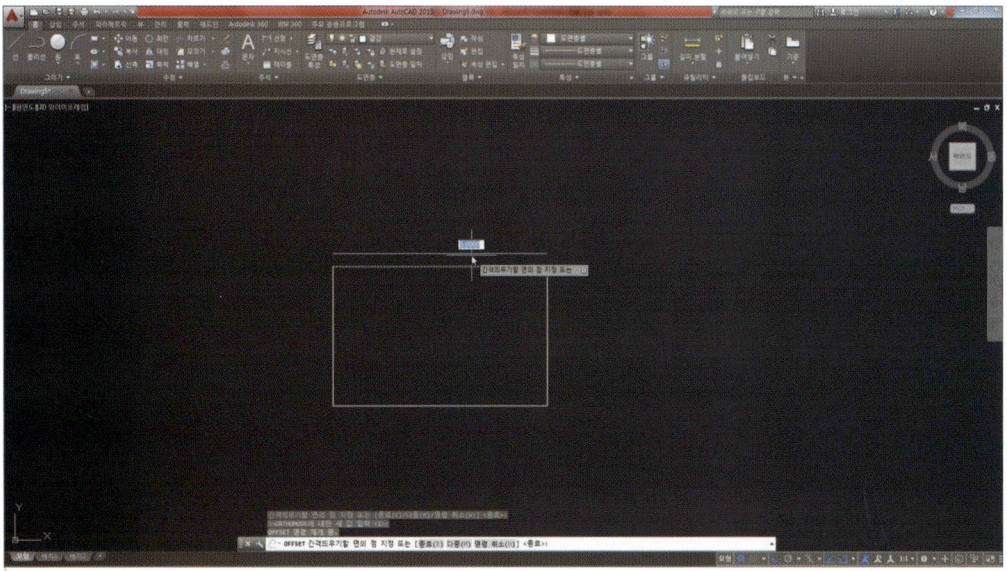

13. 객체(선) 선택을 하고 마우스를 위로 올리면 위에 선이 생기고, 마우스를 아래로 내리면 아래에 선이 생기는데 이는 5mm를 어디에 그릴 것인지 미리 보여주는 것이다. 여기서는 카드보다 더 커져야 하니 마우스를 위로 해서 마우스 왼쪽 버튼을 클릭하면 위 쪽으로 선이 생긴다. 4면을 모두 반복해서 그려준다.

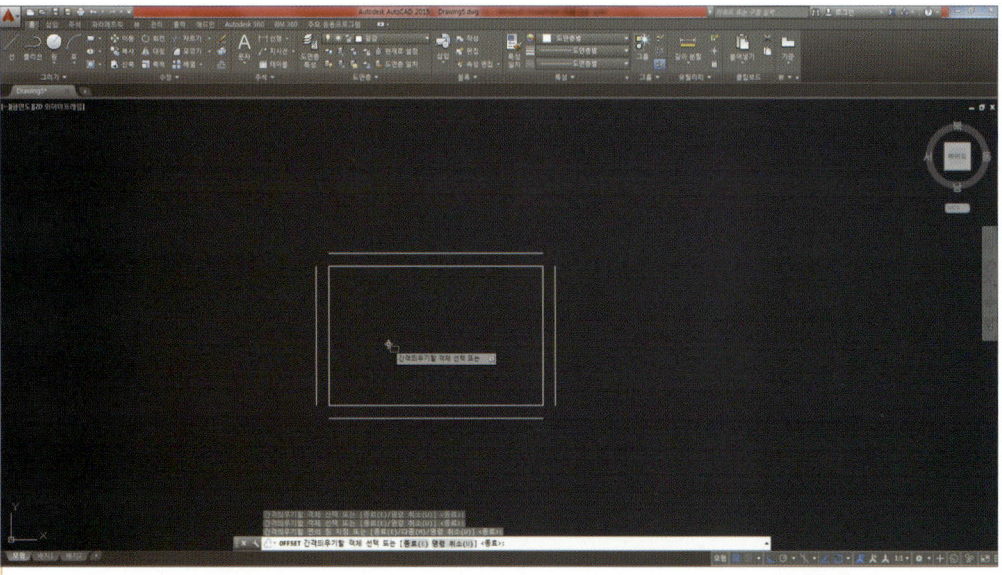

14. 여기까지 하면 위의 화면이 보일 것이다. 간격 띄우기가 다 되었으니 Esc 를 눌러서 간격 띄우기 명령을 취소해준다. 이 상태는 간격을 띄운 사면의 선들이 연결이 안되어 있는 상태이니 이를 연결해보자.

* 간단하게 객체 하나를 클릭해서 끝을 잡고 늘려주면 되는데, 이 방법보다는 명령어를 사용하는 것이 더 정확하므로 명령어를 통한 연결을 해보겠다.

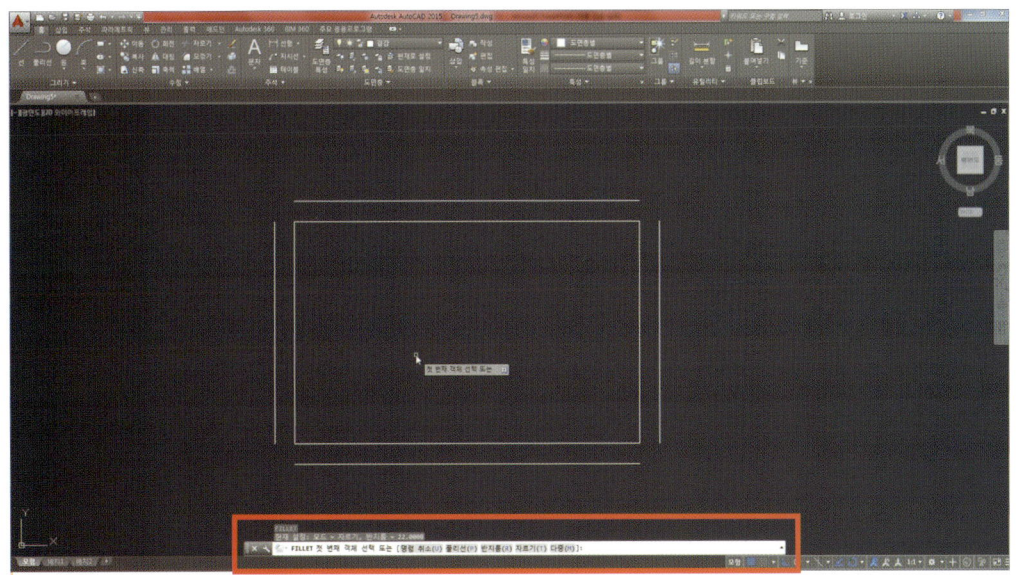

15. **단축키 (F : FILLET 모 깎기)** : 모서리를 깎는 명령어로 R값을 조정하여 모서리를 그릴 수 있는데, R값을 0으로 하면 라운드 없이 직각으로 연결할 수 있다.

F를 입력 → Enter 를 치면 첫 번째 객체 선택이라고 나타난다. 이때 아래 표시된 빨강 선 부분이 가장 중요하다. 라운드 값을 주기 위해 강조 부분 가운데 반지름(R)을 입력 → Enter

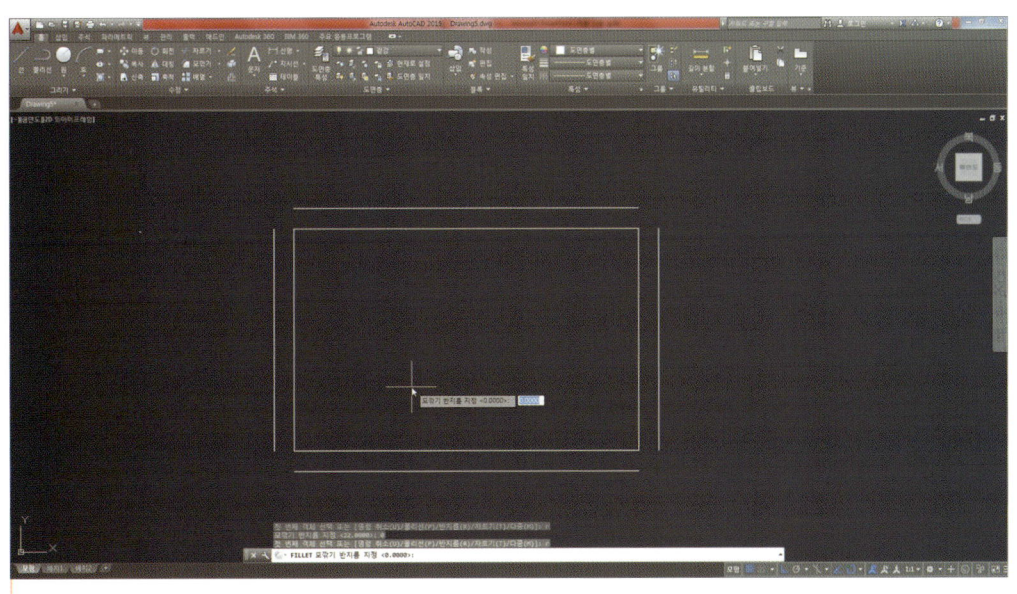

16. R을 입력하고 Enter 를 치면 모 깎기 반지름 지정이라고 나온다. 여기에 0을 입력하고 Enter

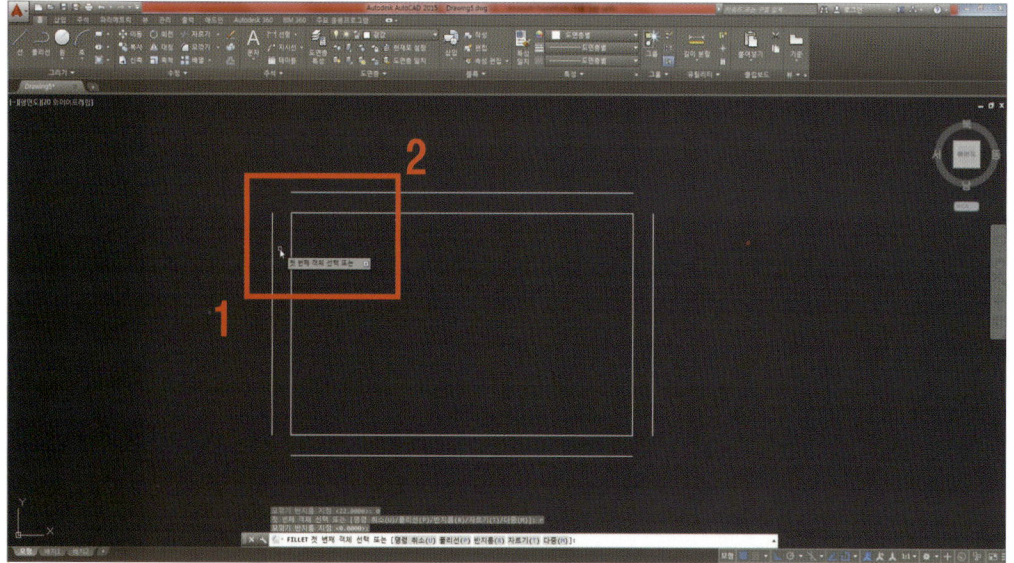

17. 위 사진처럼 다시 첫 번째 객체 선택이라고 나타난다. 이때 빨강색 1번 선을 선택하고, 그 다음 객체로 빨강색 2번 선을 선택해주면 직각으로 연결이 된다.

Tip 처음 모깎기를 하고 나머지 3곳 모서리를 만들기 위해 위의 과정을 반복해야 하는데, CAD기본 세팅 단계에서 미리 마우스 오른쪽 버튼을 세팅해 놓았으므로 이를 활용할 수 있다. 마우스 오른쪽 버튼을 클릭하면, 마지막 명령 반복이 세팅되어 있어서 모깎기 첫 번째 객체를 물어 보는데, 이때 반지름(R)은 이전처럼 0으로 설정되어 명령이 반복된다. 이 직전 명령이 반복되는 것을 이용해 나머지 3 모서리 깎기를 간단히 할 수 있다.

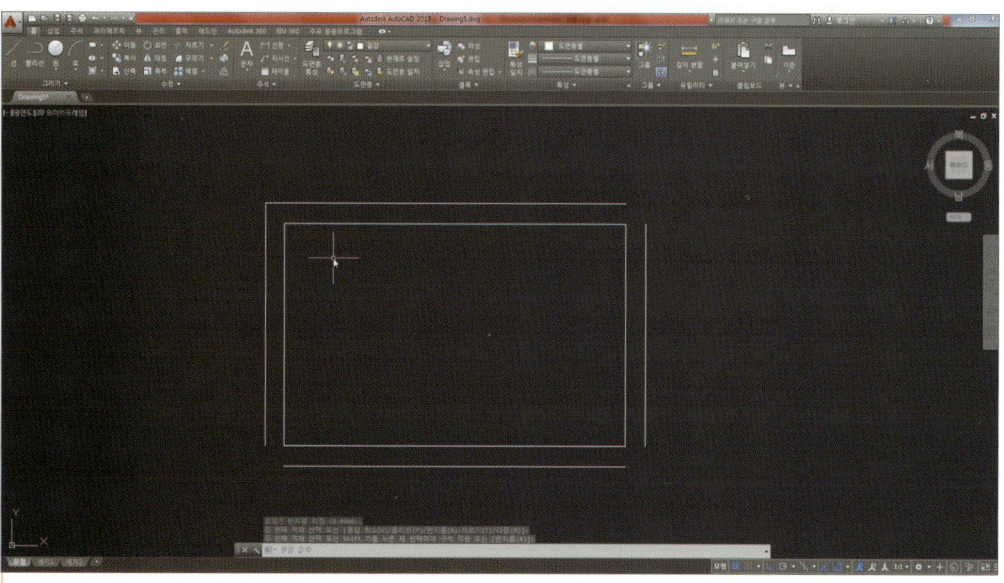

18. 나머지 3곳도 같은 방법으로 모서리를 직각으로 연결해 보자.

* **모서리를 라운드 지게 하는 방법 정리!**

F → R → 원하는 라운드의 반지름을 넣고 Enter → 첫 번째 객체 선택과 두 번째 객체 선택

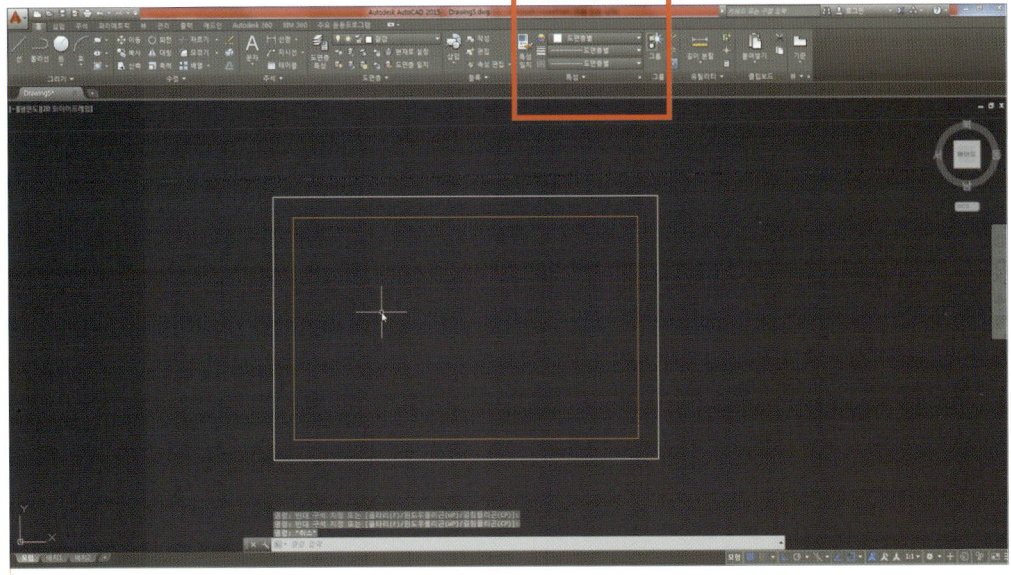

19. 위의 그림은 모깍기를 모두 한 후, 카드의 색을 바꾸어준 것이다. 가죽과 카드를 구분하기 위해서 색을 바꾸어 줄 때 색을 바꿀 객체를 선택한 후, 특성부분의 도면층 별 색깔을 임의로 바꾸면 된다.

지금까지 그린 것은 카드지갑의 뒷부분으로 이제 카드가 들어갈 앞쪽 주머니를 만들어야 한다. 주머니는 카드보다 높이가 10mm정도 짧아야 카드를 손으로 뺄 수 있다.

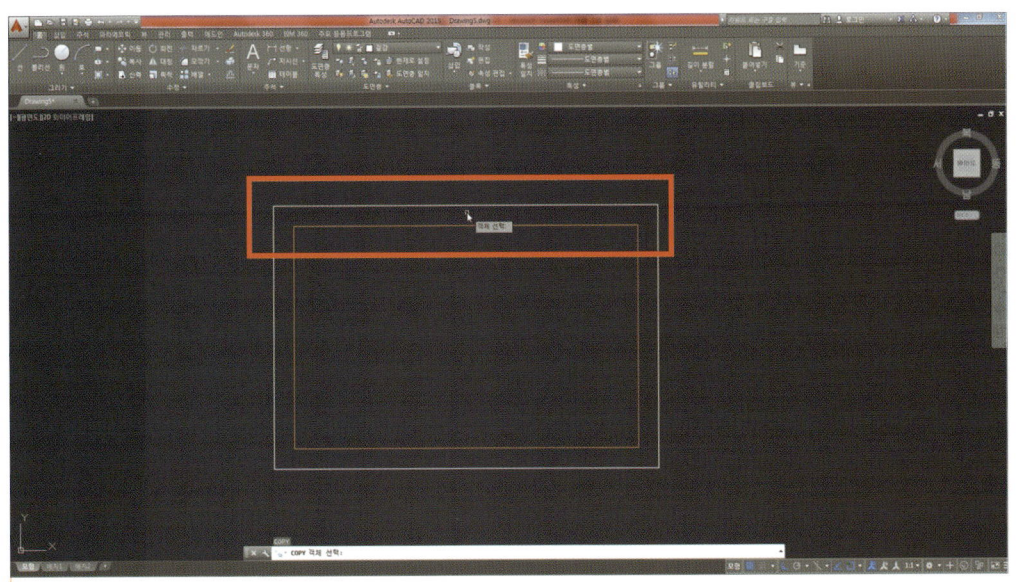

20. **단축키 (CP : COPY)** : 대상물을 복사하는 명령어이다. 카드 실물을 나타낸 선보다 가죽을 나타낸 선이 5mm 위쪽에 있기 때문에, 맨 위의 선을 카드보다 10mm작게 그리려면 복사하여 15mm아래로 내리면 된다. CP(COPY)를 입력 → Enter 를 치면 객체 선택이라 나타나는데, 이때 복사하고자 하는 객체를 클릭하면 된다. 제일 위의 선을 기준으로 선택해보자.

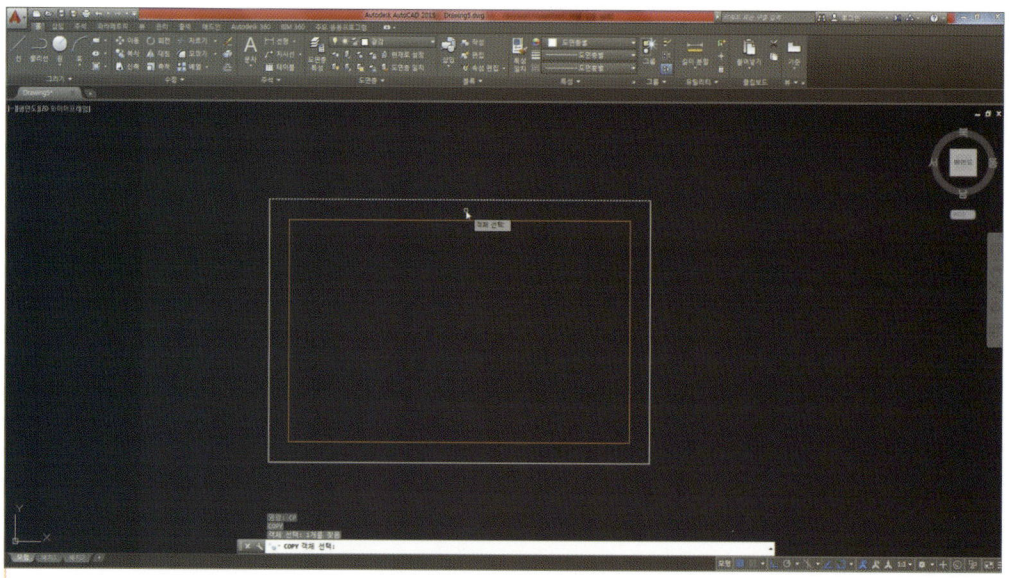

21. 객체를 선택하면 위에 선이 점선으로 모양이 바뀌고 객체선택이라고 표시가 된다. 이때 프로그램은 우리가 객체를 하나를 선택할지 두 개를 선택할지 모르기 때문에 객체 선택을 더 할 것인지 물어보는 상태이다. 우리는 위에 하나만 선택할 것이므로 그냥 Enter 를 치면 된다.

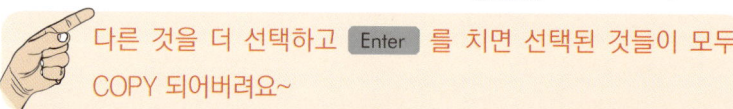

다른 것을 더 선택하고 Enter 를 치면 선택된 것들이 모두 COPY 되어버려요~

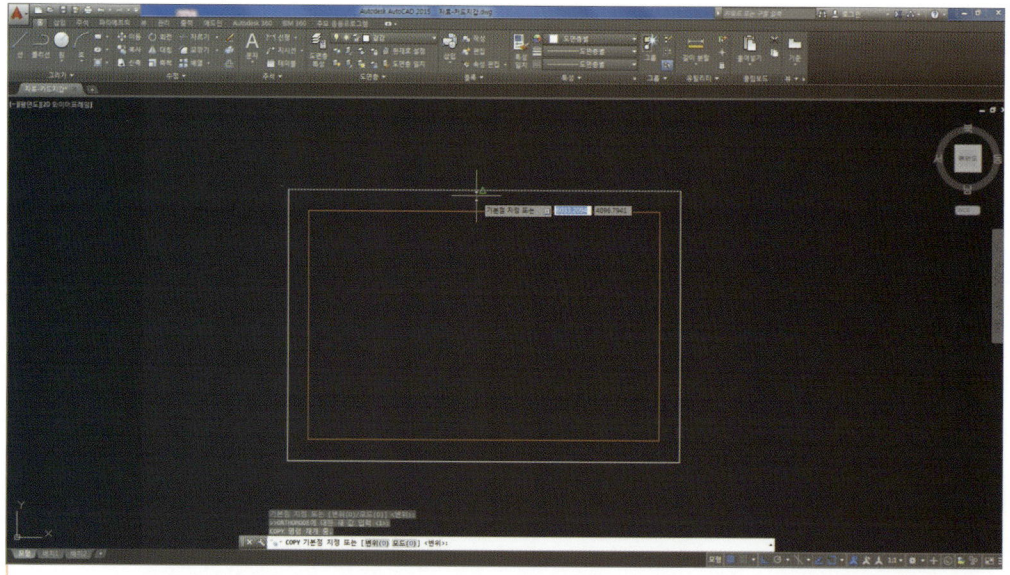

22. 기준점 지정이라고 나오면 중간의 △표시에 마우스를 대고 왼쪽을 클릭한다. 기준점 지정의 의미는 '복사하고자 하는 대상을 어디에서 어디로 복사 하려 하는지'를 묻는 것으로 오른쪽 모퉁이에 마우스를 대면 끝점 표시인 ㅁ이 나타난다. 이때 마우스 왼쪽을 클릭하면 '이 곳을 기준으로 복사를 한다'라는 뜻이다. 다음으로 방향을 정해야 한다. 방향은 카드 칸이 그려지는 아래쪽이므로 마우스를 아래쪽으로 향하게 하고 15mm를 입력 → Enter

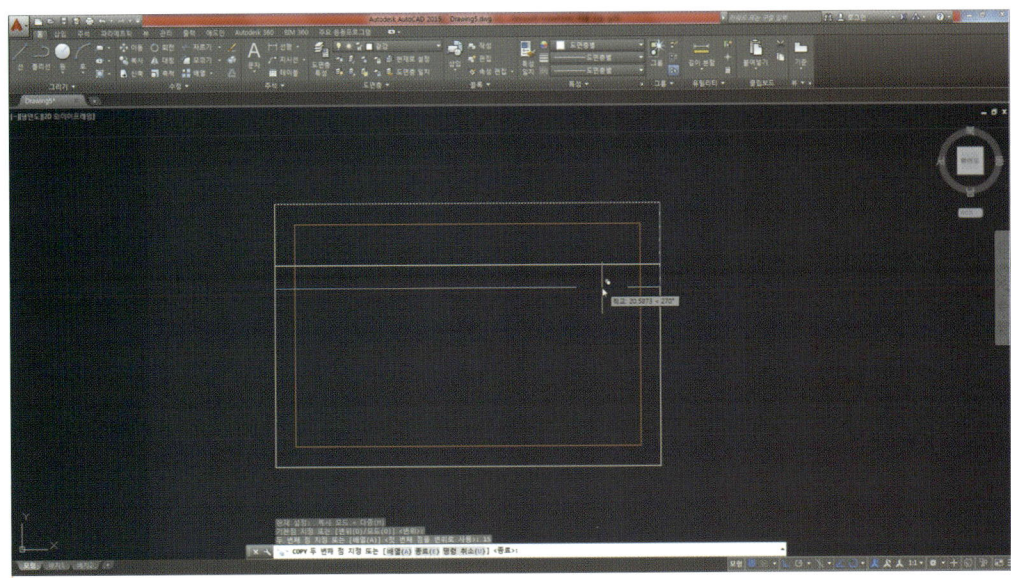

23. 위와 같이 선이 그려지고, 계속 COPY 를 할 것인지 대기 하고 있는데, 이때 Esc 를 눌러서 COPY 명령을 종료하면 된다.

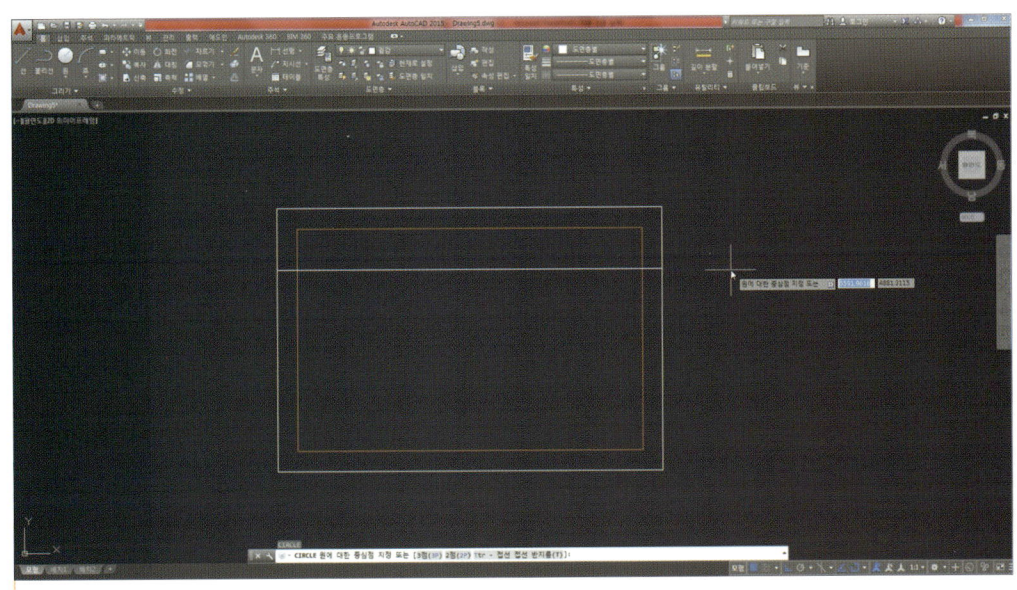

24. 위 사진처럼 그려졌다.

목걸이 형 카드지갑은 목에 거는 줄을 연결할 곳에 구멍을 내야 한다. 이에 카드지갑 한 모서리에 아일렛 위치를 설정하고 그려주어야 한다. 여기서는 아일렛 2호(내경 4.5 / 외경 9mm)를 달기로 한다. 명령어 창에 C (C : CIRCLE 원) 를 입력 → Enter

원에 대한 중심점 지정이라고 나타나면 아무 곳이나 마우스 왼쪽 클릭하여 중심점을 지정한다.

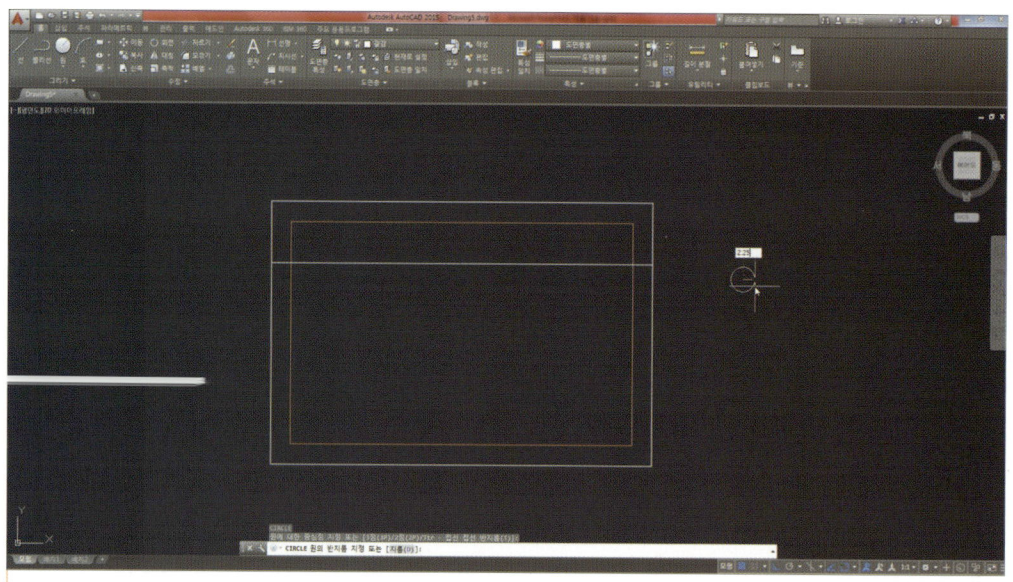

25. 중심점을 지정하고 나면 원의 반지름을 지정하라고 나온다. 우리는 내경 4.5를 그리기로 하자. 그러면 반지름이 2.25가 되니 2.25를 입력하고 Enter

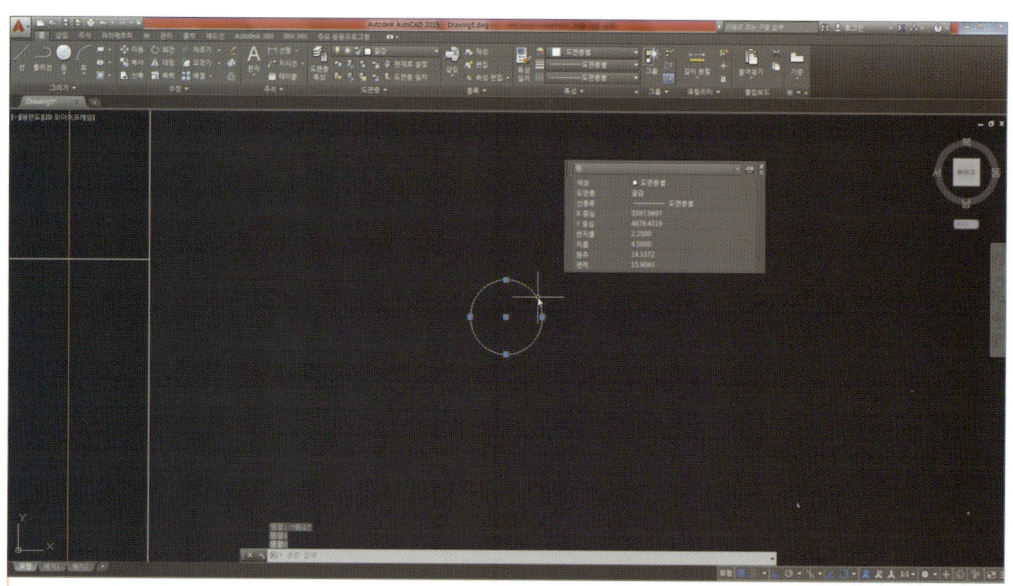

26. 그려놓은 원의 지름이 4.5가 맞는지 확인하고 싶을 때는 원을 선택하고 더블클릭 → 위와 같이 원에 대한 정보(반지름, 지름, 원주 등)가 나타난다. 선도 마찬가지로 더블 클릭하면 선에 대한 정보가 나타난다.

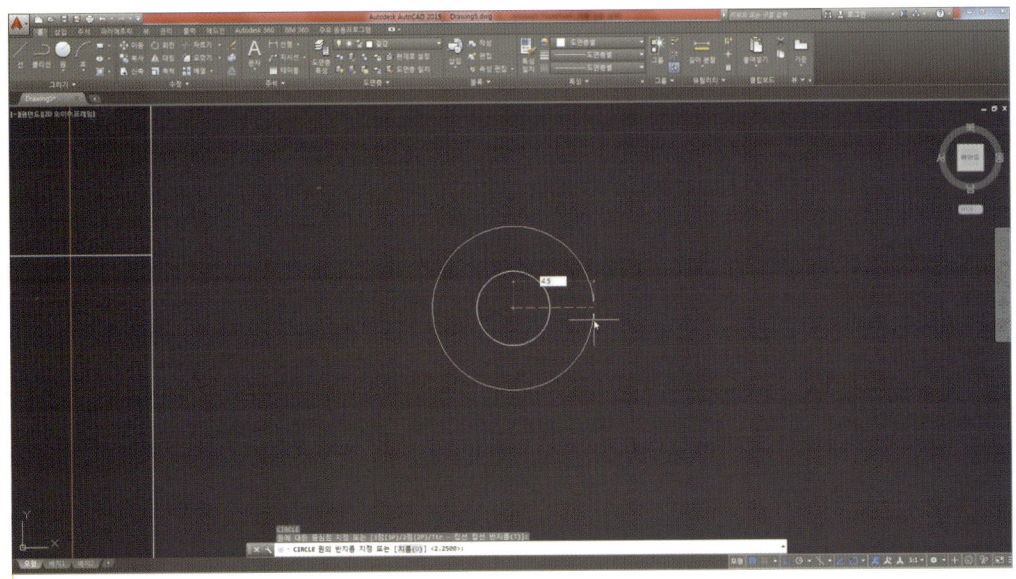

27. 내경을 그렸으니 외경도 그려보자. 다시 **단축키 C**를 누르고 원에 대한 중심점 지정이 나타나면 앞서 그렸던 내경 위에 마우스를 올린다. 중심점이 표시되면 그 곳을 클릭 → 4.5(외경9, 반지름이므로 4.5)를 입력 → Enter

같은 중심점을 가지고 반지름이 서로 다른 원이 만들어진 것을 확인할 수 있을 것이다.

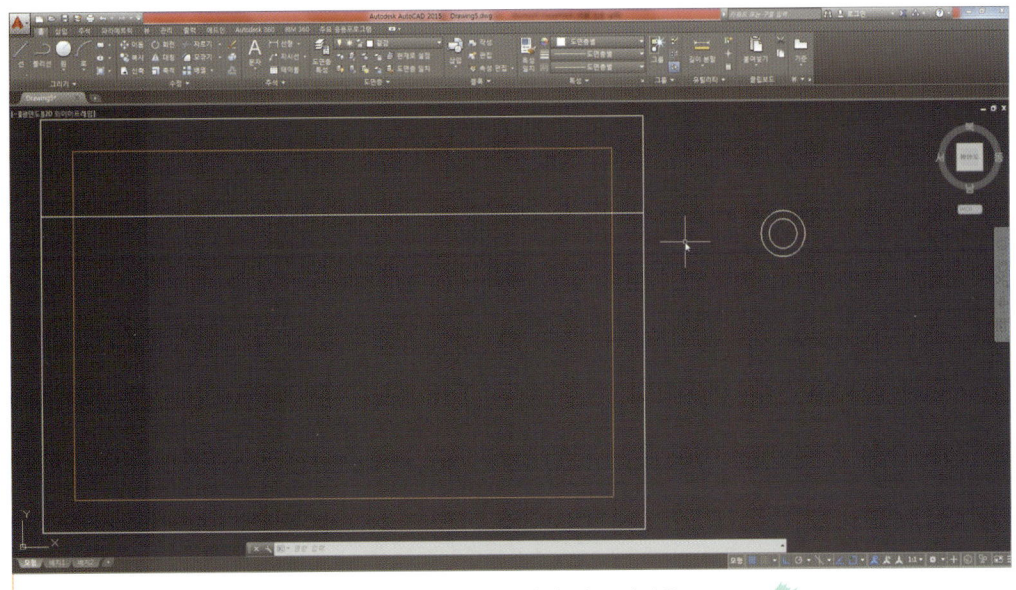

28. 아일렛까지 만들어진 화면이다. 가로형태의 카드지갑을 만들기로 했으니 오른쪽 위에 아일렛 위치를 정하고 바느질 라인을 그려보기로 하자.

> **Tip** 아일렛을 바느질 선 아래로 두면 가죽의 끝에서 아일렛까지 거리가 멀어져 목걸이 고리를 걸기가 어렵게 된다. 이에 아일렛을 피해 바느질 라인을 그리는 것이 좋다.

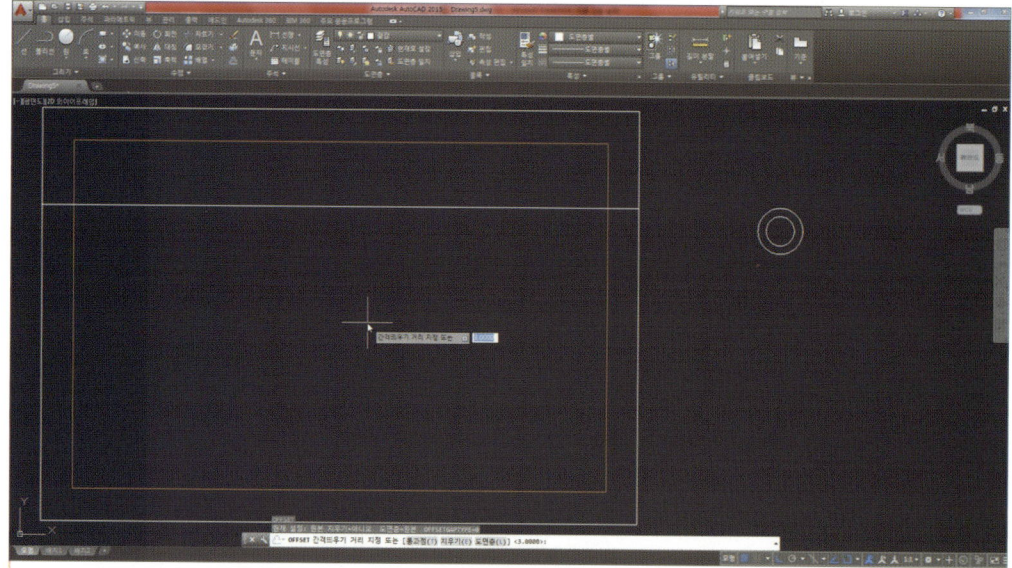

29. 바느질 선 그리기 : 바느질 선은 가죽의 외곽에서 3mm 안쪽에 그리기로 한다. 앞에서 배운 OFFSET 명령어 사용해, 입력 창에 O를 누르고 Enter
간격 띄우기 거리지정이 나오면 숫자 3을 입력 → Enter

30. 간격 띄우기 할 객체 선택이라는 말이 나오면, 최 외곽의 사면을 하나씩 클릭하고 안쪽 방향으로 마우스를 당겨서 다시 한번 클릭한다.

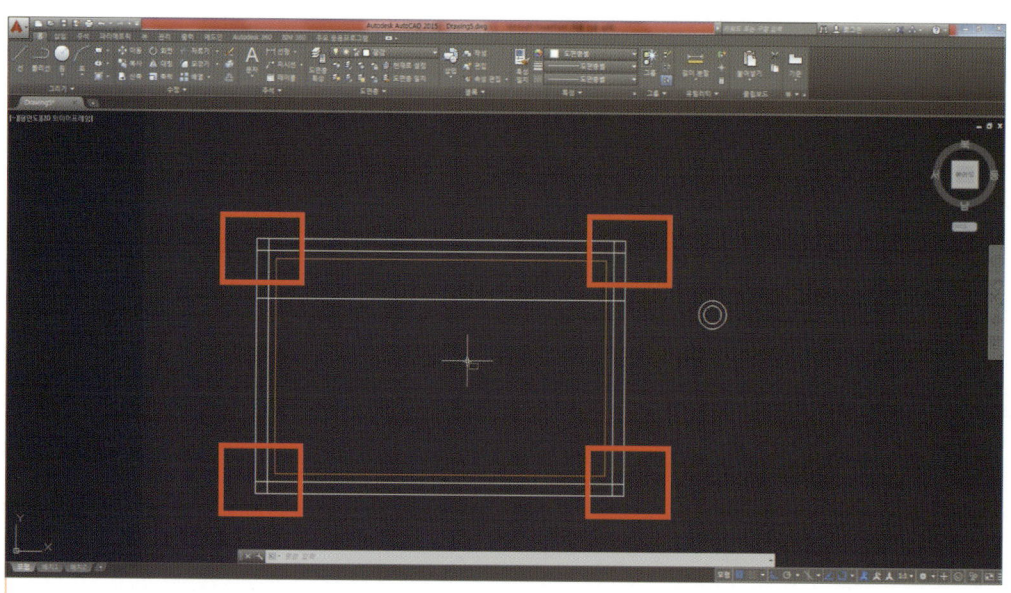

31. 3mm씩 안으로 선이 생기면서 네 모퉁이에 겹치는 부분이 생긴다. 겹치는 부분은 필요가 없는 부분이므로 삭제를 해야 한다.

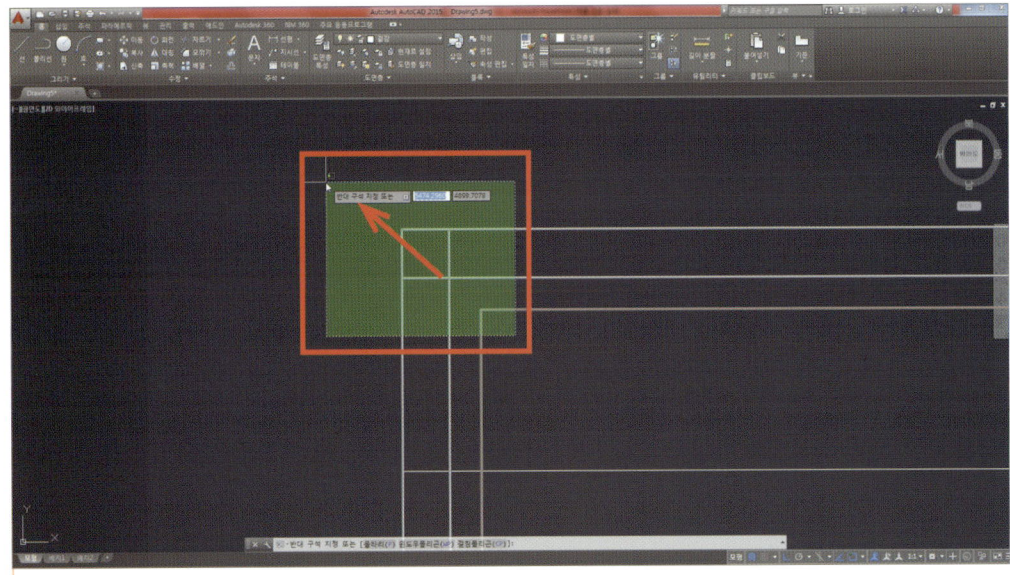

32. **단축키 (TR : TRIM)** : 필요 없는 선 자르기

빨간 박스만 선택을 한다. 선택할 때는 오른쪽 에서 왼쪽으로 사각형을 그리며 선택할 부분이 포함되도록 드래그 해야 한다.

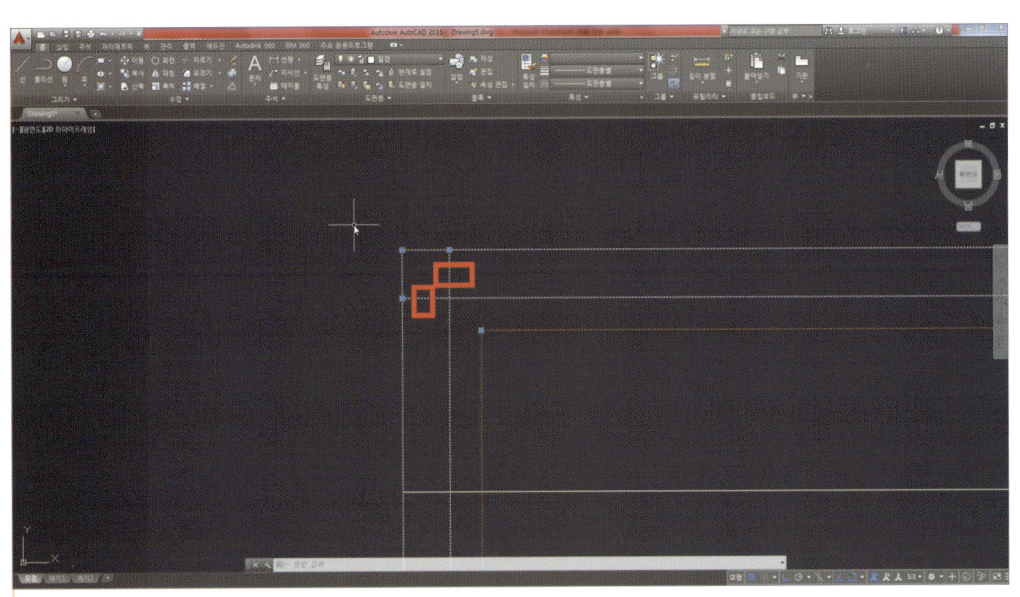

33. 선택된 부분이 점선으로 바뀌면, 이 상태에서 TR을 입력 → Enter

그러면 '자를 객체 선택' 또는 ' Shift 키를 누른 채 선택하여 연장'이라고 나타난다.

우리는 자를 것이기 때문에 필요 없는 선 두 곳(빨간 박스로 표시된)을 클릭만 해주면 된다.

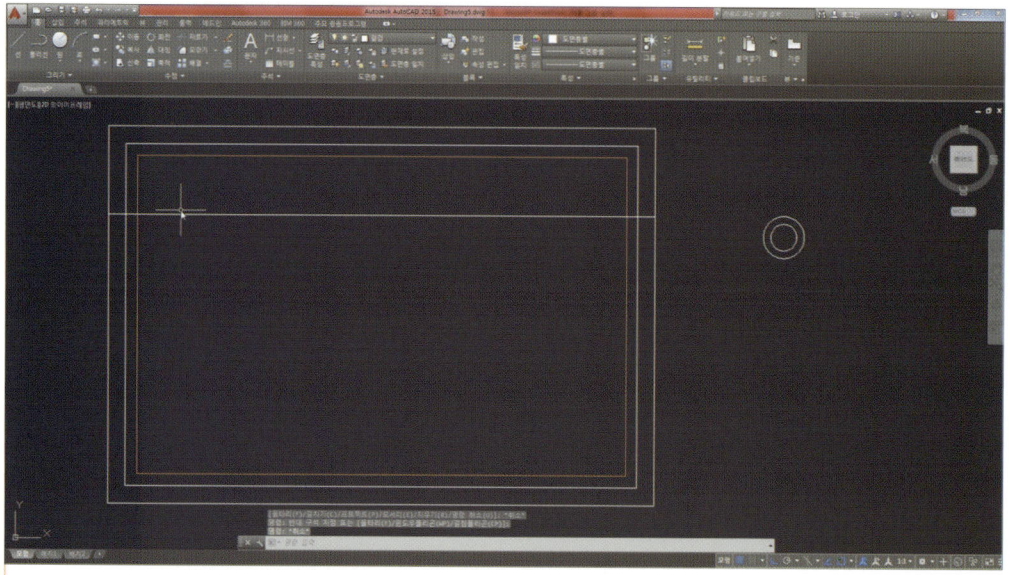

34. 여기까지 하면 위 사진처럼 보일 것이다. 나머지 3곳도 같은 방법으로 지워준다.

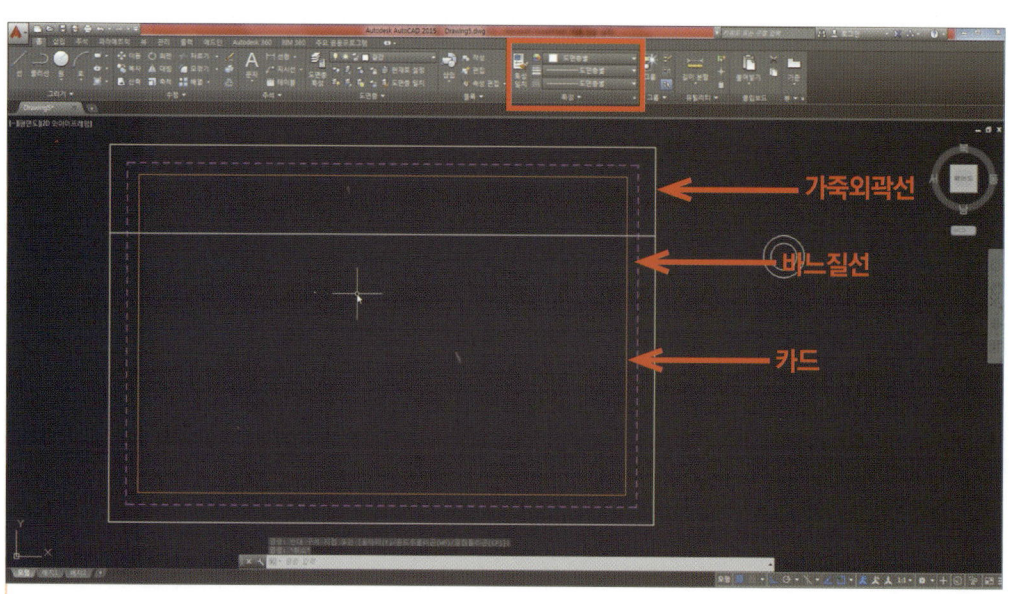

35. 위와 같은 그림이 그려졌다면, 외곽선이 가죽, 안쪽 선이 바느질 선, 그리고 노랑색 선이 카드이다. 바느질 선이 구분이 안되니 표시 해주기로 한다. 바느질 선들을 클릭 → 도면 층 별 색상(빨강색 네모 표시)에서 원하는 색으로 변경 → 도면 층 별 색상 아래 선 종류 카테고리에서 점선을 선택한다.

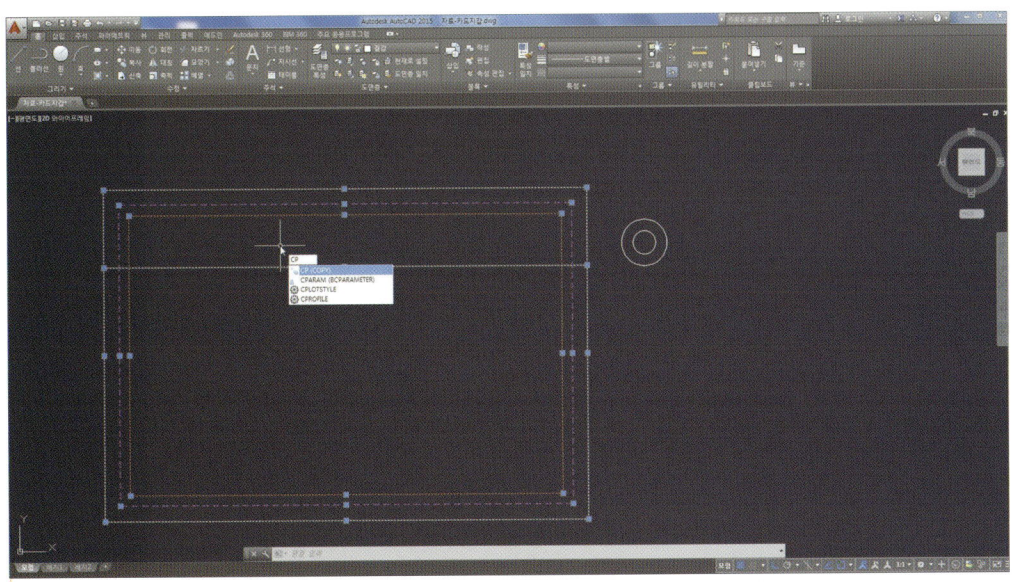

36. 다음은 아이렛의 자리를 정해보자. 여기서는 오른쪽 위에 아일렛을 그리기로 하고, 혹시 실수할 것을 대비해 이미 그린 것을 COPY하여 만들도록 하겠다.

지금까지 그렸던 카드지갑을 전체를 선택하고 COPY를 입력 → Enter

Tip 도안을 그리다 보면 하나를 두고 여러 곡선을 그려볼 경우가 있는데, 이때 이미 그려둔 기본 도안을 고치는 것 보다 하나 더 복사 해서 수정하는 것이 좋다. 기본 도안을 수정하다가 잘못되어 다시 돌아가면 번거롭기 때문이다.

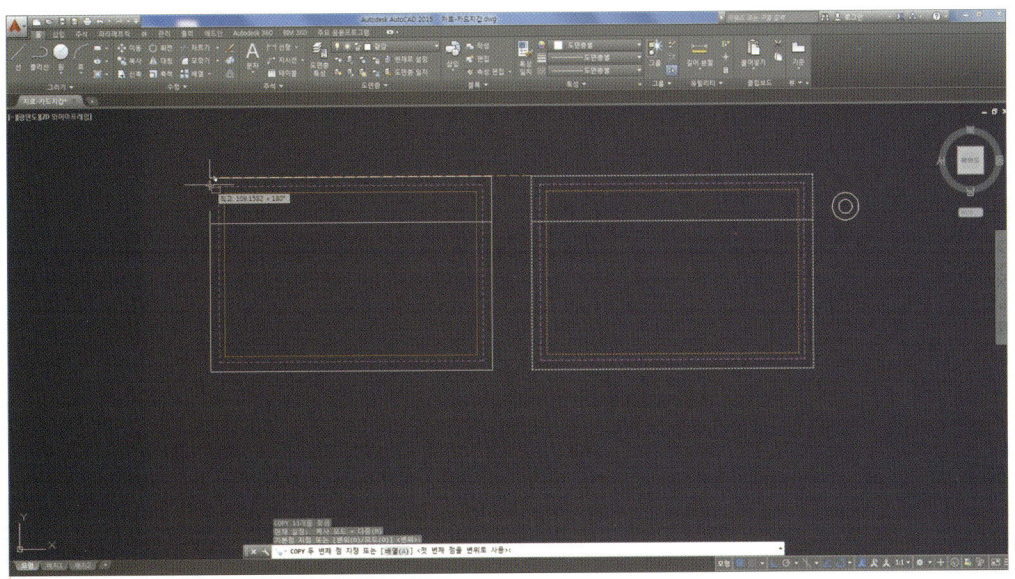

37. 기준점을 지정하라고 나타난다. 이 말은 COPY본을 어디서부터 어디로 이동을 할 것인지 그 기준을 묻는 말이다. 기준점을 카드지갑 끝점에 대고 클릭 → 두 번째 점 지정이라고 나오면 마우스 커서를 왼쪽으로 밀어준다. 그러면 아래 그림처럼 왼쪽에 선택한 객체의 COPY본이 생성된다.(마우스 커서를 위나 아래 등, 원하는 방향으로 하면 그 방향에 복사본이 나타나게 된다) 이때, 마우스 왼쪽을 클릭해 복사를 완료하고 , Esc 를 눌러 명령을 종료한다. Esc 나 Enter 를 눌러 명령을 종료하지 않으면 계속하여 복사물이 나타난다.

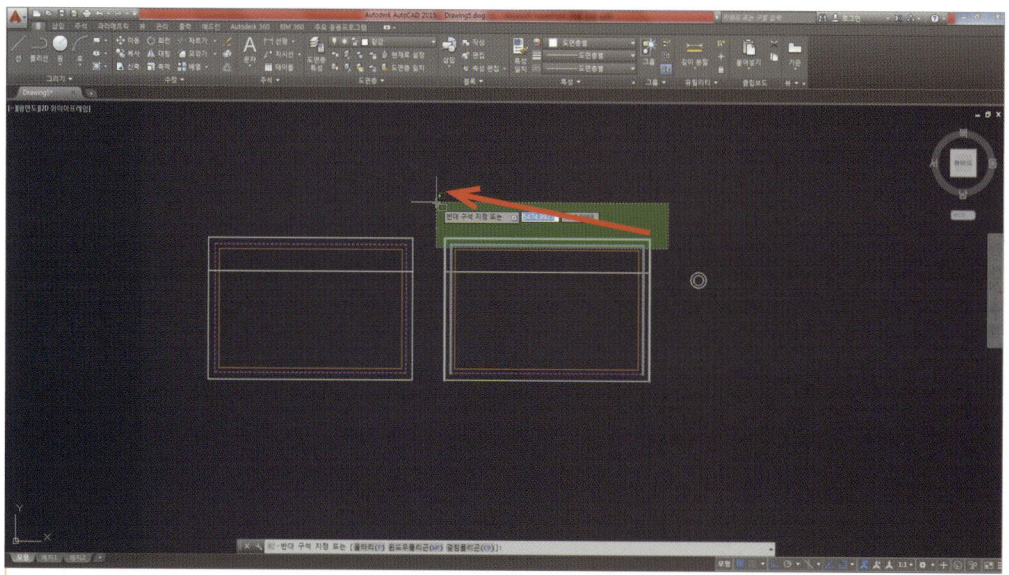

38. **단축키 (S : STRETCH)** 늘리기, 객체를 늘릴 때 사용

아일렛의 직경이 9mm 이니 카드지갑의 윗부분을 9mm늘려보기로 한다. 이때 카드를 제외하고 바느질 라인과 카드지갑만 선택이 되야 한다. 앞서 말한 선택 방법 중, 왼쪽에서 오른쪽으로 드래그하여 선택한다.

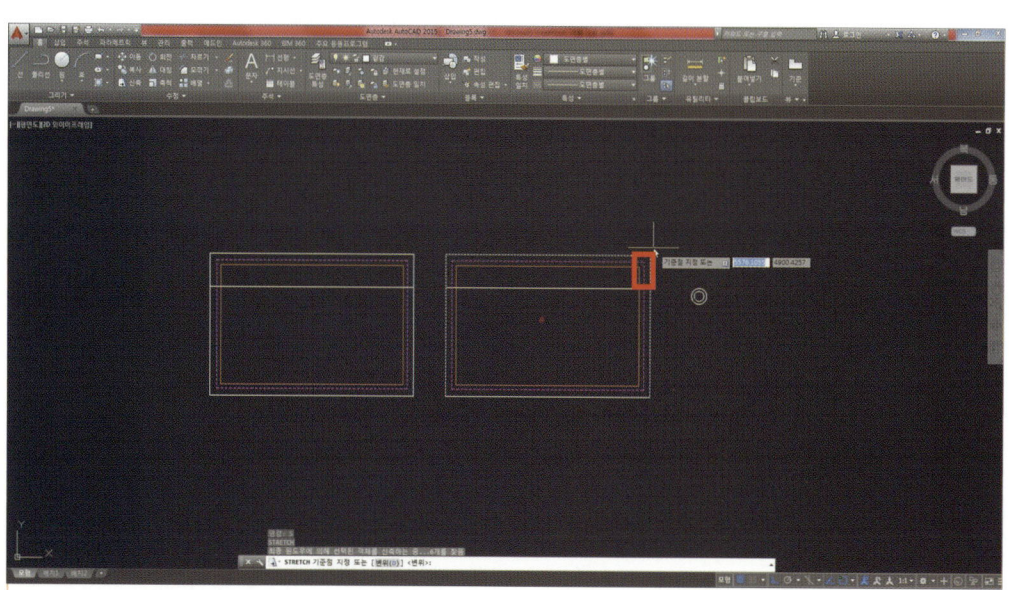

39. 그림과 같이 선택이 되면 명령어 S를 입력 → Enter STRETCH 기준점 지정이라 나오는데 기준으로부터 어디로 얼마나 늘리고자 하는지 물어 보는 말이다. 카드지갑의 끝점(빨강표시)을 클릭 → 마우스를 원하는 방향 (늘리고자 하는 방향, 위쪽)으로 이동 → 9를 입력 → Enter

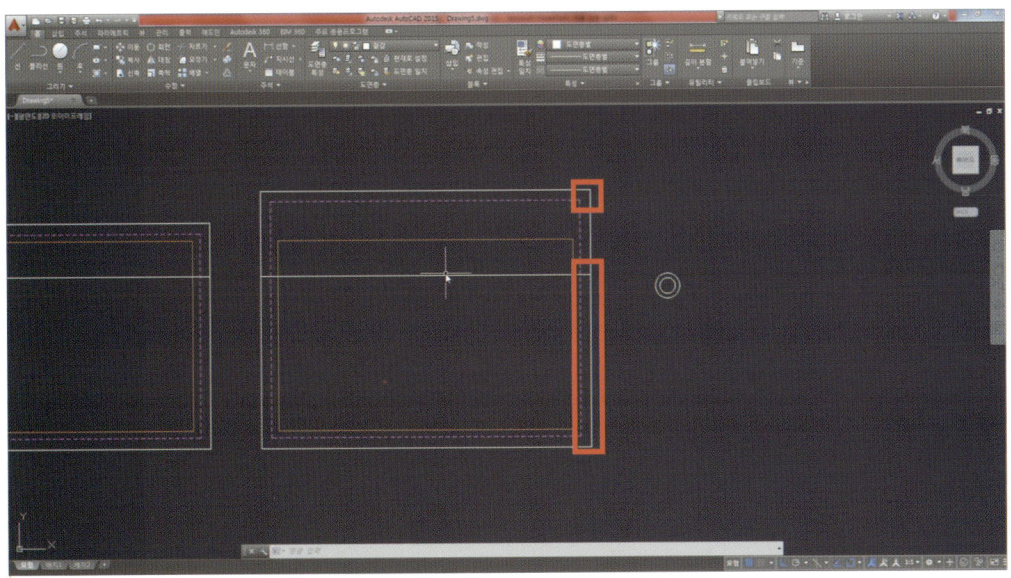

40. 위 사진처럼 바느질 라인과 카드지갑 외곽이 늘어났다. 늘어난 부분에 아일렛을 옮길 때, 기준점을 잡아서 옮겨야 한다. 기준점은 원의 중심으로 잡고, 카드지갑 안쪽에 아일렛의 위치를 정해준다. 목걸이 고리를 걸 때 힘들지 않도록 카드 지갑 모서리에서 안쪽으로 7mm 정도씩 들어간 부분으로 정해보자.

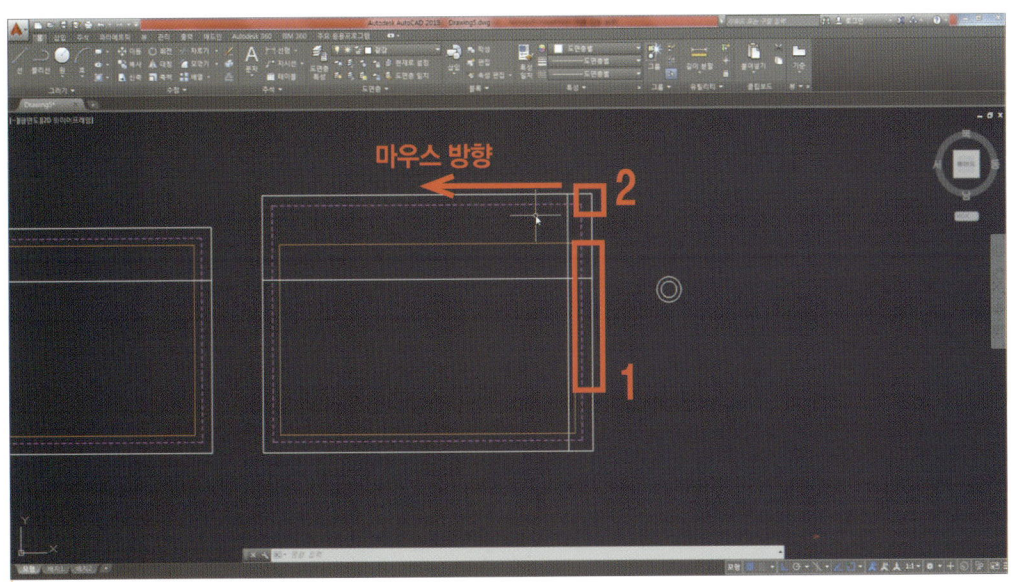

41. 카드외곽선을 COPY해서 안쪽으로 7mm씩 이동하여 만들어 준다.

1번 객체를 선택하고 CP를 입력 → Enter → 기준점 지정이라고 나타나면 2번 모서리를 클릭하고 마우스를 왼쪽으로 향하게 한 후, 7을 입력 → Enter

선이 하나 생긴다.

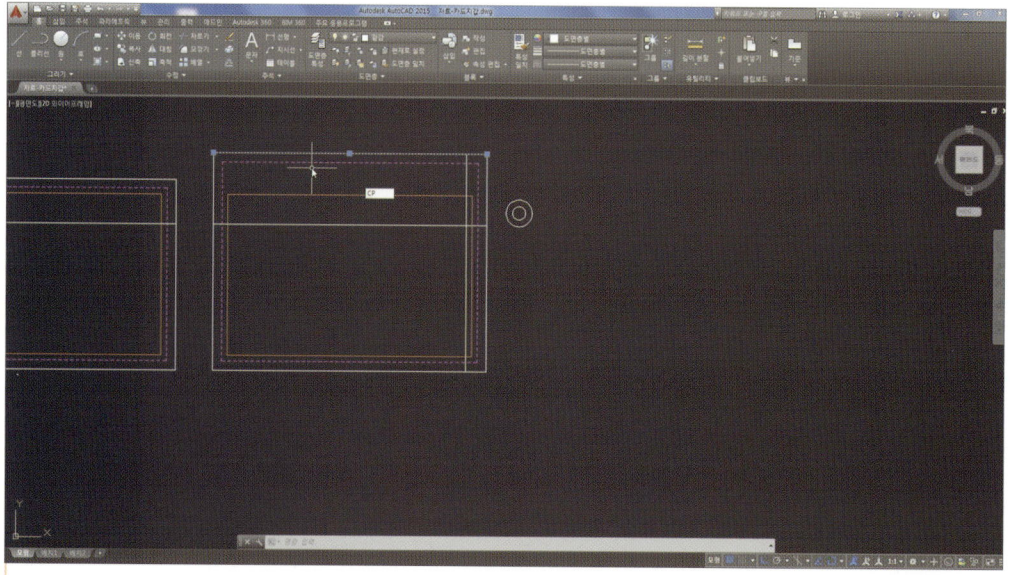

42. 위의 라인도 같은 방법으로 카드 외곽인 위 부분을 선택하고 CP를 입력 → Enter → 기준점 지정 이라고 나오면 끝점을 마우스 왼쪽으로 클릭해준다.

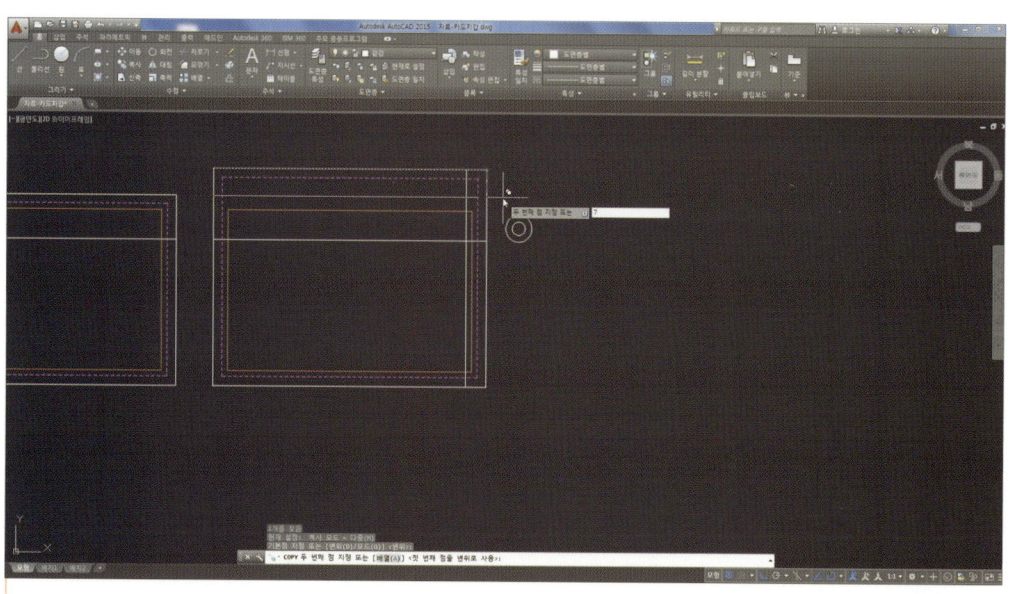

43. 두 번째 점 지정이라고 나타나면 마우스를 아래쪽으로 향하게 하고 7을 입력 후 Enter

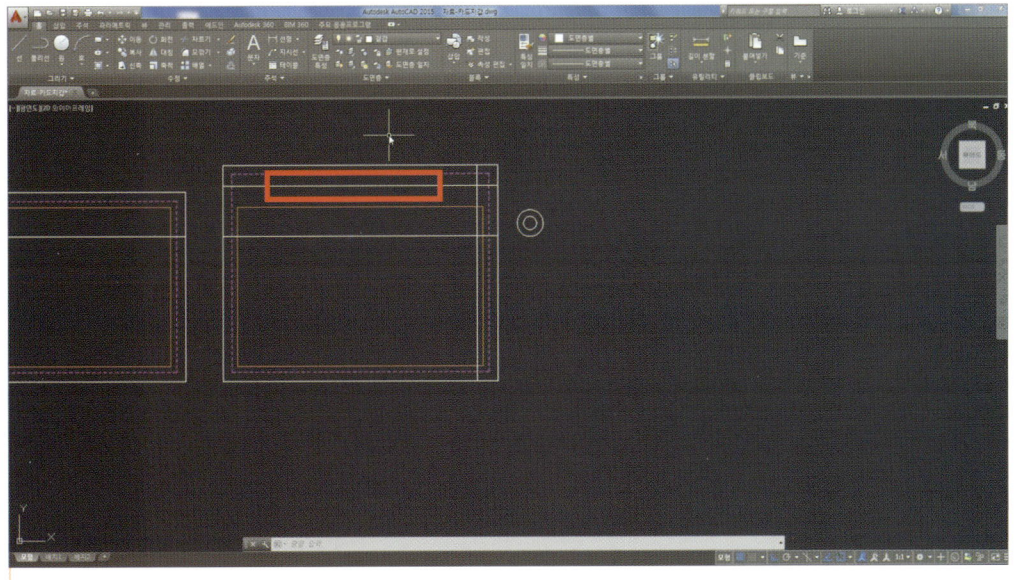

44. 위 사진처럼 라인이 하나 더 생긴다.

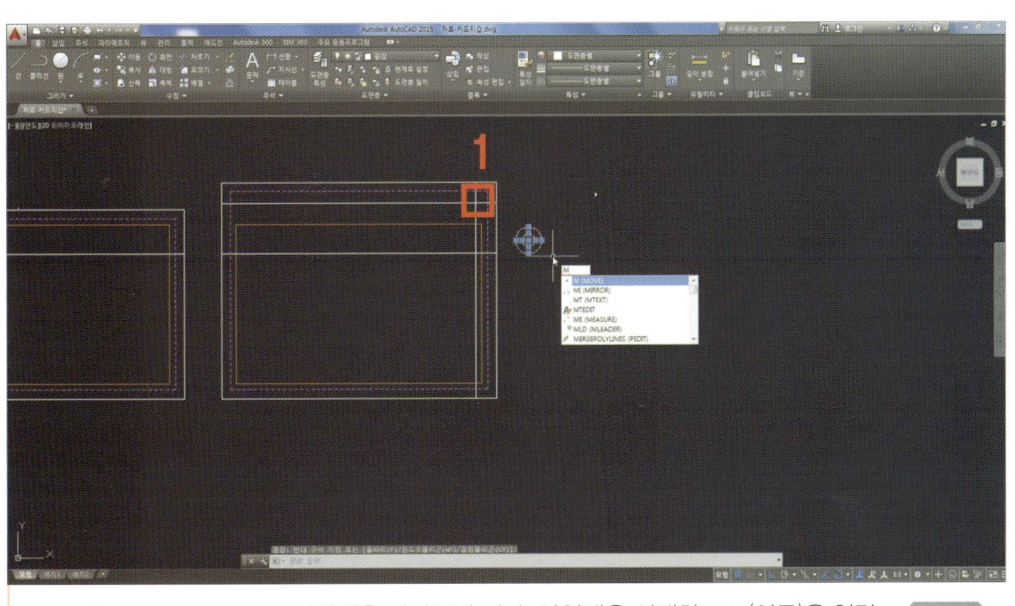

45. 위 사진이 보이면 아일렛을 넣어주면 된다. 아일렛을 선택하고 M(이동)을 입력 → Enter

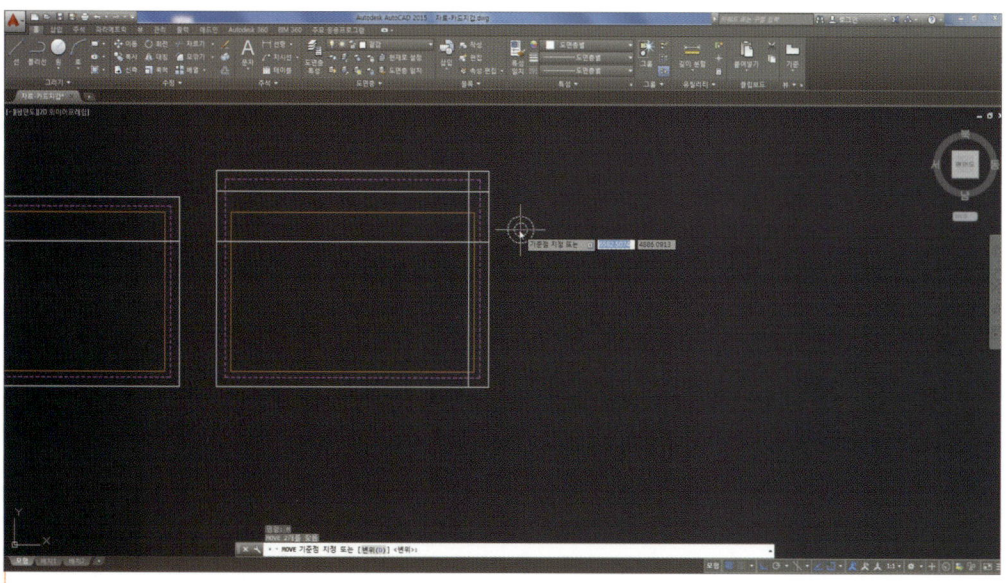

46. 기준점을 지정하라고 할 때, 마우스를 아일렛 중심에 대면 원점이 나타나는데(기준점) 그 곳을 클릭

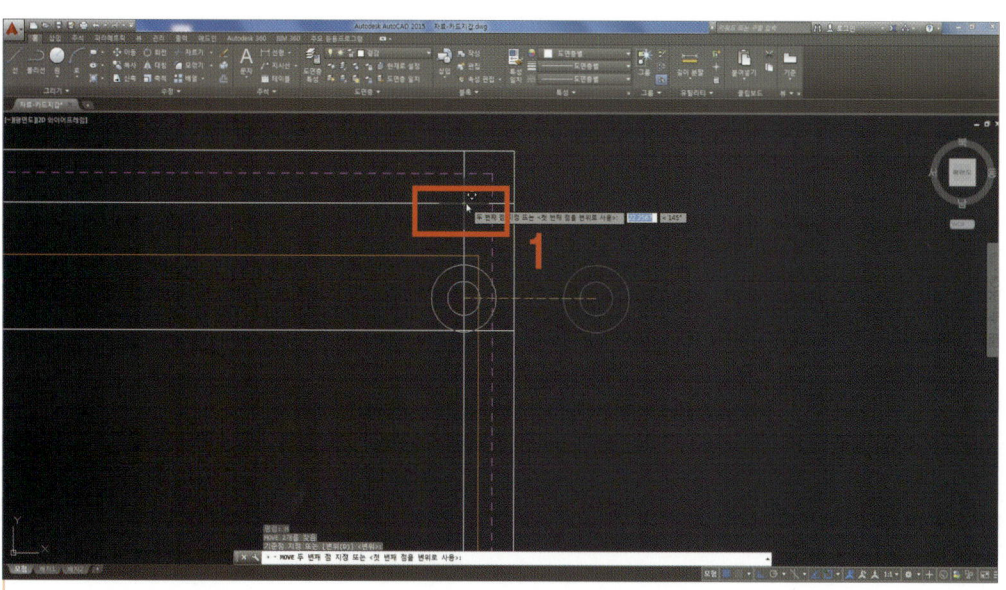

47. 이제 아일렛이 마우스의 이동에 따라 원의 중심을 기준으로 움직인다. 카드 외곽선보다 안으로 7mm 들어간 선의 교차점인 1번 위치에 옮긴 후 클릭

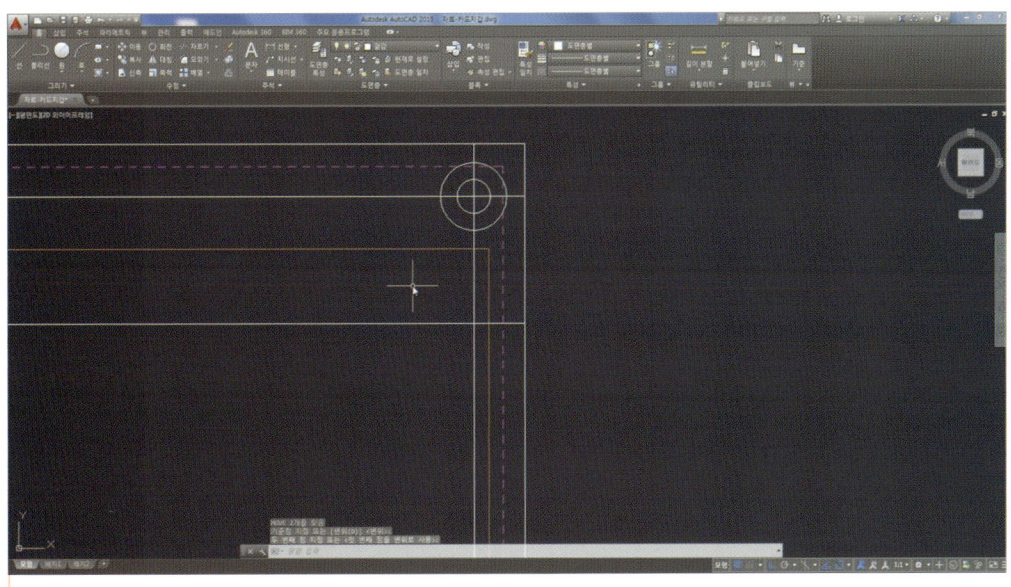

48. 위 사진처럼 아일렛이 이동한다. 기준이 되었던 두 선은 실질적으로 재단에 필요가 없기 때문에 선택해서 지워준다.

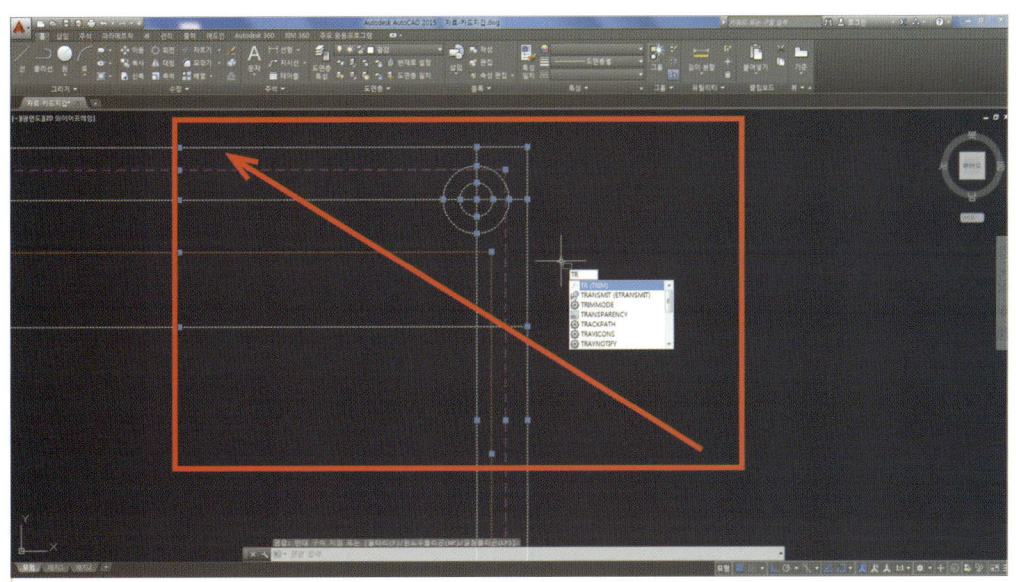

49. 다음으로 아일렛과 바느질 선이 겹치는 부분에서 바느질 선을 뺀다. 빨간 박스영역을 마우스로 선택(오른쪽에서 왼쪽으로 드래그)을 하고 TR을 입력 → Enter
화면을 확대해서 아일렛 안쪽의 바느질선을 선택하면 바느질 선이 지워진다. 끝의 모서리 역시 선택해서 지우면 된다.

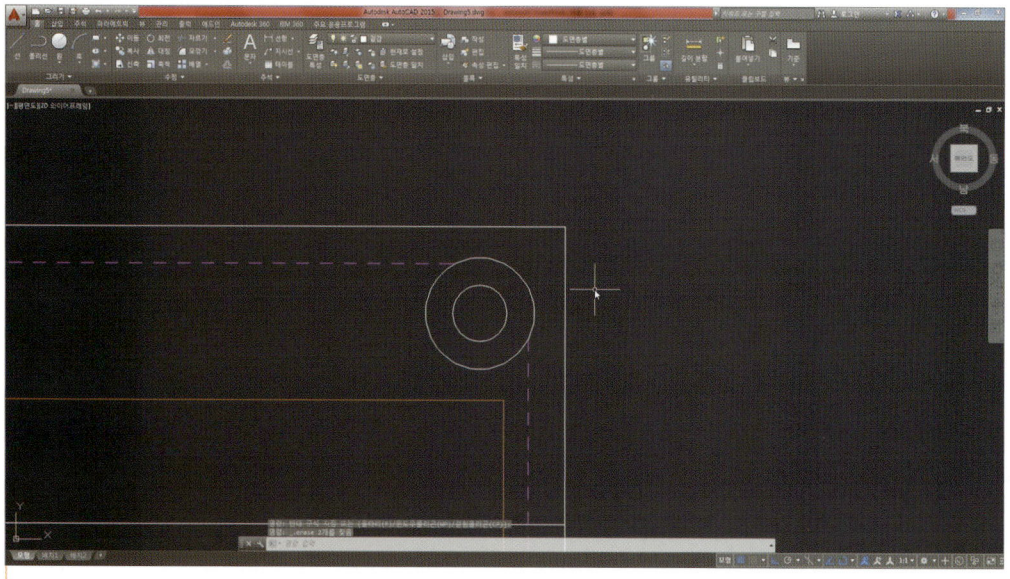

50. 위 사진처럼 바느질 라인을 지워준다.

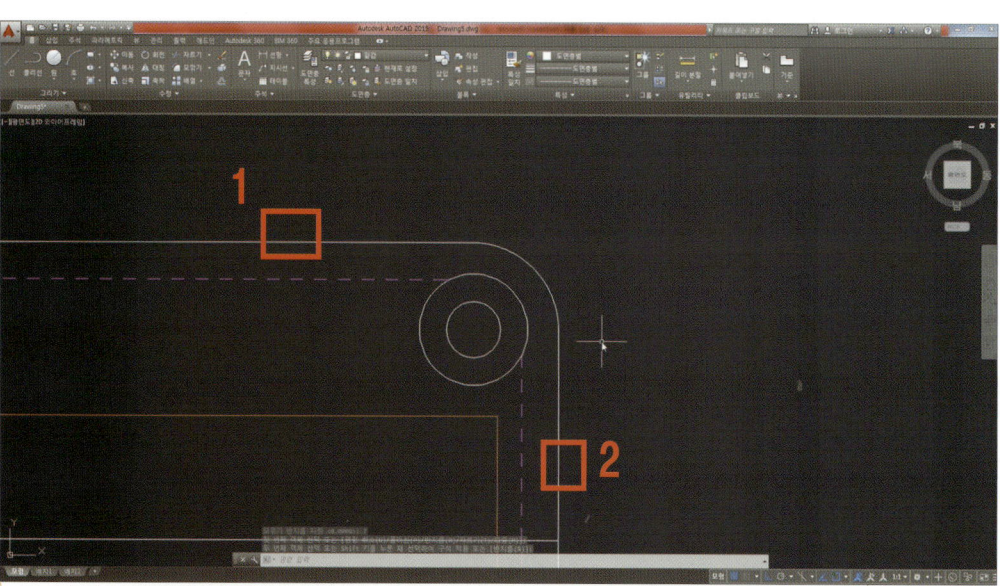

51. 모서리를 둥글게 하려면 앞에서 배운 F(모 깍기)를 이용하면 된다. 아일렛이 반지름 4.5mm의 원이고, 카드 외곽은 아일렛과 2.5mm 떨어져 있으므로 반지름 7mm로 모서리에 라운드를 주어보자. F를 입력 → Enter → R을 입력 → 7을 입력 → Enter 첫 번째 객체 선택에서 1번 라인을, 두 번째 객체는 2번 라인을 선택, 위 사진과 같이 라운드로 바뀐다. 필요하다면 나머지 모서리도 같은 방법으로 둥글게 만든다. 바느질 라인도 함께 라운드를 만들어 주는데, 이때 카드외곽보다 안쪽으로 3mm가 작으므로 F를 입력 → Enter , R을 입력 → Enter , 4 를 입력 → Enter

위와 같은 방법으로 객체를 선택하여 바느질 선의 모서리도 둥글게 만들어준다

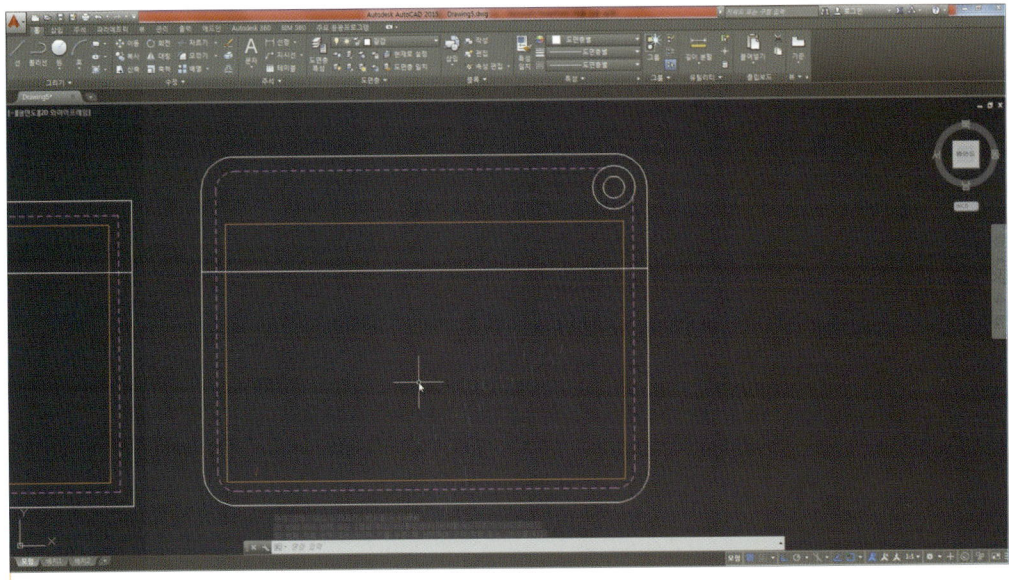

52. 위와 같이 그려졌다.

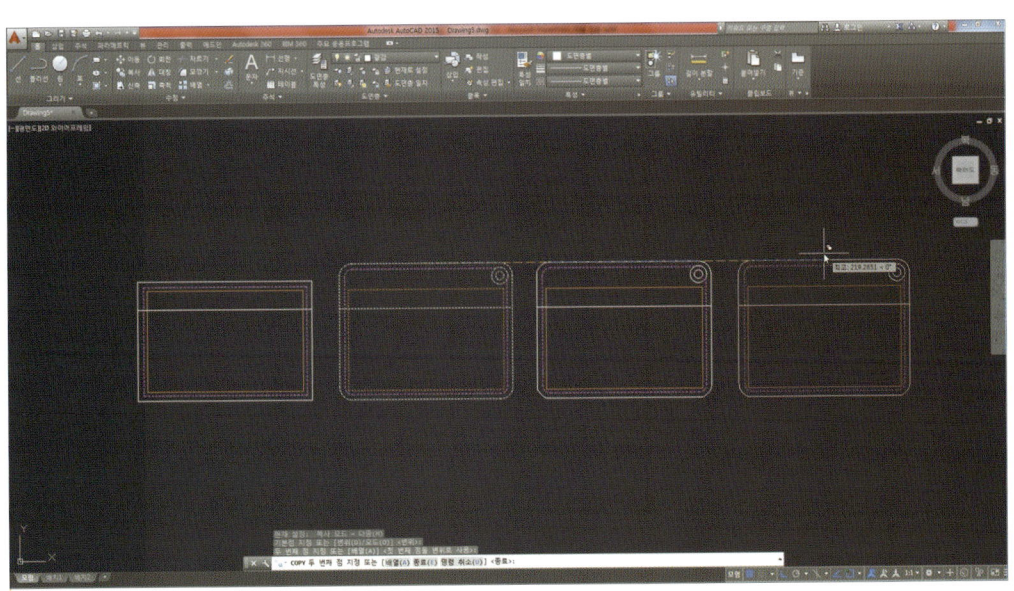

53. 지금까지 만든 도안은 카드지갑의 모든 부분(외곽, 카드, 바느질 선, 카드 주머니 등)이 결합된 상태이다. 이제 카드지갑 본판과 카드지갑 덮개를 따로 분리해서 도안을 출력해보자. 결합된 카드지갑을 전체 선택하고 복사하여 두 개를 더 만들어 준다. 카드 칸, 본판 등 따로 그리는 것보다 이렇게 결합되게 도안을 그린 다음 복사해서 필요 없는 부분을 지우는 방식으로 그리면 더 빠르고 간단하다.

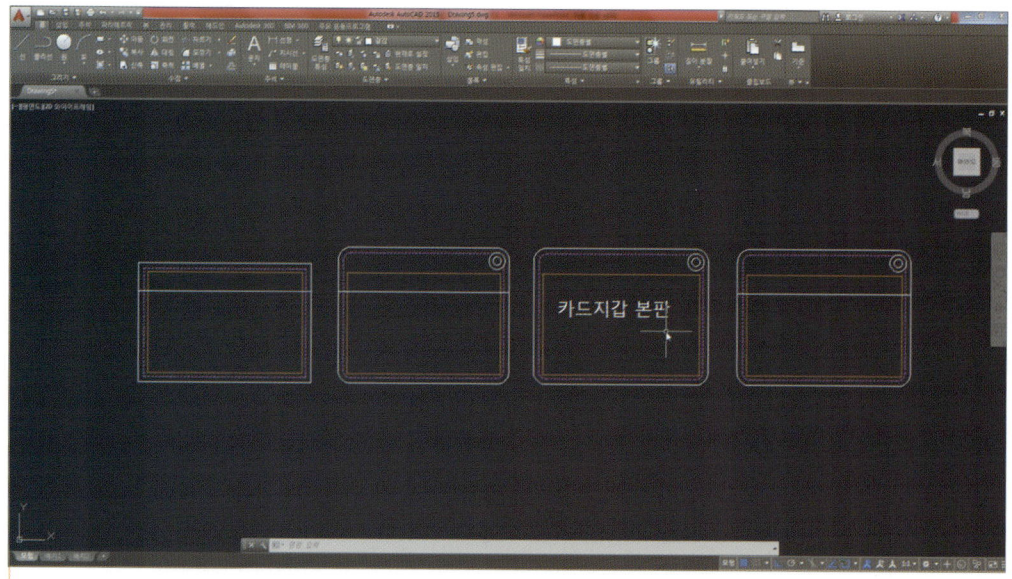

54. 맨 왼쪽은 결합된 상태 그대로 두고, 가운데 도안을 카드지갑의 본판으로 하자. 카드 칸의 라인을 지운 후, 카드지갑 본판이라 명시를 하면 된다. 글자를 입력할 때는 T를 입력하고 Enter
첫 번째 구석을 지정하라고 나타나면 글자를 넣을 위치에 마우스를 클릭하고 반대편 구석도 지정(클릭)해 준다. 그 안쪽에 글자가 입력된다. 글자는 본인이 알아보기 좋은 단어로 임의 설정하면 된다.

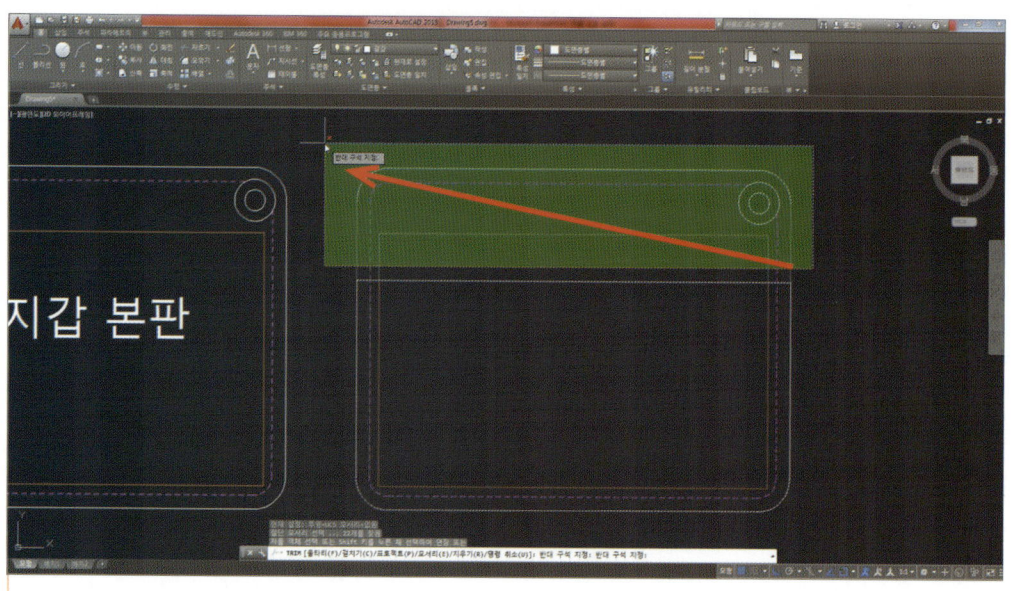

55. 오른쪽은 카드 칸으로 변경해보자. 카드 실물과 본판의 위 부분, 아일렛을 없애면 되므로, 전체를 선택한 다음 TR을 입력 → Enter
카드 칸 위쪽을 마우스로 선택해준다.

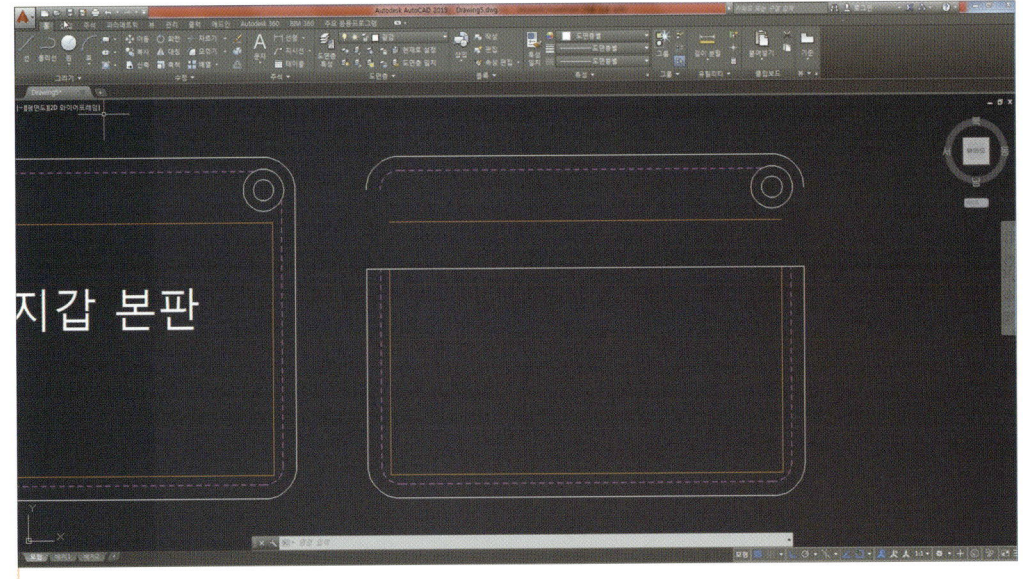

56. 위 사진처럼 지워진다. 나머지 위 부분도 선택해서 지워준다.

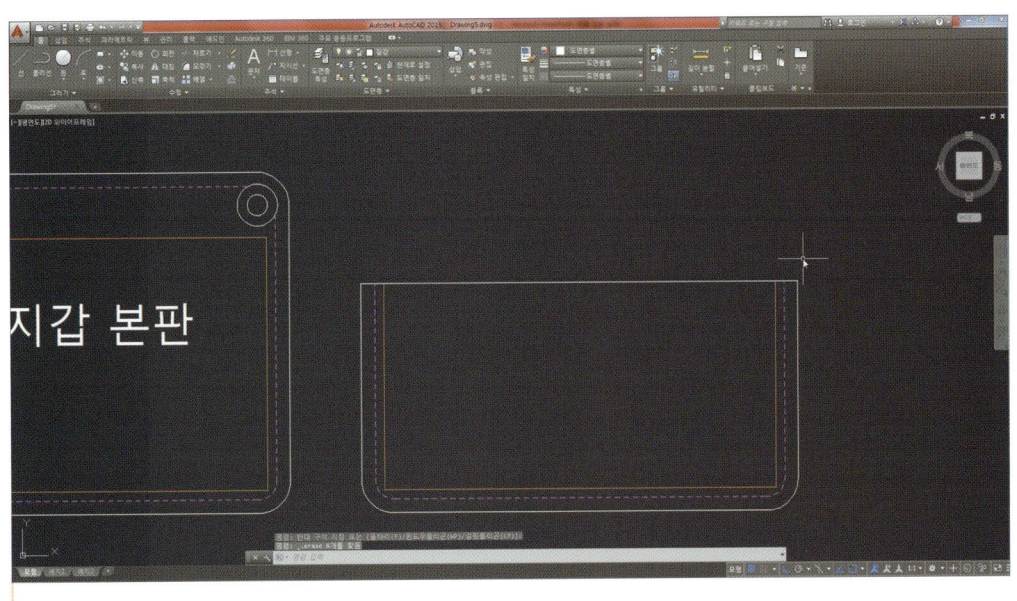

57. 완성되었다.

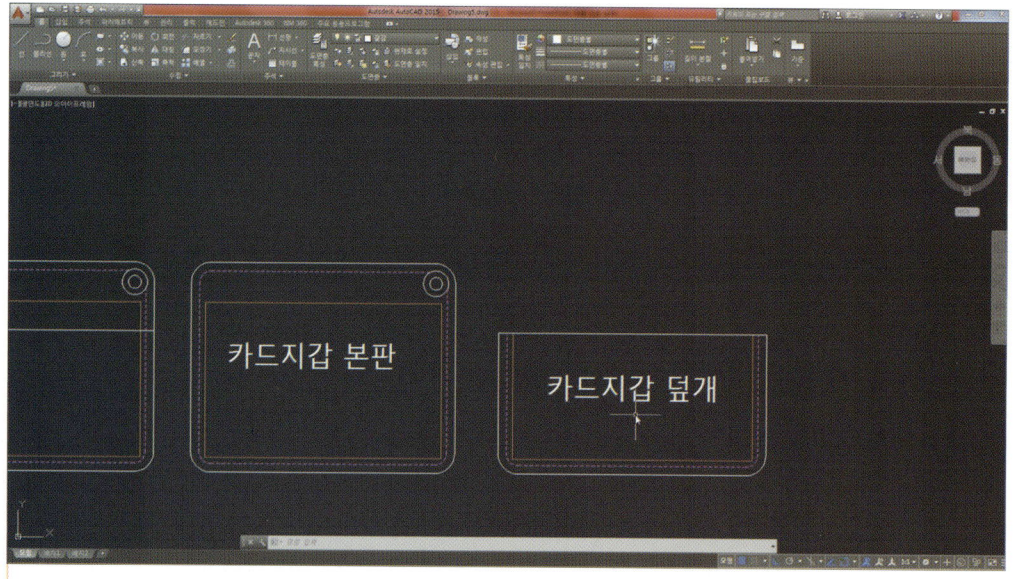

58. 카드지갑 덮개라는 이름을 넣어주자

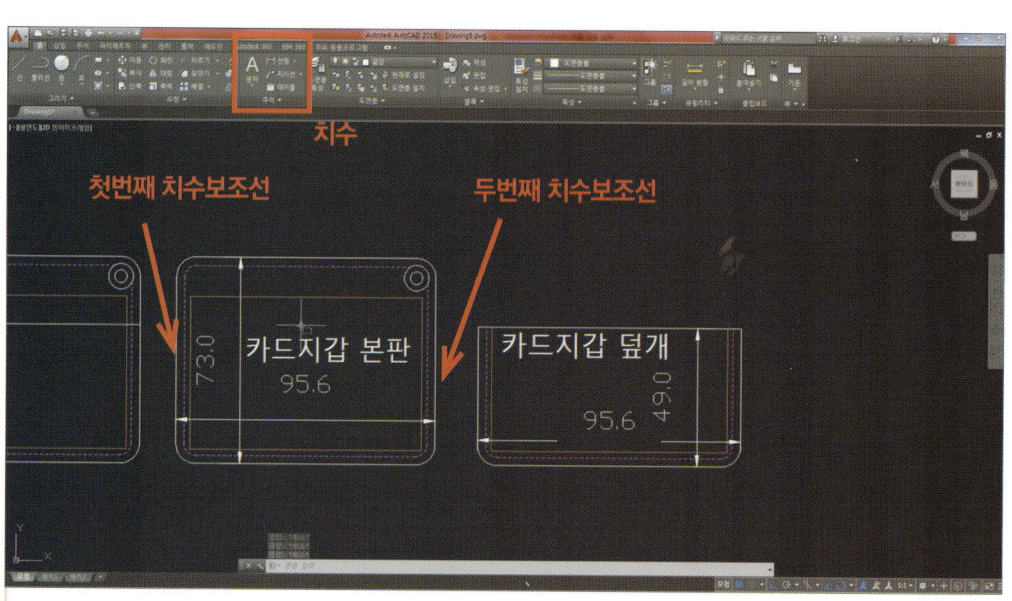

59. 다음으로 치수 선을 표시해보자. 빨강 네모(치수) 안의 선형을 선택 → 첫 번째 치수 보조 선이라고 나타나는데 이때 측정하고자 하는 곳을 클릭하고 두 번째 치수 보조 선 지정에서 반대쪽을 클릭하면 치수 선이 나타난다. 그 다음 치수 선의 위치를 보기 좋은 곳으로 옮기고 마우스를 클릭하면 치수가 표시된다.

3) 목걸이 형 카드지갑 - 패턴 출력하기

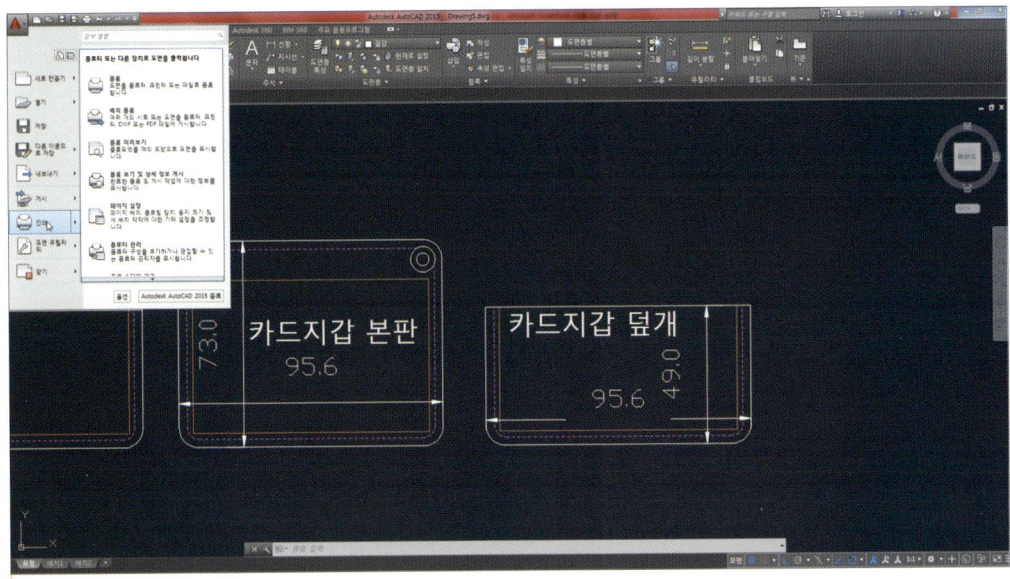

1. 프린트 (**단축키 : Ctrl + P**) : 그리기가 완성되면 이제 출력을 할 단계이다. 패턴을 출력할 때, 단축키를 입력하는 방법 이외에 왼쪽 위 AUTOCAD 아이콘을 누르면 저장 및 출력 버튼이 나타나는데 여기서도 선택이 가능하다.

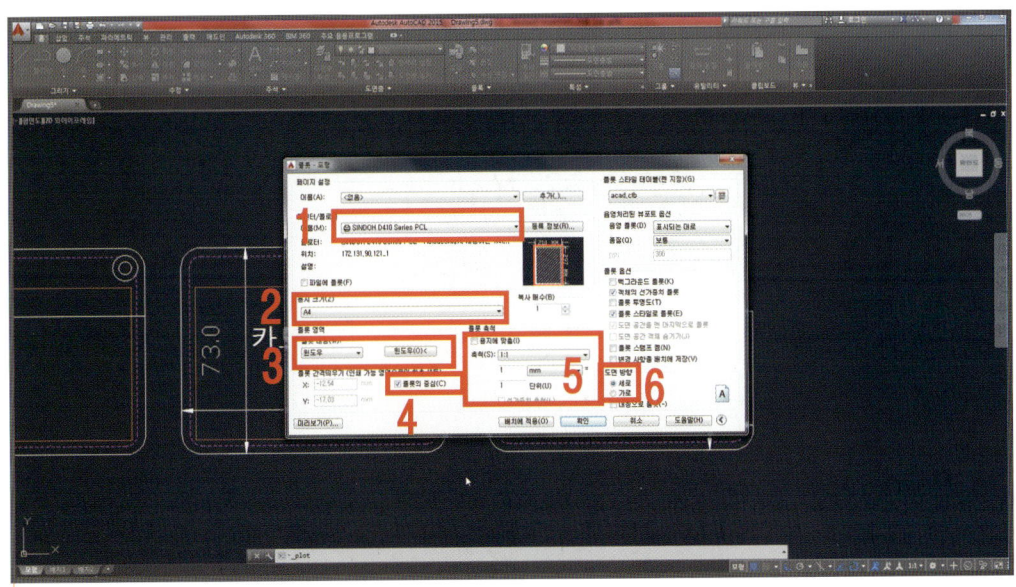

2. 앞서 테슬과 키링에서 배웠던 출력을 다시 한 번 반복해보자.

❶ 본인의 컴퓨터에 장치되어 있는 프린터를 선택 ❷ 용지크기 설정

❸ 플롯 대상을 반드시 윈도우로 선택 ❹ 플롯 간격 띄우기에 플롯의 중심을 선택

❺ 플롯축척을 꼭 1:1로 설정 ❻ 용지 출력 방향

'용지에 맞춤' 버튼을 클릭하게 되면 작은 것도 용지에 맞춰 크게 나타나므로 절대 클릭이 되어 있으면 안 된다는 것!

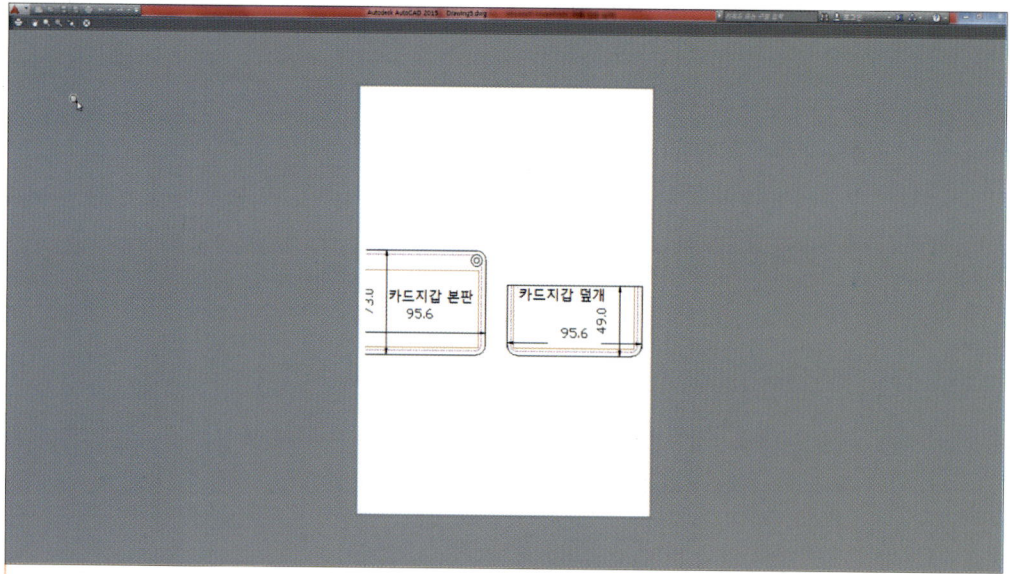

3. A4 설정 후 세로방향으로 용지를 미리보기 했을 경우

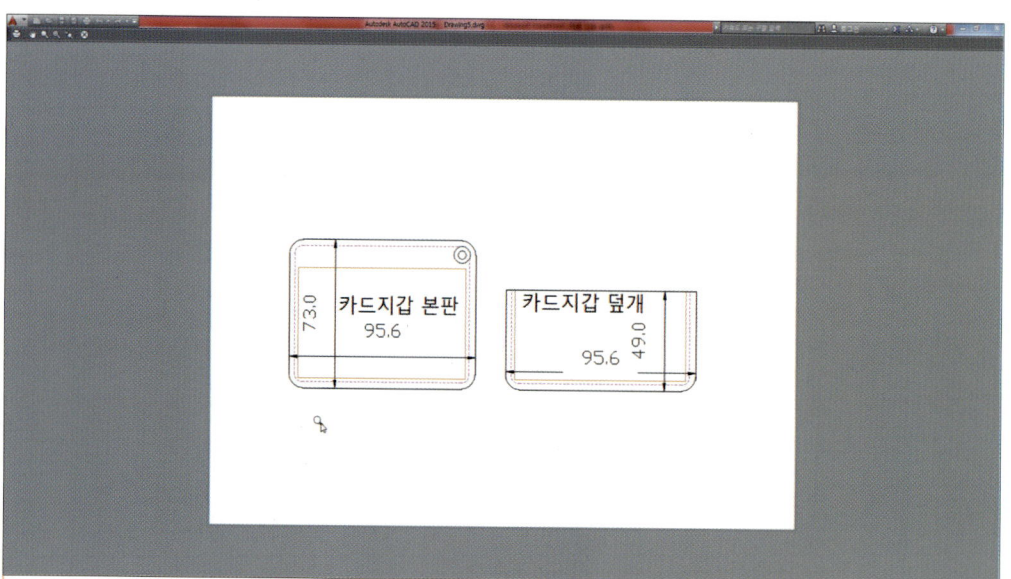

4. 가로 방향으로 변경 후, 다시 미리 보기를 눌러 확인하고 이 화면에서 바로 프린트 버튼을 누르면 도안이 출력된다.

 여기까지 CAD프로그램을 이용하여 간단하게 카드지갑의 패턴을 완성했어요.~이 패턴은 잘 저장해서 이후에도 계속 사용할 수 있도록 해두고, 다음은 출력된 패턴으로 형지를 만들고 실제로 카드지갑을 만드는 것까지 함께 해보기로 해요. 천천히 따라 하시면 아주 쉽게 카드지갑을 만드실 수 있으실 거예요.

4) 목걸이 형 카드지갑 - 형지 만들기

1. 출력된 종이는 두께가 얇아 가죽을 재단하기 힘들고 쉽게 구겨지기 때문에, 이를 두꺼운 종이에 붙여 형지를 만들어준다. 종이를 붙일 때는 얇은 출력물에 바로 풀칠을 하지 말고, 두꺼운 종이에 풀을 칠한 다음 붙여주면 더 평평하게 형지를 만들 수 있다.

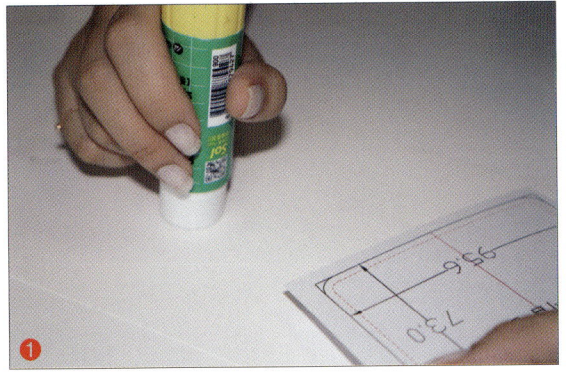

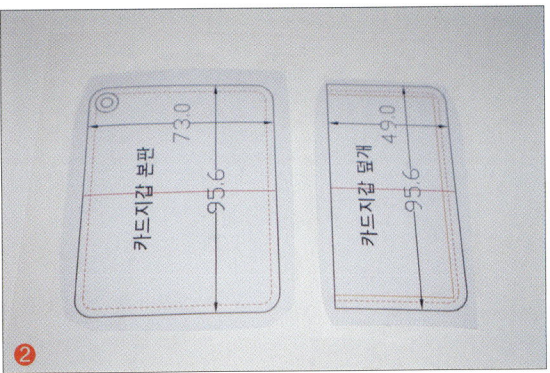

2. 잘 붙여진 종이를 잘라 재단용 형지를 만든다. 자를 때, 선의 안쪽이나 바깥쪽이 아닌 중앙을 최대한 정확히 자르는 것에 집중하도록 하자!

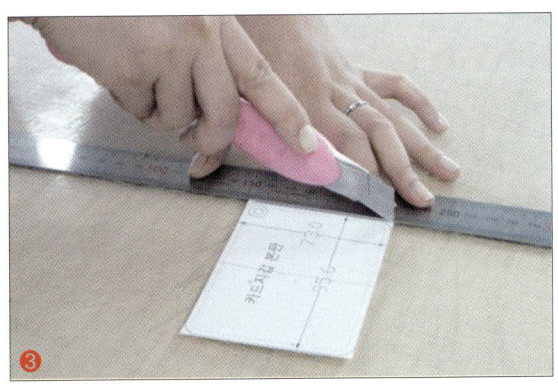

5) 목걸이 형 카드지갑 - 가죽 재단하기

1. 형지를 만들었다면, 이제 카드지갑을 만드는데 필요한 가죽을 재단해보도록 하자. 앞서 가죽을 재단하는 여러 가지 방법에 대해 설명하였으므로, 각자 편한 방식으로 재단하면 된다. 여기서는 형지를 테이프로 고정시킨 후, 가죽을 재단하는 방법을 사용한다.

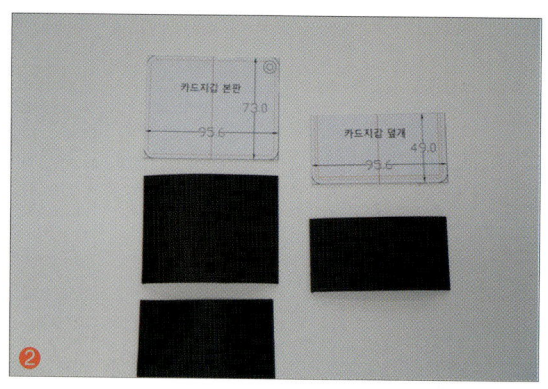

◀ 본판은 2장, 카드지갑 덮개는 1장 재단한다.

2 가죽의 두께가 너무 두꺼운 경우, 카드지갑을 만들기 적정한 두께로 얇게 깎아준다. 여기서는 1mm정도로 두께를 맞추도록 하자.

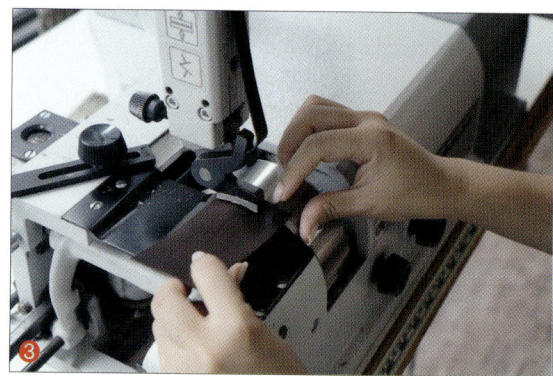

6) 목걸이 형 카드지갑 - 본딩하기

1 두께를 적정하게 만든 가죽 조각에 본드를 바르고, 잘 맞추어 붙여주는 단계이다. 바느질을 하는 부분만 본드를 칠하는 부분 본딩 방법을 사용하고, 뭉치지 않도록 얇게 잘 펴 발라준다.

2. 앞서 본딩 기법에서 설명했듯이, 약 5mm-10mm정도 두께로 발라주고, 바로 붙이지 말고 10-20분 기다렸다가 마른 후 붙여주어야 한다.

3. 헤라를 여러 개 돌려가며 사용하면, 헤라에 본드가 뭉쳐 두껍게 발라지는 것을 방지할 수 있다.
본판 두 장은 뒷면끼리 붙이고, 덮개는 앞에 붙여준다.

7) 목걸이 형 카드지갑 - 모서리 만들기

1. 카드지갑 모서리를 둥글게 만들 경우, 처음에 형지를 만들 때 모서리를 직각으로 만들어 놓고, 본딩을 한 후 가죽과 함께 둥글게 잘라주면 더 편하다. 처음부터 형지와 가죽을 각각 둥글게 잘라주어도 무방하지만, 이럴 경우 자를 때마다 조금씩 달라질 가능성이 크기 때문에 한 번에 잘라주도록 한다.

▶ 둥근 조각칼로 자르기

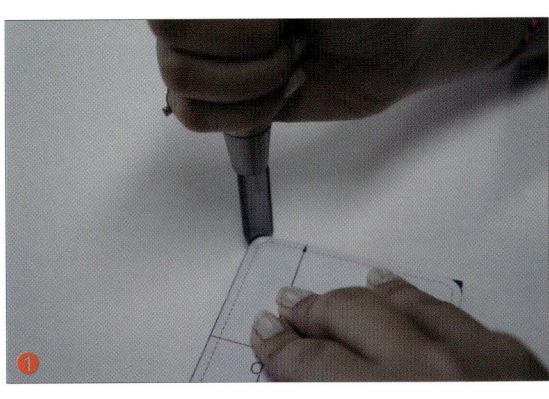

▲ 재단칼로 자르기

8) 목걸이 형 카드지갑 - 크리져 라인 그리기

1. 크리져나 디바이더를 이용하여 바느질을 할 선을 그려준다. 선을 그릴 때, 똑같이 힘을 주어 일정한 간격으로 그어지도록 해야 한다.

9) 목걸이 형 카드지갑 - 아일렛 넣기

1. 목걸이 형 카드지갑이므로, 목걸이를 걸 수 있도록 아일렛을 먼저 넣어주기로 한다. 아일렛의 위치를 먼저 설정해야 이 부분을 피해 바느질 라인을 뚫기 쉽기 때문에 구멍을 뚫기 전에 넣어준다.

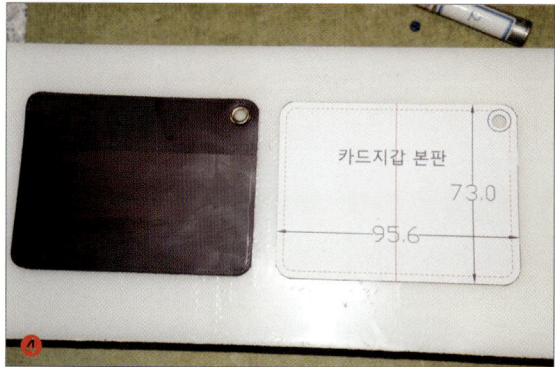

10) 목걸이 형 카드지갑 – 바느질 구멍뚫기

1 치즐을 이용해 바느질 구멍을 내어주는 단계이다.

2 다음 사진에서 구멍을 뚫는 방법과 순서를 알아보자.

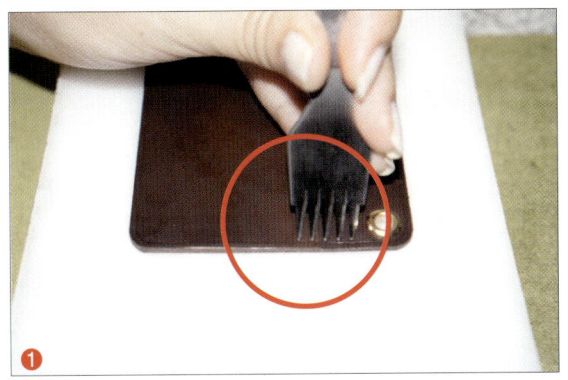

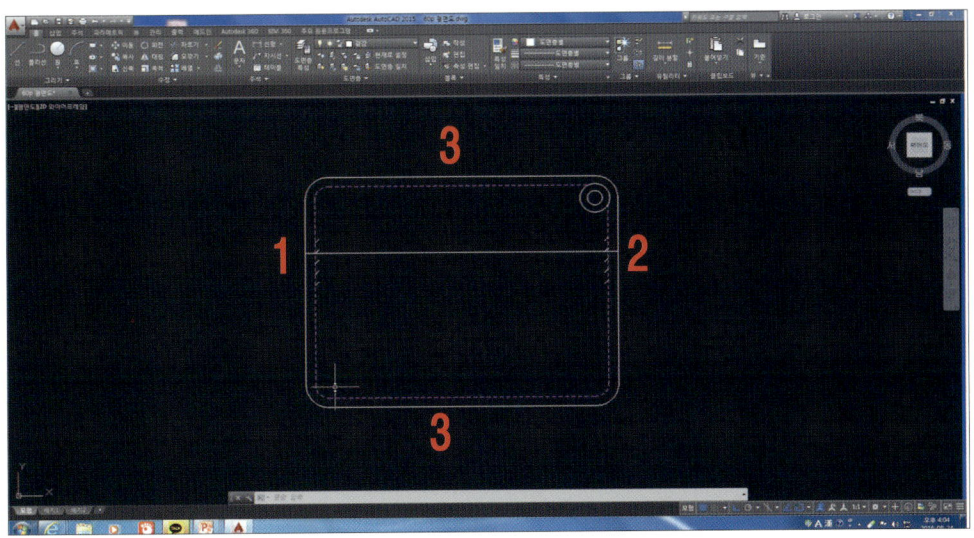

> **여기서 포인트!**
> 첫 번째 사진의 빨강 동그라미에서 처럼 카드 칸과 본판이 겹치는 부분을 먼저 뚫어야 한다. 도면으로 보면 1,2번을 먼저 뚫어주는데, 이때 겹치는 선이 치즐 날과 날의 사이에 오도록 해야 한다. 날과 맞닿는 경우 가죽이 뚫리게 되어 바느질을 할 수 없게 된다.
> 3번 부분은 겹치는 부분을 제외한 나머지 부분을 말하는데, 이 부분에서 주의할 점은 모서리 부분을 먼저 뚫어주면서 가운데 부분의 간격을 적당히 맞춰주는 것이다.

3 모서리 부분을 뚫을 때는 먼저 2날 치즐로 간격을 체크하고 표시를 한 후, 1날 치즐로 구멍을 뚫어준다. 중간 정도까지 뚫은 후, 반대 쪽 모서리에서부터 중간 쪽으로 뚫어주고 중간 부분에서 간격을 맞춘 후 치즐로 구멍을 내어준다. 간격이 딱 맞으면 좋으나 그렇지 못 할 경우 남은 부분을 적절히 나누어 뚫어야 하기 때문에 나누는 부분이 커질수록 간격 차이가 줄어들 수 있다는 것 기억하자!

Tip 서로 나눠지는 부분이 커질수록 간격차이가 적게 난다.

11) 목걸이 형 카드지갑 - 바느질하기

1 앞서 설명한 스티치 기법 가운데 유럽형 사선 스티치 기법을 이용해 카드지갑 전체를 바느질 해준다.

2 실은 합성사를 사용하고, 실 길이는 바느질 할 길이의 3-4배 정도로 잘라준다.

3 여기서는 전체 테두리를 한 번에 바느질 하기로 한다.

4 첫 2땀과 마지막 2땀은 2겹으로 중복해주고, 양쪽에서 라이터로 녹여 마무리 해준다.

▲ 바느질

▲ 2겹 중복 바느질

◀ 마무리

12) 목걸이 형 카드지갑 – 엣지코트 바르기

1. 도트봉을 사용하여 엣지코트를 발라준다. 이때 엣지코트 액의 농도가 너무 짙으면 끈적여서 뭉치게 되고, 너무 묽으면 계속 덧발라야 하므로 중간에 물을 섞어가며 농도를 맞추어 사용하도록 한다.

2. 한번 바르고 말려준 후 여러 번 덧바르는 방식으로 매끈하게 될 때까지 발라 마무리 해준다.

3. 가죽 면이 평평하지 않을 경우, 엣지코트를 2~3번 발라준 후 사포로 단면을 갈아 정리해주면 깔끔하게 바를 수 있다.
   이때 주의할 것!! 몇 시간 정도 두어 속까지 바짝 말려준 후 사포를 문질러야 한다.

13) 목걸이 형 카드지갑 – 마무리

1. 미리 준비해 둔 아일렛에 목걸이 줄을 끼워 마무리 해준다.

4 뽐내기 작품, 2D 클러치 만들기

> 1 맛보기 작품, 테슬만들기
> 2 맛보기 작품, 키링 만들기
> 3 몸 풀기 작품, 목걸이형 카드지갑만들기
> 4 뽐내기 작품, 2D 클러치 만들기

1) 클러치 - 완성품 미리 보기

카드지갑까지 잘 따라 오셨죠? 이제 몸풀기 과정까지 완성했으니, 좀 더 심화된 클러치를 함께 만들어 보도록 할게요. 비교적 간단한 클러치이긴 하지만 지퍼, 포켓, 안감 등이 있기 때문에 앞의 과정들 보다는 조금 어려울 수 있답니다. 그래서 클러치 편에서는 CAD로 패턴을 그리는 부분마다 완성된 사진을 미리 볼 수 있게 넣어두었으니, 사진을 기억해두고, 천천히 따라 하시면 얼마든지 멋진 작품을 만드실 수 있으실 거예요.

CAD 명령어를 비롯해 기초적인 부분은 앞에서 반복해 설명했으니, 클러치 패턴 그리기는 이런 부분을 건너뛰고 설명하도록 할게요. 자, 이제 실전으로 들어가 봅시다!

> **필요한 재료 및 예상 비용**

가죽 3평 (1평= 약 30cm*30cm) - 평당 3,000~5,000원

지퍼, 스토퍼, 슬라이더, 지퍼 손잡이 - 약 7,000원

가죽공예 기본 도구 - 자, 칼, 두꺼운 도화지, 재단칼, 디바이더, 치즐, 망치, 본드, 헤라, 엣지코트, 도트봉, 바늘, 실, LB 0.4t 등

2) 클러치 - 도안, 패턴그리기 (본판)

첫 번째 단계!

클러치의 본판 패턴을 그려볼텐데요~ 다 그리고 재단하면 이런 모양이 나올 거예요. 머리 속에 기억해두고 CAD를 그리면 더 이해하기 쉽겠죠?

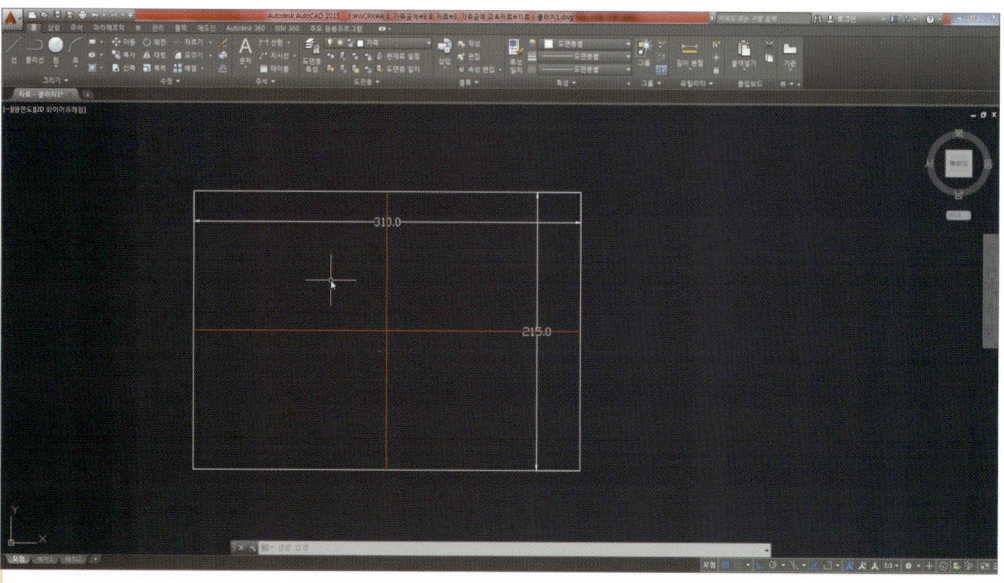

1. 클러치 본판 사이즈 - 여기서는 310mm * 215mm로 만들어 보겠다. CAD에서 L 명령어를 이용하여 310mm * 215mm 사이즈의 사각형을 그려주고, 중심선과 치수까지 기입해준다.

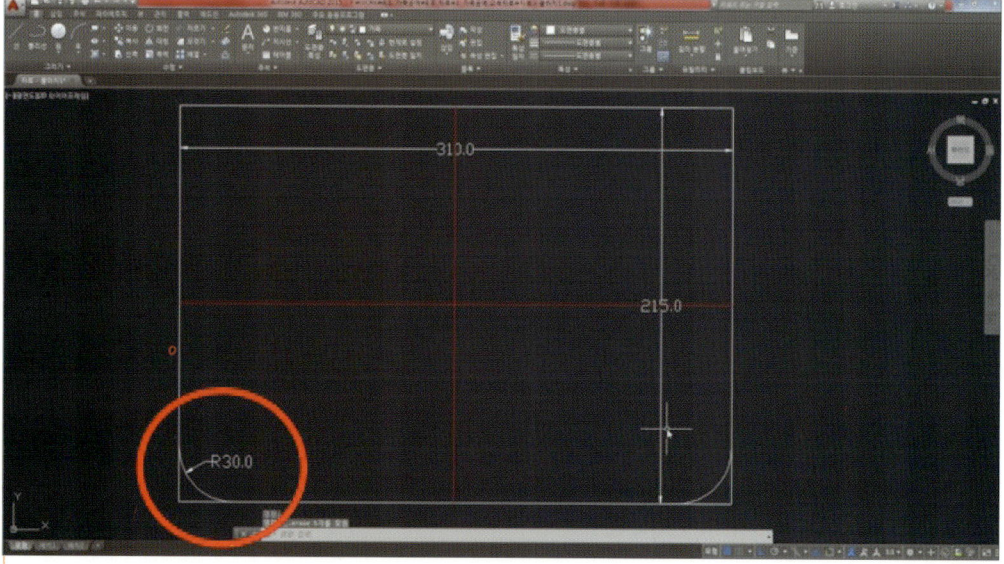

2. 양쪽 밑의 모서리 부분은 가죽을 조립한 후 한꺼번에 라운드로 만들어 줄 것이다. 이를 위해 모 깍기 명령어 F를 이용하여 라운드 R 30을 표시해 둔다.

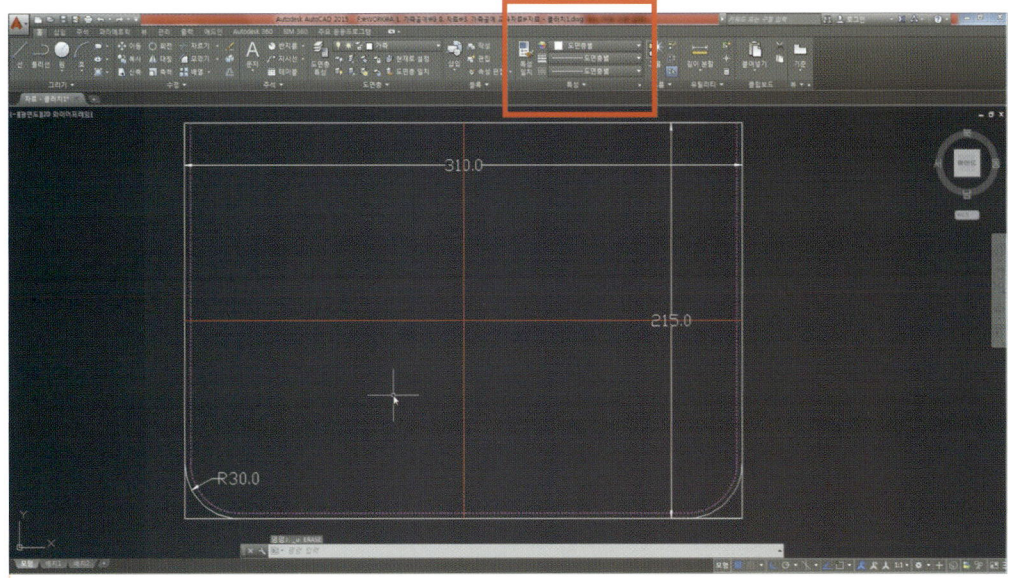

3. 간격 띄우기 명령어 O를 이용하여 양 옆과 밑면의 바느질 라인을 외곽으로부터 3mm 안쪽으로 그려준다. 빨간 네모박스에서 색상과 선의 종류를 바꾸어 바느질 라인을 표시해준다. 여기서는 바느질 라인을 보라색으로 선택해보자.

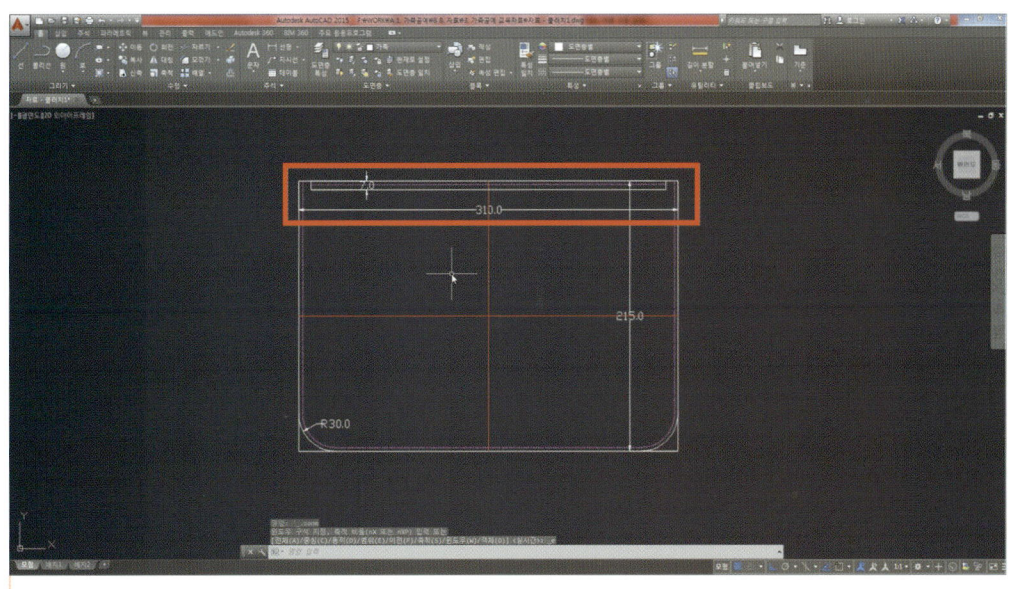

4. 위쪽에 지퍼를 달아 줄 부분을 체크해야 한다. 가죽과 지퍼 자체적으로 두께가 있으니 양쪽 끝에서 여유분을 주어야 하고, 바느질 라인의 여유분도 주어야 한다. 양 끝은 10mm 정도, 위쪽은 7mm 여유를 남기고 체크해준다. 본판 형지가 완성 되었다. 본판의 안감 패턴도 크기는 같다. 하지만 천을 사용하기 때문에 올이 풀려 밖으로 나오지 않게 양 옆과 밑 부분은 1mm씩 작아야 하고, 위쪽은 시접 처리를 위해 7mm 이상 커져야 한다. 안감은 포켓을 그리고 나서 다시 그려보도록 하겠다.

3) 클러치 - 도안, 패턴그리기 (지퍼 포켓 창)

두 번째 단계!

클러치의 안에 들어있는 포켓 중에 지퍼 포켓 창을 그려볼게요.

사진으로 먼저 만나볼까요?

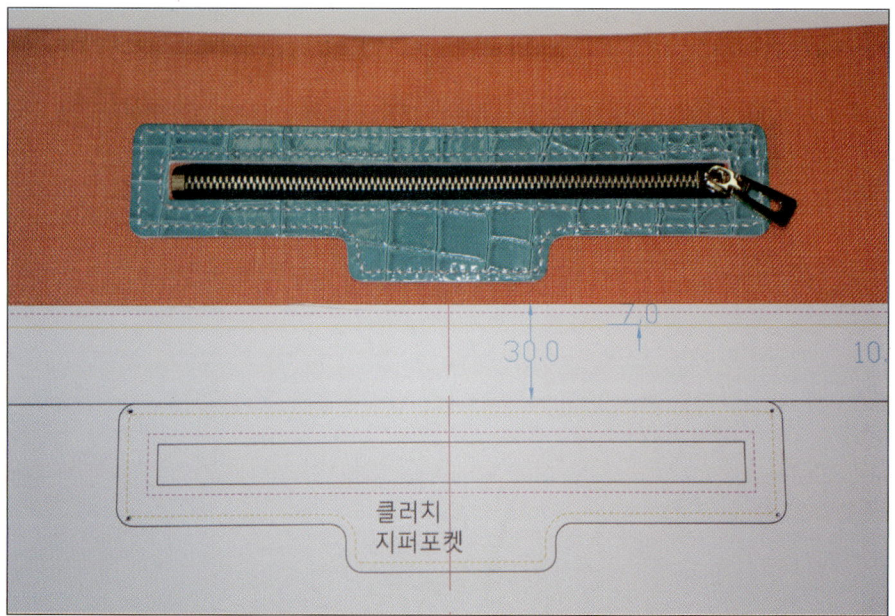

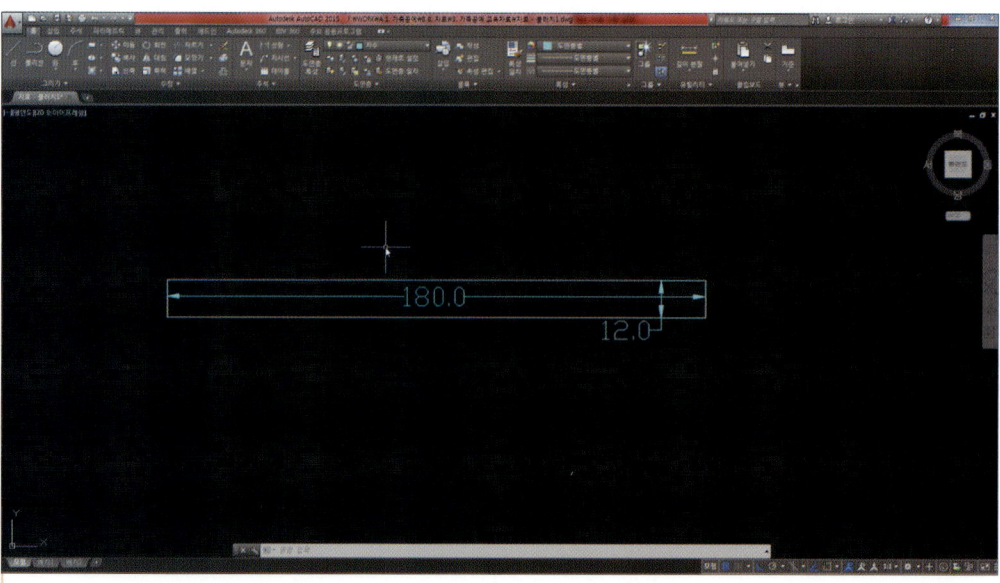

1. 지퍼 포켓 창 - 옆쪽에 클러치의 안에 들어갈 포켓을 그려준다. 주머니는 지퍼가 달린 포켓 하나와 오픈 된 포켓 하나를 달아보겠다. 먼저 내부 지퍼 3호를 사용하기로 하고 지퍼 포켓을 만들어보자. 지퍼창의 크기는 180mm * 12mm로 하기로 하고 CAD에서 180 * 12의 직사각형을 그려준다.

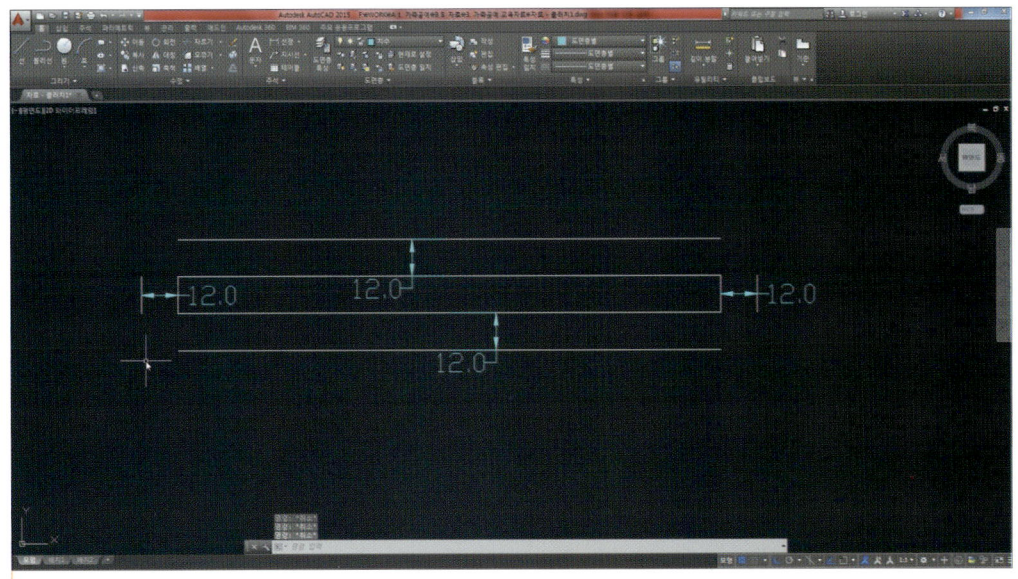

2. 지퍼에서 외곽까지 12mm의 간격으로 띄워준다. 우리는 2열로 바느질을 하는데, 외곽의 바느질은 안감과 지퍼 창의 가죽을 겹쳐서 하게 되고, 안쪽 바느질은 지퍼와 안쪽 주머니, 지퍼 창 모두를 겹쳐서 하게 될 것이다. 명령어 O를 이용해 지퍼 창에서부터 바깥쪽으로 12mm간격을 주어 4면 모두 띄워 준다.

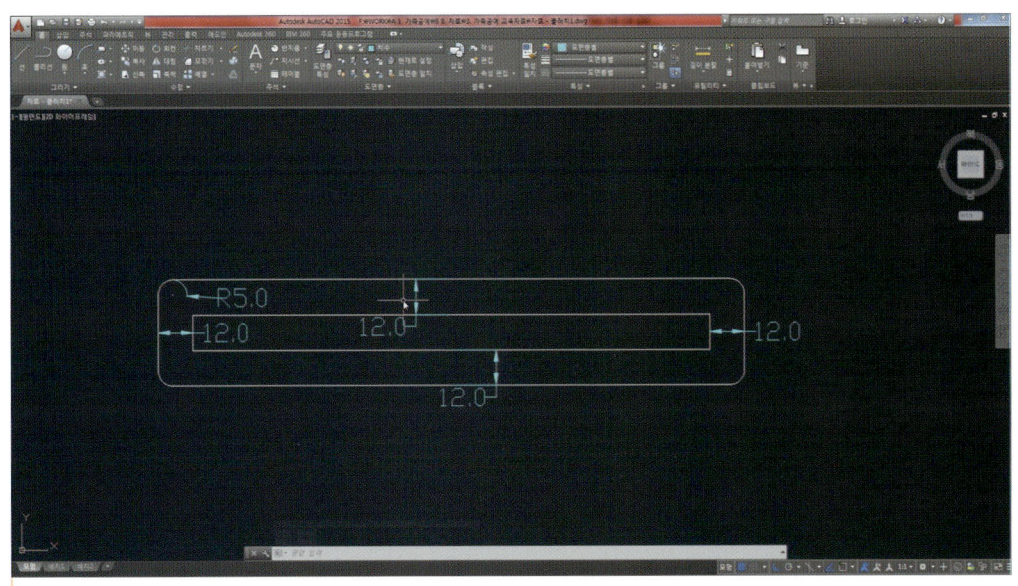

3. 모 깎기 명령어 F를 사용하여 모서리를 반지름 5mm로 둥글게 바꾸어준다. 이 상태로 사용해도 되지만, 안쪽 지퍼의 가죽 부분에 이니셜 등의 각인을 하고 싶다면 아래쪽을 수정하여 이니셜이 들어갈 곳을 만들어 주어도 좋다.

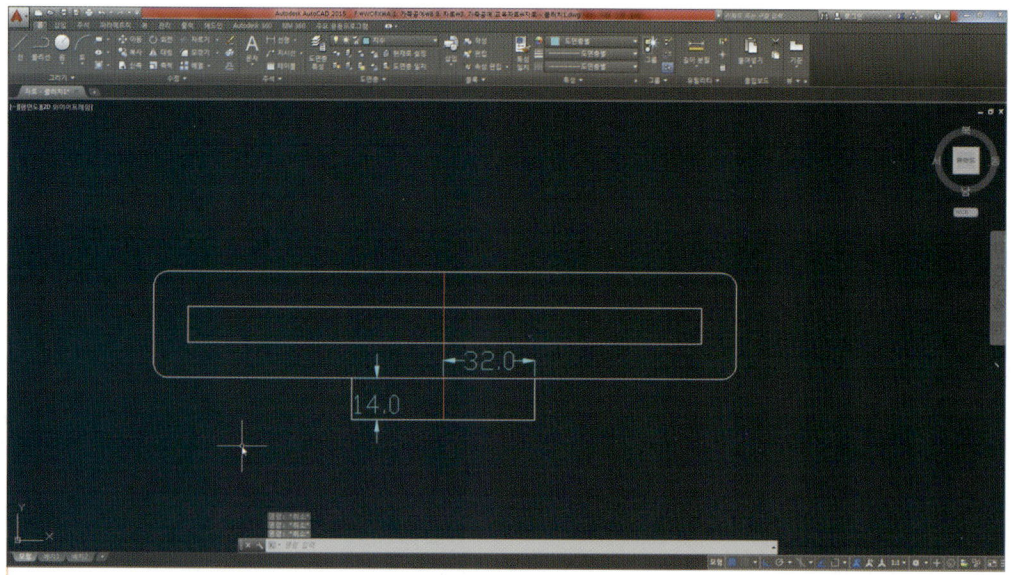

- 4. 가로가 64mm, 세로가 14mm정도 되는 공간을 만들어 보겠다. 가로의 길이가 64mm이므로 대칭 선을 기준으로 32mm의 길이로 만들어준다.

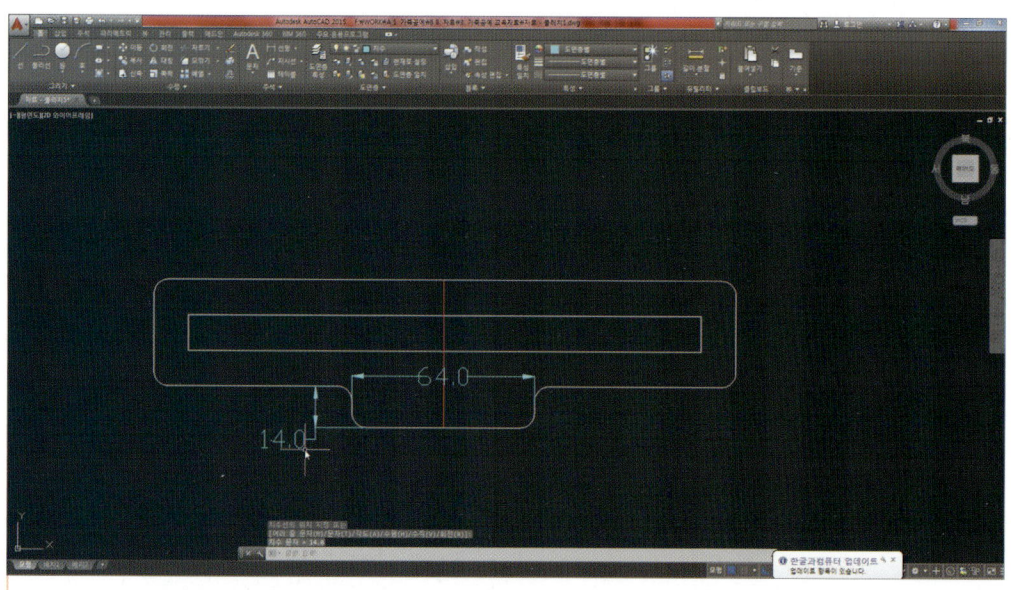

- 5. 이니셜 공간의 모서리 부분도 명령어 F를 이용하여 반지름 5mm로 예쁘게 깎아준다.

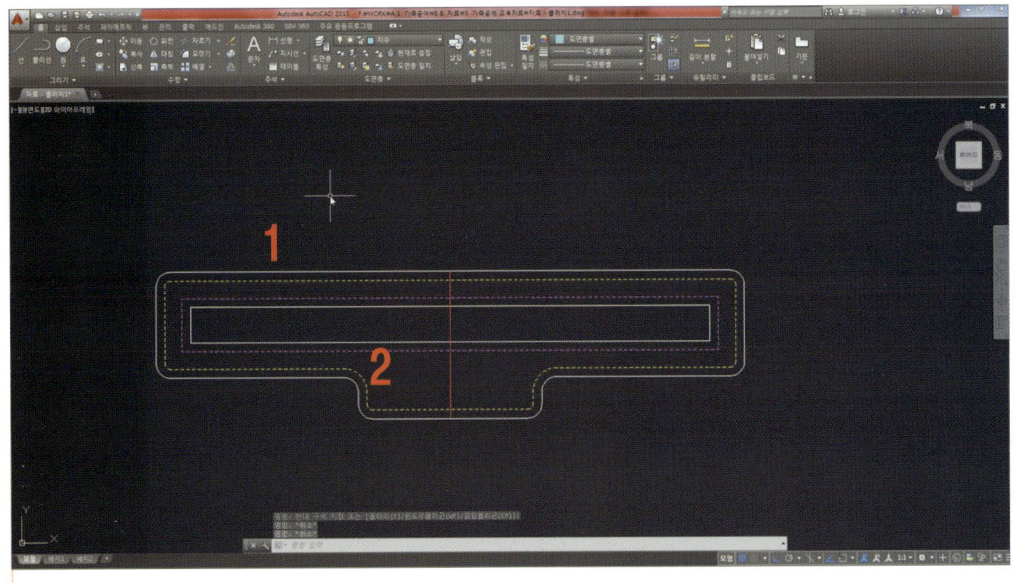

6. 간격 띄우기 명령어 O를 이용하여 바느질 라인을 그려준다.

　　나중에 바느질을 할 때에는, 1번 지퍼 창과 안감을 겹쳐 바느질(노란색 라인)을 먼저 하고, 2번 지퍼와 지퍼 창, 안 주머니를 붙인 후 바느질(보라색 라인) 한다.

4) 클러치 - 도안, 패턴 그리기 (포켓 위치)

세 번째 단계!

포켓의 위치를 정해 주는 단계입니다.

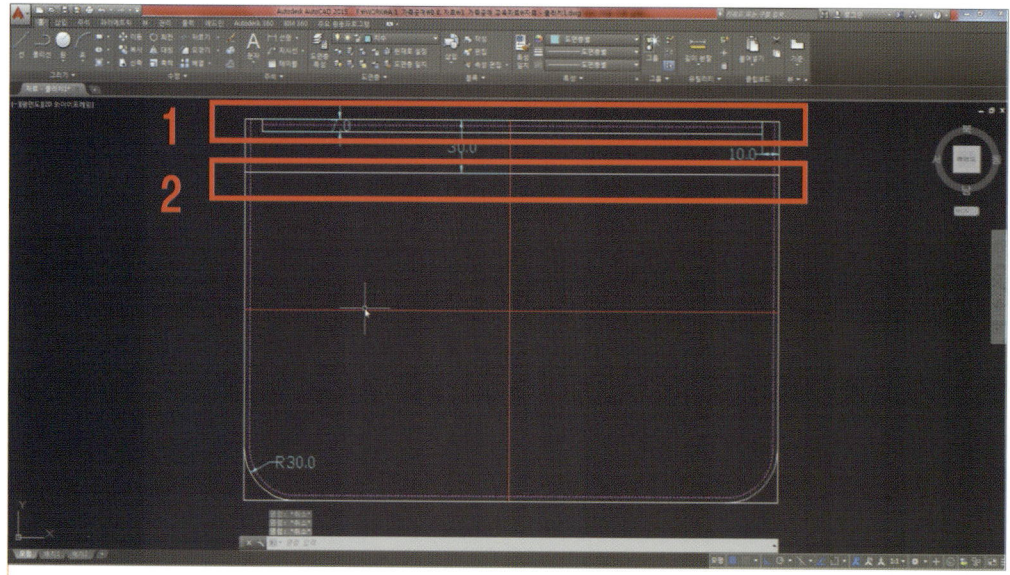

1. 지퍼 포켓의 위치 - 본판 위쪽으로부터 30mm 아래에 붙이기로 한다. 그러기 위해서는 클러치 본판의 가장 위 부분 1번 선을 30mm아래에 2번 선처럼 하나 더 그려 놓으면 지퍼 창을 복사해서 붙이기 좋다. 먼저 복사하기 명령어 CP를 사용해서 본판 위 선을 아래로 30mm 위치에 복사해 준다.

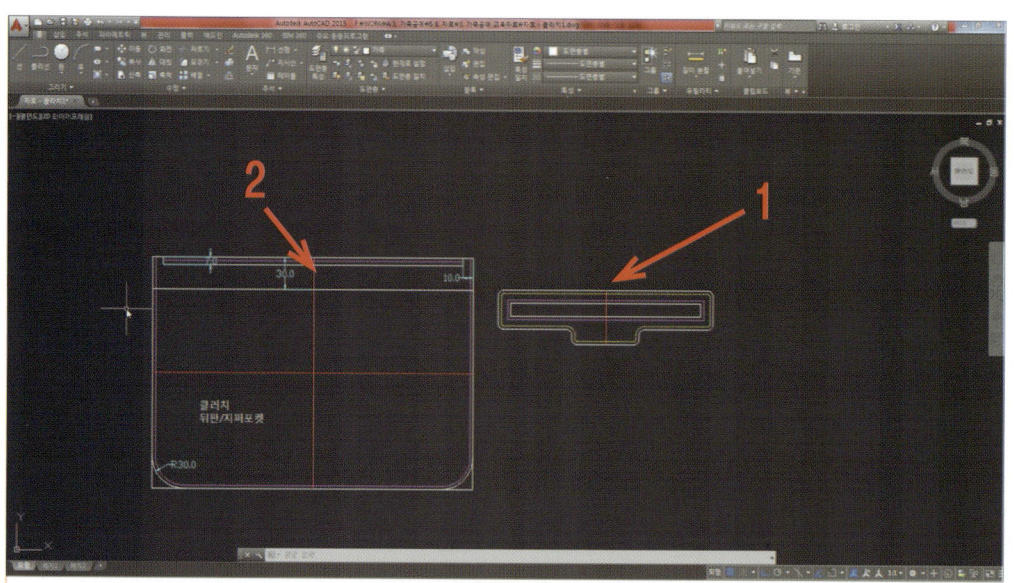

2. 그 다음 지퍼 포켓 창을 전체 선택 후, 명령어 CP(COPY)을 이용해서 복사하는데 이때 기준점이 중요하다. 기준점을 꼭 1번으로 클릭하고 다음에 앞서 그려놓은 2번 선의 위치에 붙여 넣기 해준다.

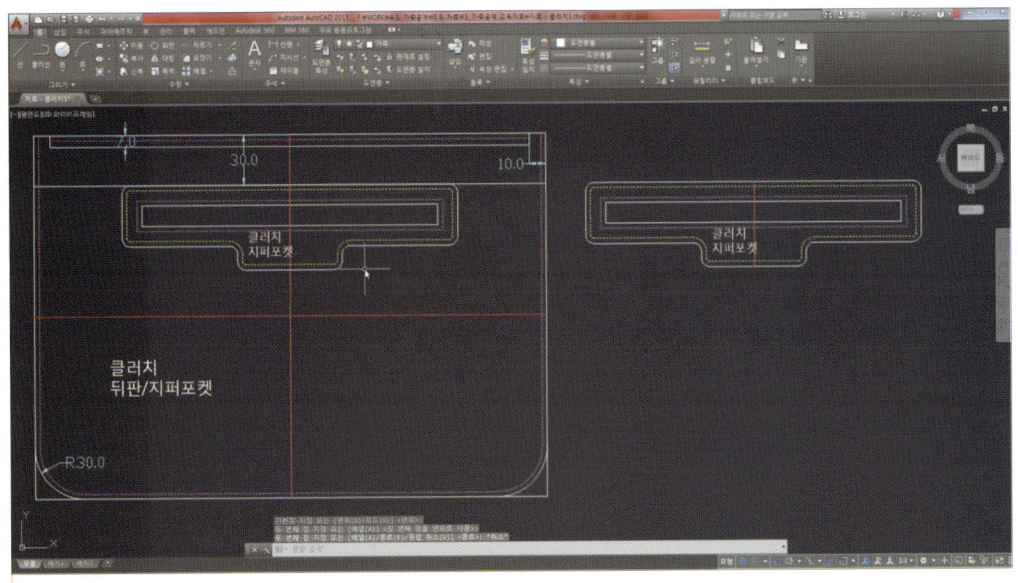

3. 복사하여 붙이면 위의 그림처럼 된다. 지퍼 포켓은 클러치의 안쪽에 그림과 같이 위치하게 될 것이다.

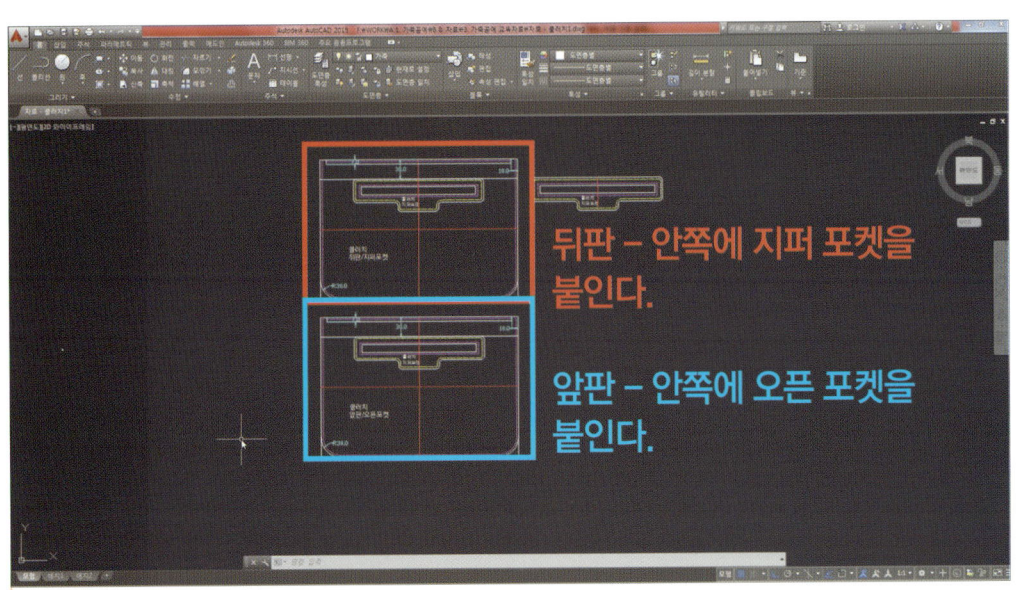

4. 처음 그린 본판은 앞뒤 두 장이 필요 하다. 그림에 보이는 지퍼 포켓과 또 하나의 지퍼 없는 오픈 포켓을 그려야 하기 때문에 전체를 복사하여 아래에 두고 그 곳에 오픈 포켓을 그려보겠다. 복사를 하고 문자 명령어 T를 이용해서 도안에 앞면, 뒷면과 같이 이름도 넣어준다.

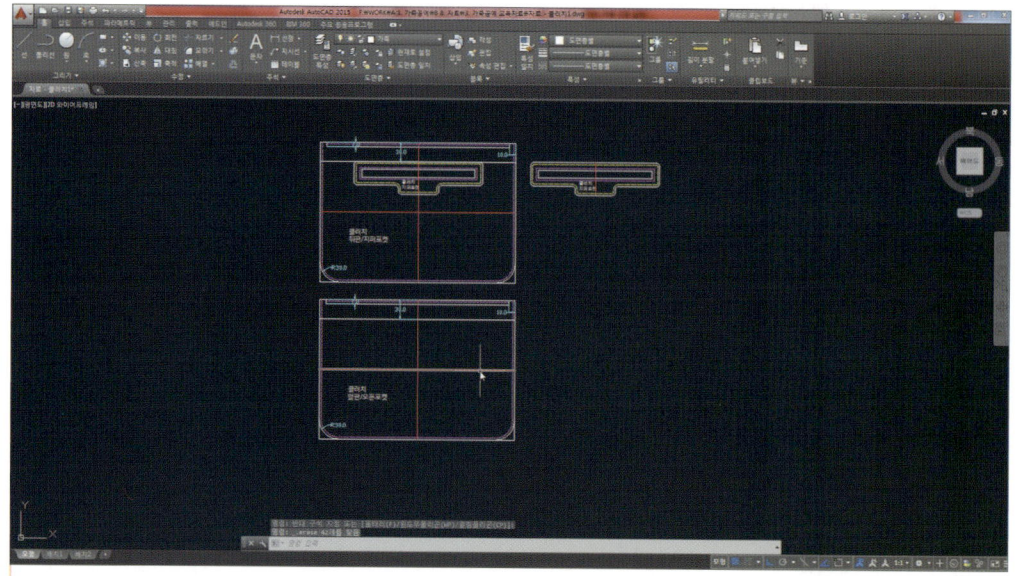

● 5. 오픈 포켓 – 아래쪽에 복사한 앞판은 뒤 판 도안을 그대로 복사한 것이기 때문에 지퍼 포켓 위치에 오픈 포켓을 그려주어야 한다. 먼저 지퍼 포켓을 지워주기 위해 포켓만 선택해서 Del 키로 지워준다.

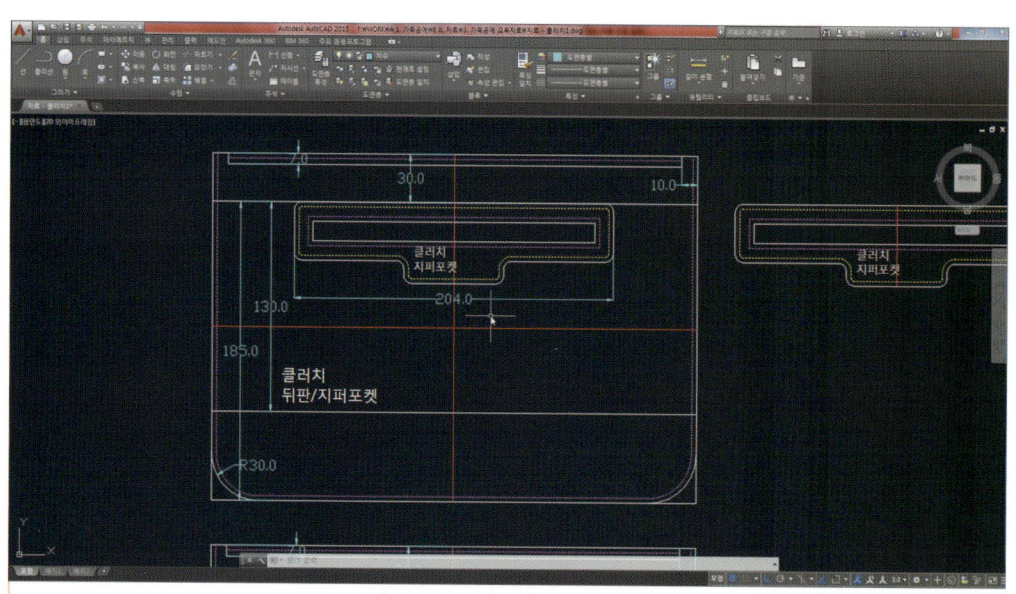

● 6. 오픈 포켓 사이즈를 정하자. 지퍼 포켓 외곽 가로 길이가 204mm 이므로 이 것은 똑같은 길이로 해주고 세로 길이는 본판보다 작게 원하는 크기로 해주면 된다. 지퍼 포켓으로부터 본판 아래까지가 185mm이므로 130mm의 길이로 오픈 포켓을 만들기로 한다. 주머니가 너무 깊어지면 물건을 꺼내기 어려우므로 적당한 깊이로 하는 것이 좋다.

5) 클러치 – 도안, 패턴 그리기 (포켓)

네 번째 단계!

포켓 및 안감을 그려볼까요? 가죽 부분과 안감 부분 사진을 함께 확인하고 그려보도록 할게요.

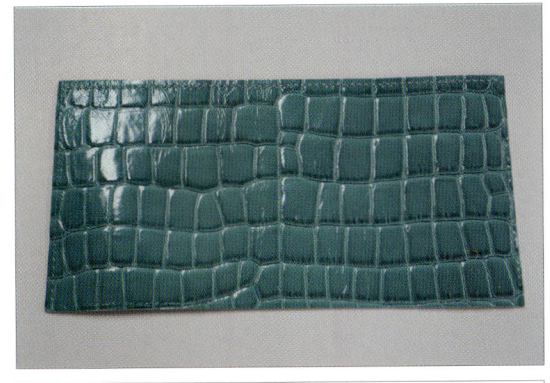

▲ 오픈 포켓과 안감

▲ 지퍼 포켓과 안감

◀ 클러치 안감과 포켓

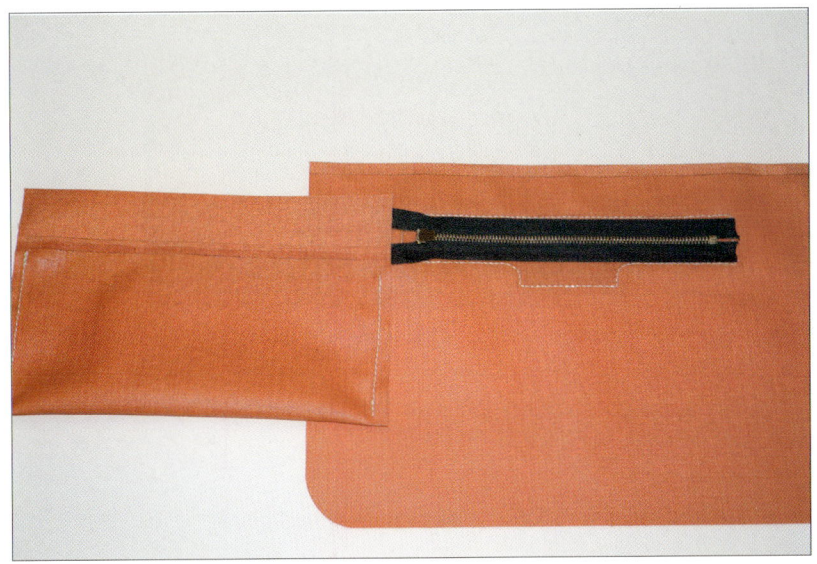

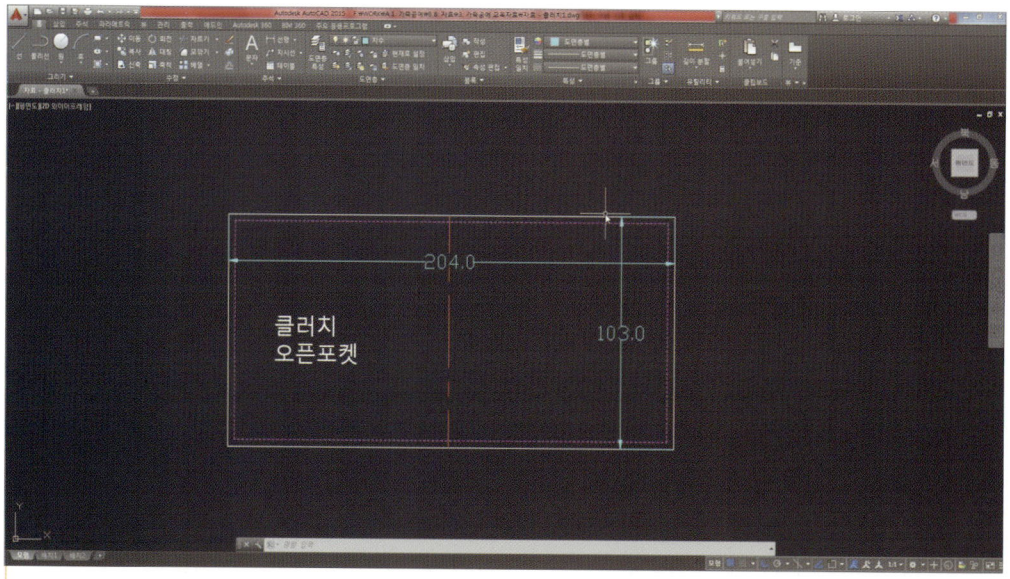

1. 오픈 포켓을 그려준다. 사이즈 204mm * 130mm 의 사각형을 그리고, 안쪽으로 3mm만큼 바느질 라인도 그려준다.

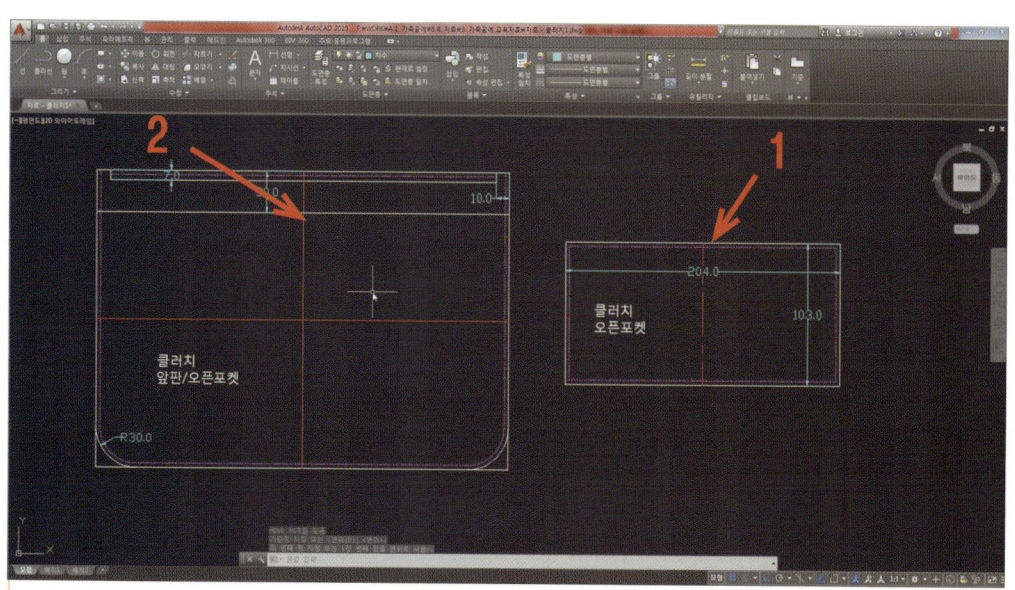

2. 지퍼 포켓을 복사해서 붙였던 것처럼, 오픈 포켓을 전체를 COPY 하여 기준점을 1번으로 선택을 하고 2번에 붙여 넣기를 해준다.

6) 클러치 – 도안, 패턴 그리기 (클러치 안감)

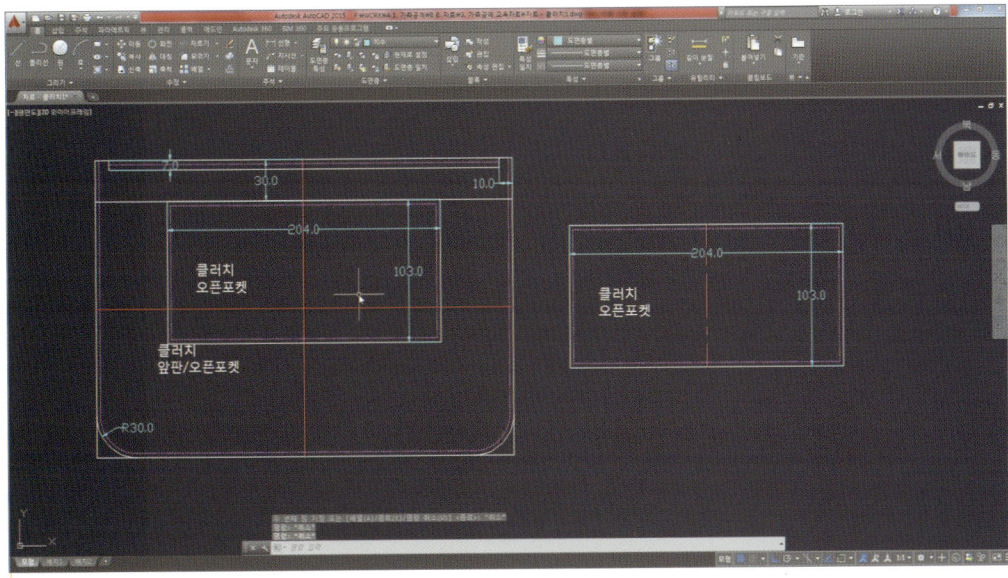

1. 복사를 완료하고 나면 위의 그림처럼 된다.

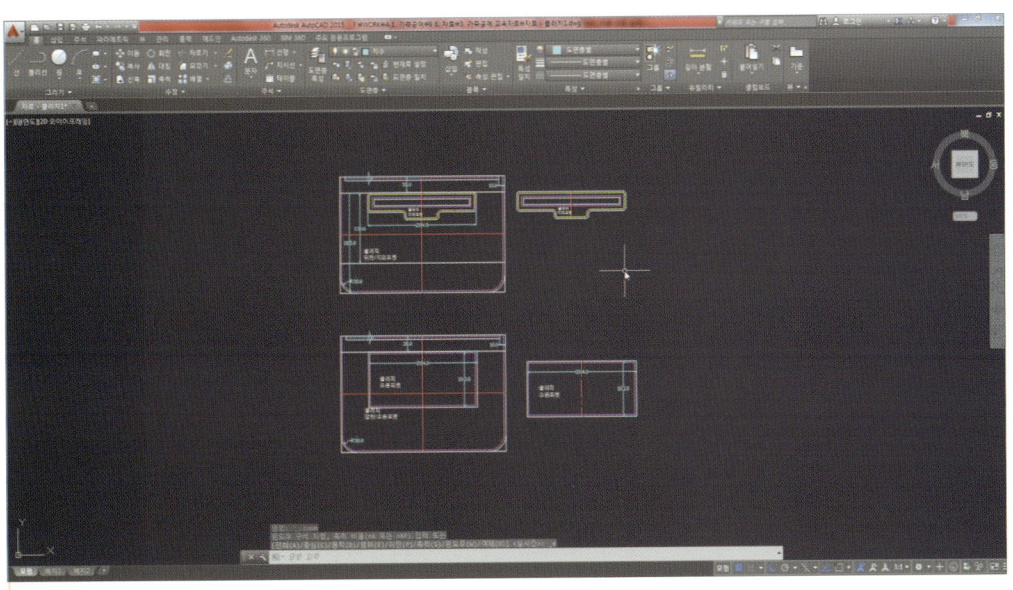

2. 클러치 본판의 안감

클러치의 앞판과 뒤 판에 포켓이 결합된 모습과 포켓의 모습이다. 클러치 본판의 앞판과 뒤 판 안쪽에 포켓을 달기 위해서는 안감을 사용해야 하는데, 얇은 가죽이나 돈피, 천 등을 주로 사용한다. 가죽이나 돈피를 사용할 때는 앞판과 뒤 판의 가죽과 같은 크기로 자르면 되지만 천을 사용할 경우에는 실밥이 풀려 밖으로 나오는 것을 방지하기 위해 본판의 가죽보다는 1mm씩 작게 잘라주어야 한다. 또한 안감을 천으로 사용 할 경우 지퍼가 붙는 윗부분은 시접처리를 해주어야 천 안감의 올이 풀리지 않는다. 여기서는 천으로 안감을 만들기로 하고 안감의 패턴을 그려보기로 한다.

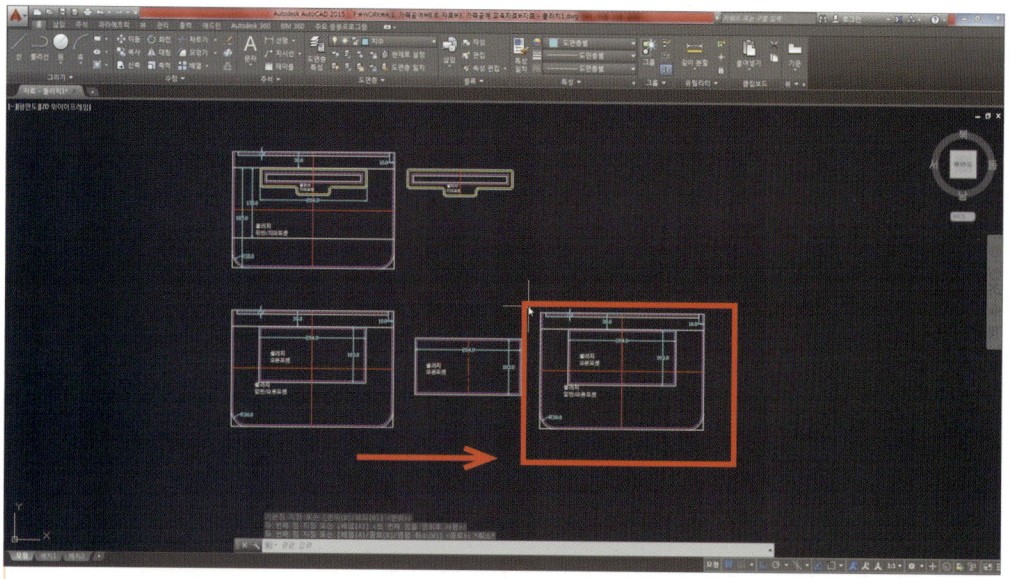

3. 안감 앞판과 뒤 판의 사이즈가 같기 때문에 하나만 그려 보기로 하자. 앞판이나 뒤 판 중 하나를 선택해 전체를 COPY를 한 다음 옆에 붙여 붙인다. 필자는 앞판 오픈 포켓 을 복사해서 옆으로 붙여 보겠다.

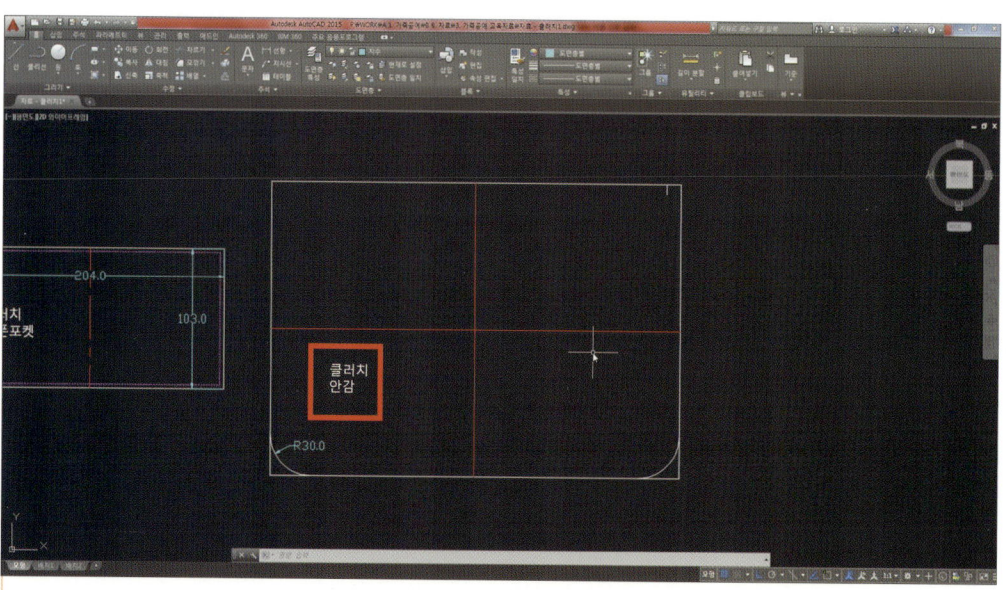

4. 복사한 객체를 안감이라 표시를 해주고, 중심선만 빼고 안쪽을 모두 지운다.

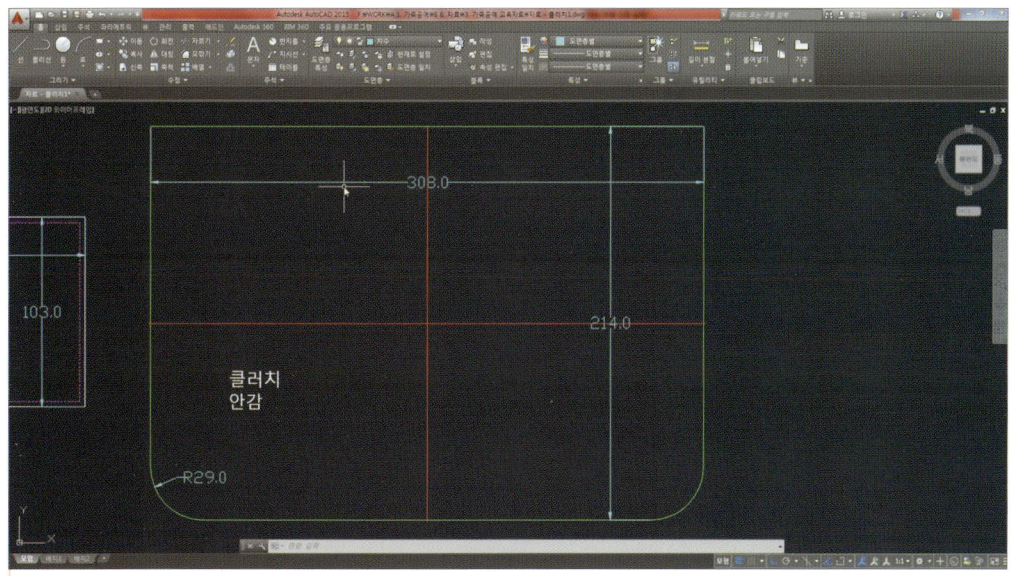

5. 천으로 안감을 할 때 가죽보다 1mm가 작아져야 하므로, 지퍼가 붙여지는 위쪽을 제외하고 명령어 O를 이용해서 1mm씩 줄인 후 색깔도 구분해준다. 그러면 사이즈도 308mm * 214mm로 바뀌고, 양쪽 아래 곡선도 반지름이 29로 줄어들게 된다.

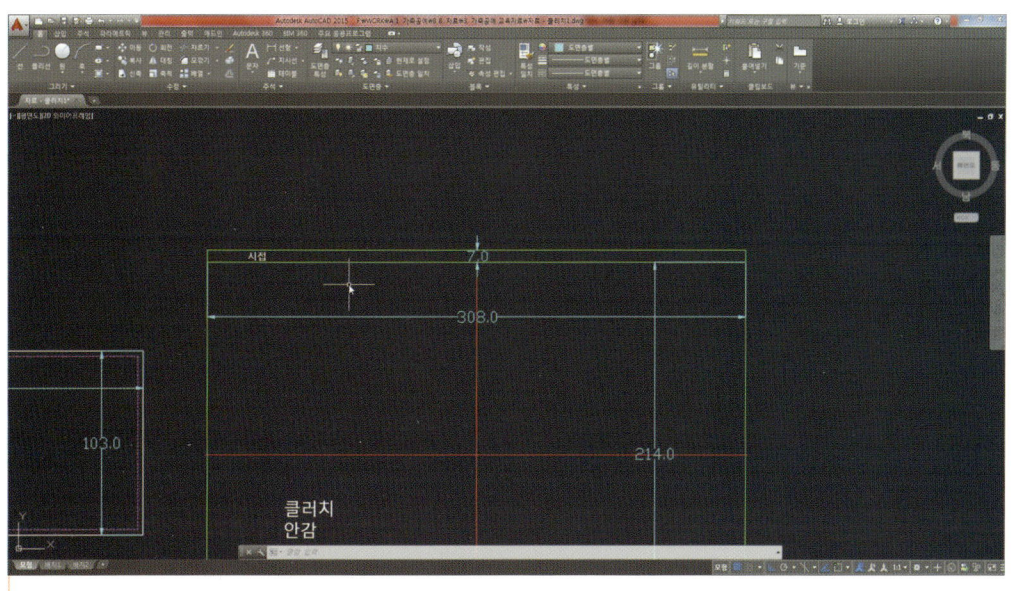

6. 지퍼가 붙는 부분은 시접처리를 해야 하므로 최소 7mm 정도 위쪽으로 늘려주고 시접이라 표시를 해준다.

7) 클러치 - 도안, 패턴 그리기 (지퍼 포켓 안감)

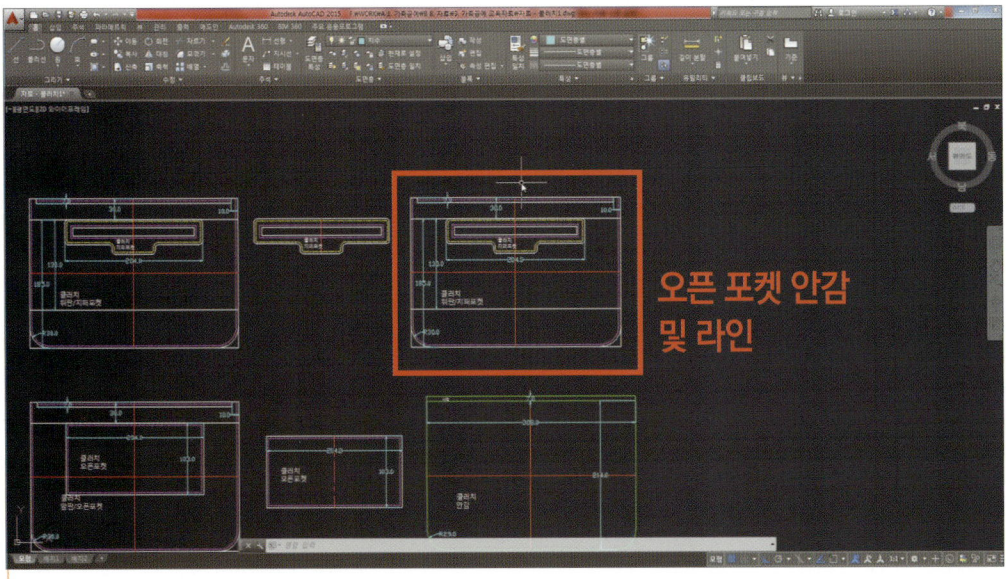

1. 지퍼 포켓의 안감 - 지퍼 포켓 창이 가로로 204mm 인데 양쪽으로 7mm씩 여유를 주고, 아래로는 오픈 포켓의 길이와 똑같이 하기로 한다. 먼저 뒤 판 지퍼 포켓을 전체 COPY해서 옆으로 붙여준다.

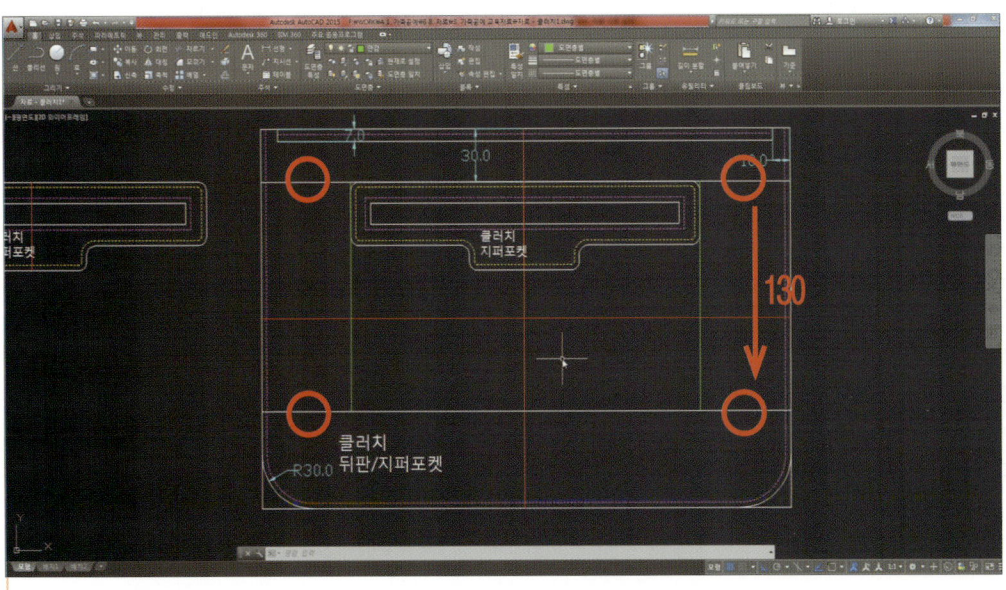

2. 지퍼 포켓 위쪽에서 오픈 포켓 안감 밑 라인(130mm)까지 COPY를 이용해서 선을 그려준다. 안감을 표시하기 위해 녹색으로 바꾸어 준 후, 명령어 TR을 이용해서 포켓 안감 밖의 라인 4곳(빨간 동그라미)을 지워준다.

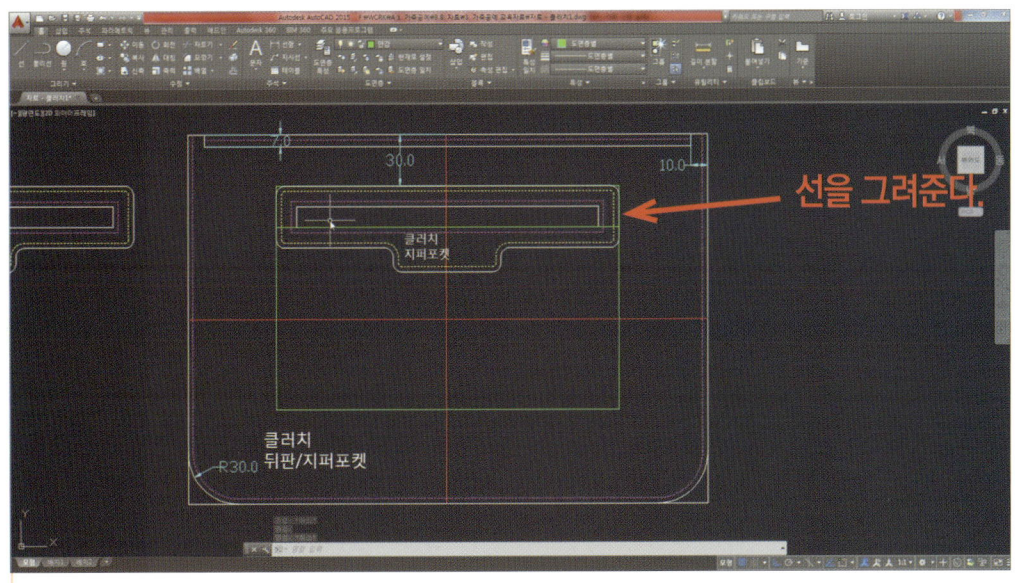

3. 지퍼 창의 아래 부분에 안감 시작 선을 그려준다. 지퍼와 맞물리는 부분이다.

4. 지퍼 포켓 안감 부분을 제외한 나머지는 모두 지워주고 클러치 지퍼 포켓이라고 명칭을 지정해준다. 다음으로 안감 시작 선에서 위쪽으로 7mm위치에 선을 복사해서 그려주는데, 이는 지퍼와 맞물리는 시작부분으로 시접을 하기 위한 여유분이다.

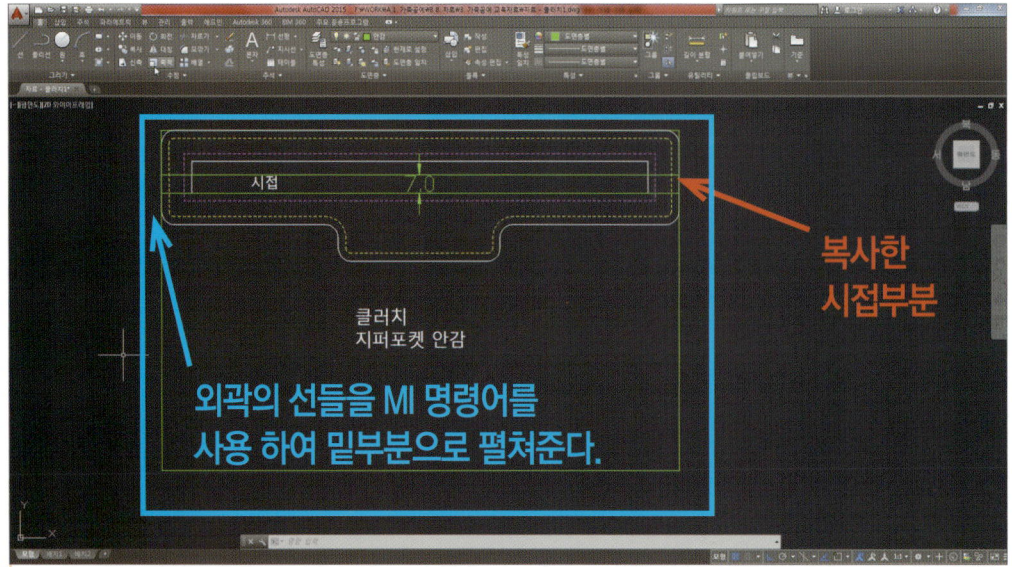

5. 안감은 지퍼 포켓 창 아래에 시접 처리하여 지퍼와 함께 바느질을 하고, 포켓의 밑부분은 안감을 접어서 만들어준다. 옆 부분은 안감끼리 바느질을 하고, 지퍼 포켓 창 윗부분과 지퍼와 안감을 함께 겹쳐 바느질 하여 마무리 하게 된다. 패턴을 그릴 때는 접혀진 안감을 펼쳐 그려야 한다. 윗부분 라인과 양쪽 옆 선을 선택하고 명령어 MI를 이용해서 펼쳐준다.

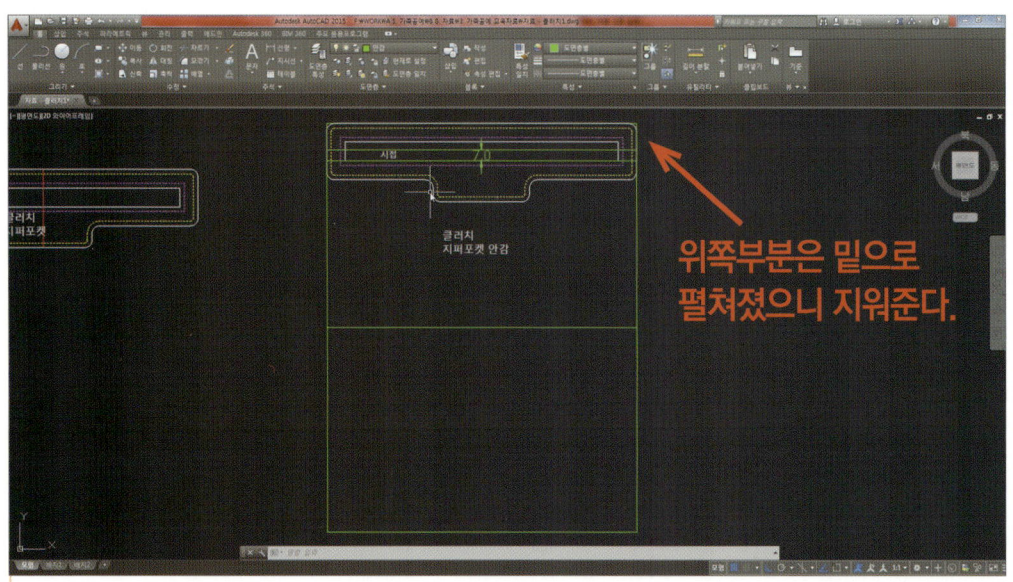

6. 위 그림처럼 되면 안감을 제외한 지퍼 포켓 창을 지워주고 시접이 있는 부분의 위쪽도 지워준다.

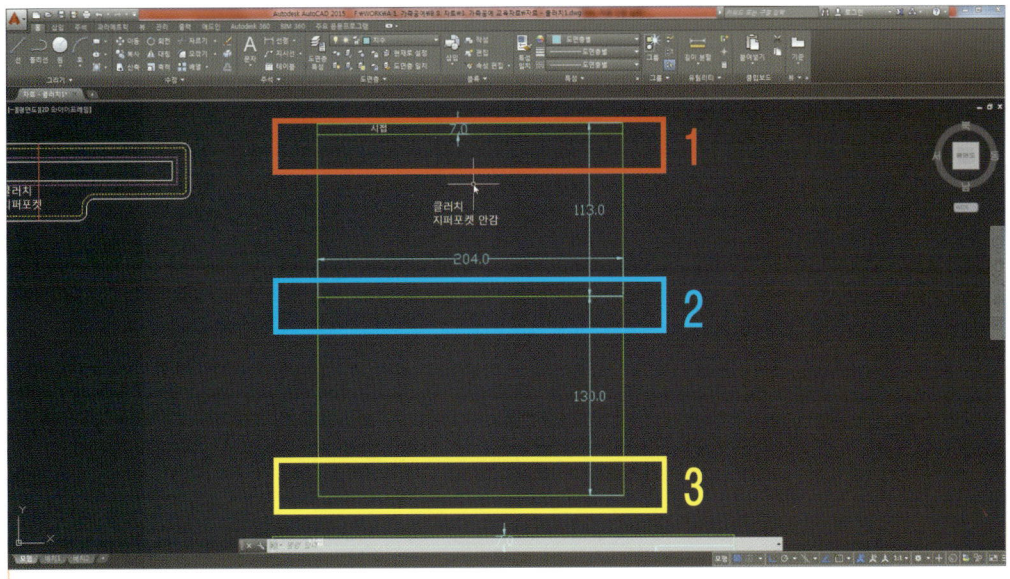

7. 1번은 시접을 하여 지퍼 창 포켓의 아래쪽에 지퍼와 함께 붙여서 바느질을 하고, 2번을 접고, 3번을 지퍼 창 포켓 위쪽과 겹쳐 바느질을 할 예정이다. 안감이 천이므로 바느질할 때 여유를 더 주는 것이 좋기 때문에, 3번 부분을 7mm정도 늘려준다. 명령어 S를 이용하여 늘려주면 된다.

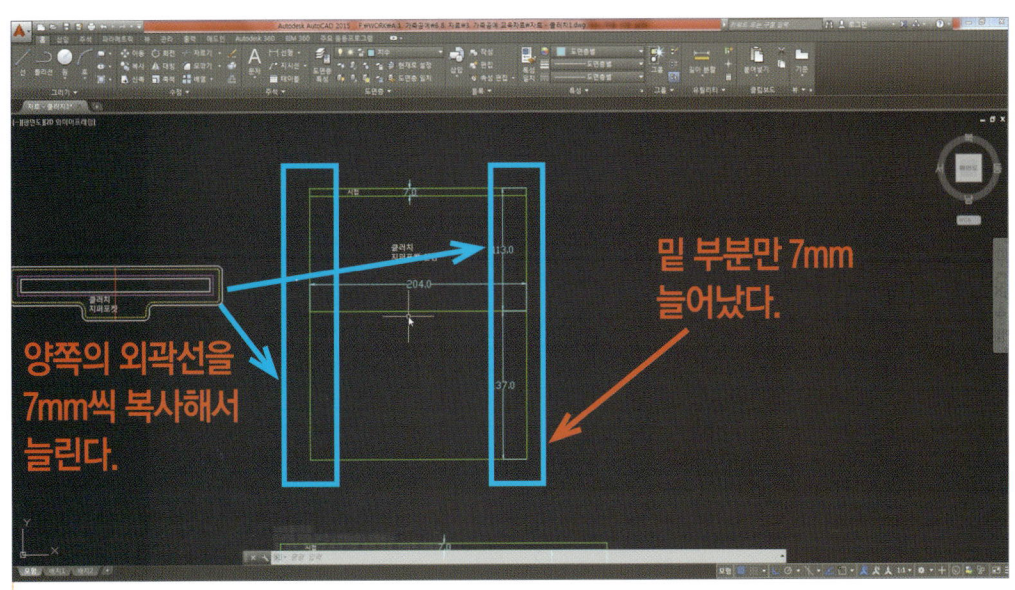

8. 지퍼 포켓 안감은 접히기 때문에 밑 부분은 바느질이 없지만 옆 부분은 안감끼리 바느질을 해야 한다. 옆 부분도 7mm식 늘려주어야 하는데, 바느질 부분을 체크 해놓아야 하므로 COPY로 양쪽을 늘려보자.

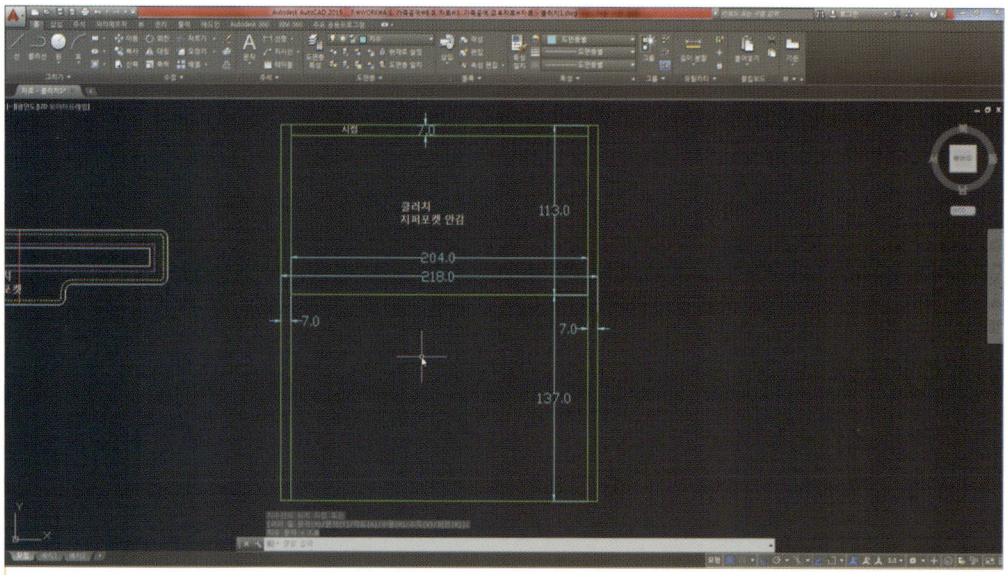

9. 위와 같이 가로의 사이즈는 204mm 에서 218mm로 늘어났고, 204mm는 바느질 라인의 표시가 되는 것이다. 여기까지 지퍼 포켓 창 안감의 패턴도 완성되었다.

8) 클러치 - 도안, 패턴 그리기 (오픈 포켓 안감)

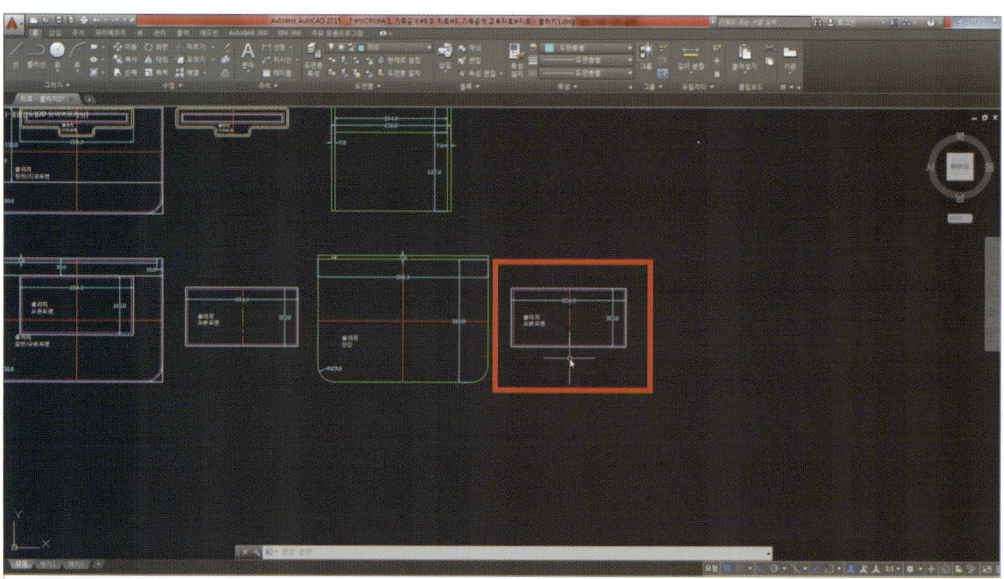

1. 다음으로 오픈 포켓 안감을 그리기로 하자. 오픈 포켓의 겉감은 가죽이고 안쪽에 천으로 된 안감을 사용한다. 포켓의 입구 쪽은 시접 처리 한 천 안감과 엣지코트를 미리 발라 놓은 가죽을 붙여서 바느질 하기로 한다. 오픈 포켓을 COPY 해서 옆에 붙여보자.

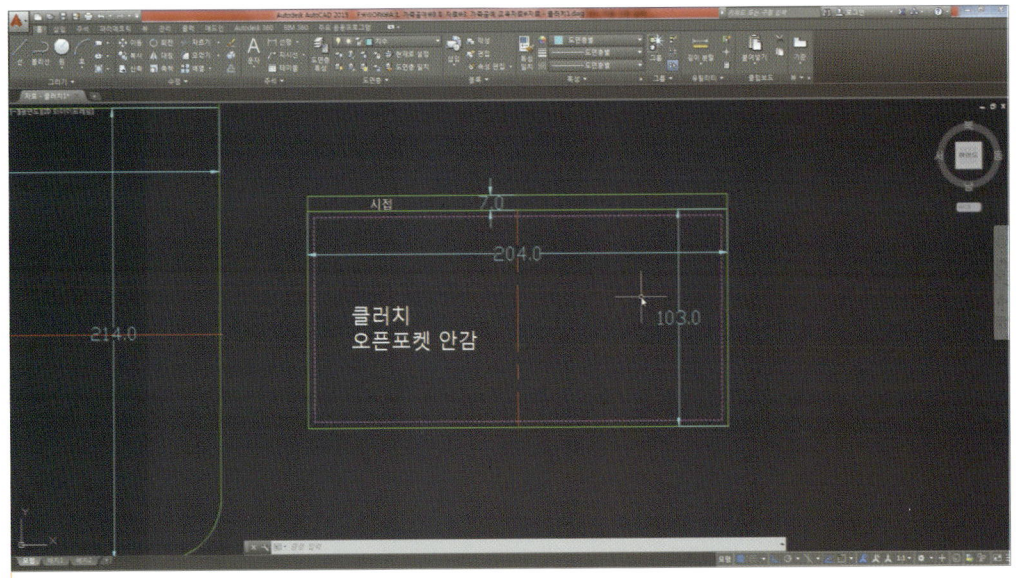

2. 안감의 위쪽은 시접을 할 것이기 때문에 7mm 위로 복사를 해서 그려주고, 외곽의 색을 안감 색(녹색)으로 바꾸면서 명칭도 함께 변경해준다.

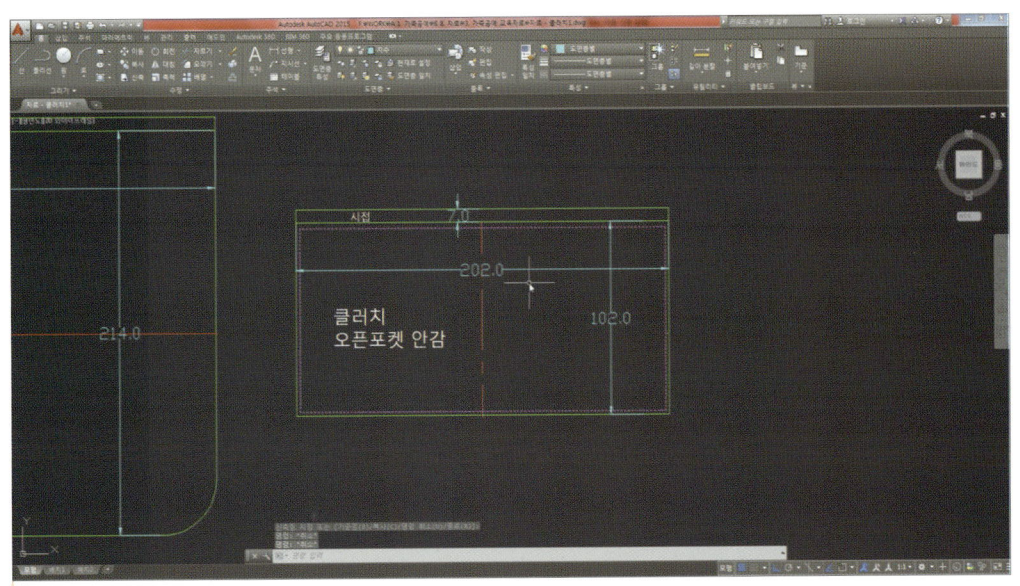

3. 앞서 말한 것처럼 안감은 천이기 때문에 겉감인 가죽보다 1mm씩 좌우와 아래 부분을 줄여준다. 명령어 O를 이용해 줄여주고, TR로 필요 없는 부분을 잘라준다.

9) 클러치 - 패턴 출력하기

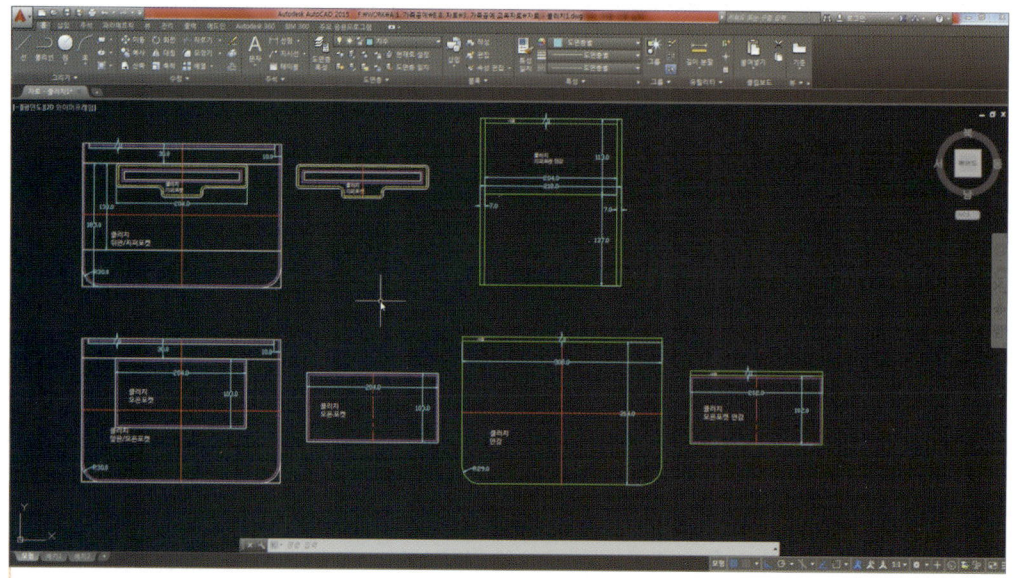

1. 이제 패턴이 완성되었으므로, 출력해보자.

10) 클러치 - 형지만들기

1 출력된 종이를 두꺼운 종이에 붙여 말린다. 붙일 때는 두꺼운 부분에 풀칠을 하는 것이 울지 않게 붙일 수 있는 tip! 물풀을 사용하는 경우 종이가 쉽게 울지만, 딱풀을 사용하면 빈틈없이 붙이기 더 쉽다. 목공용 본드를 사용해도 good~

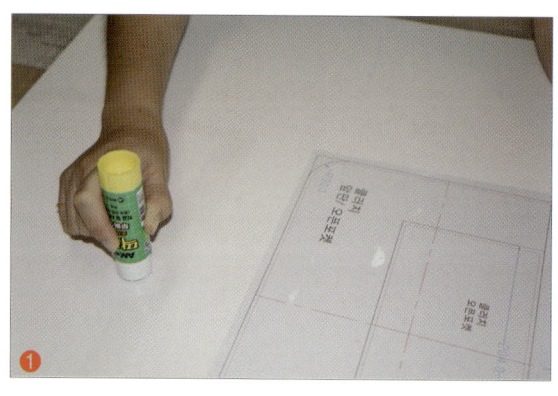

❶

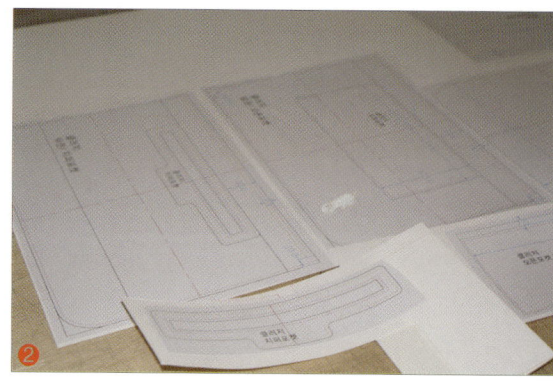

❷

2 선을 따라 칼로 잘라 형지를 만들어 준다.

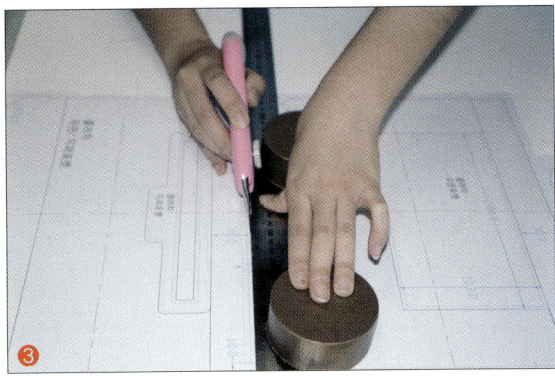
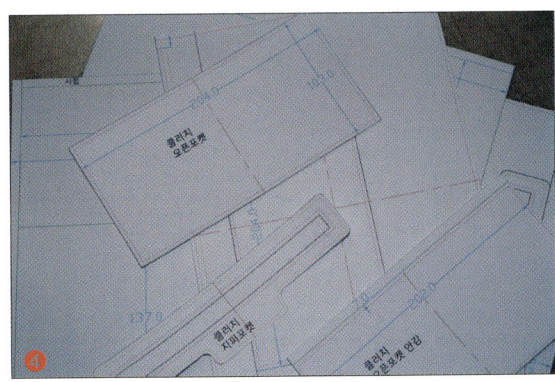

11) 클러치 - 가죽, 안감 재단하기

1 만들어진 형지로 클러치를 만드는데 필요한 가죽과 안감을 잘라준다. 클러치는 카드지갑과 달리 안감이 필요하고, 내부에 포켓도 만들어야 하므로 조금 더 심화된 작품이다. 여기서는 클러치 내부의 안감은 천으로 사용하고, 포켓은 오픈형1개와 지퍼가 달린 포켓 1개를 붙이도록 하겠다.

2 가죽과 안감 위에 형지를 올리고 문진으로 단단히 고정시킨 후 재단해준다. 재단은 앞에서 설명한 방법 가운데 본인이 편한 방식으로 하면 된다.

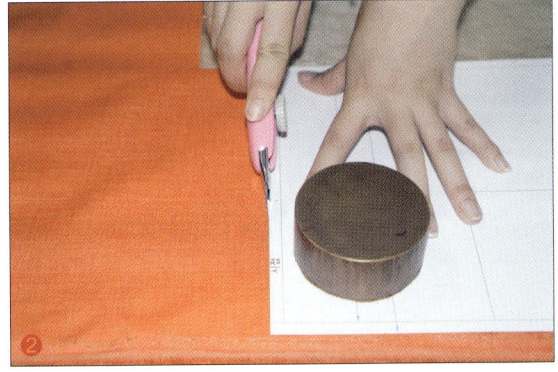

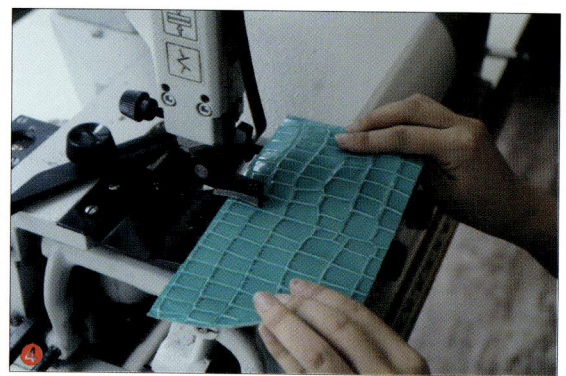

3   가죽의 두께를 클러치에 맞게 깎아준다. 보통 클러치 본판 가죽의 두께를 1.3~1.5mm정도로 사용하는데, 만약 가죽이 이보다 얇다면 보강재를 사용해서 형태를 유지할 수 있도록 해주어야 한다. 여기서는 1.5mm두께의 가죽으로 보강재 없이 진행하기로 한다.

4   안쪽 부분의 오픈 포켓과 지퍼 포켓은 0.6~0.8mm정도의 두께가 되도록 깎아준다. 지퍼 포켓 창은 형지보다 크게 잘라주고, 보강재인 LB를 붙여서 같이 재단한다.

12) 클러치 – 본판 준비작업

1   먼저 클러치 본판의 앞, 뒤면 가죽 위쪽, 지퍼를 달아줄 부분 모서리와 안쪽에 엣지코트를 칠해준다. 지퍼를 달기 전에 먼저 엣지코트 작업이 완료되어야 하므로, 미리 마를 수 있도록 우선적으로 작업하는 것이 좋다.

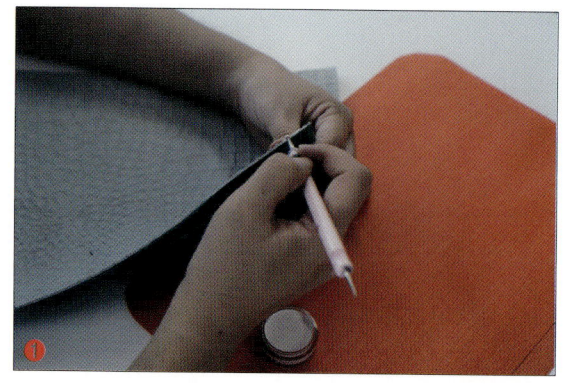
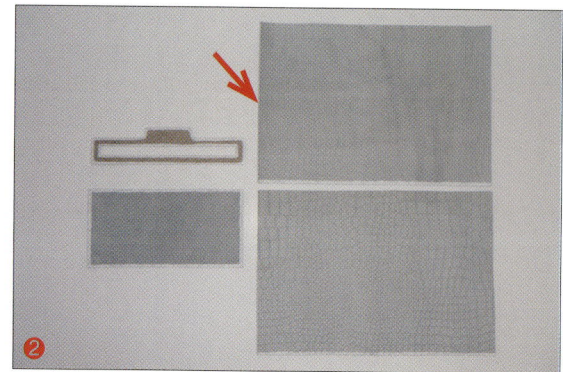

13) 클러치 - 본판 안감 작업

1 앞 뒤면 안감 2장에서 본판 가죽과 지퍼를 달아줄 부분에 시접처리 해준다. 안감에 15mm정도로 선을 먼저 그어 놓고 본드를 칠해준 후 선에 맞추어 절반을 접어주면 된다.

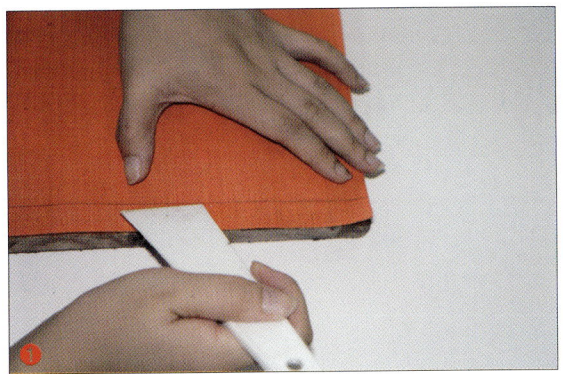
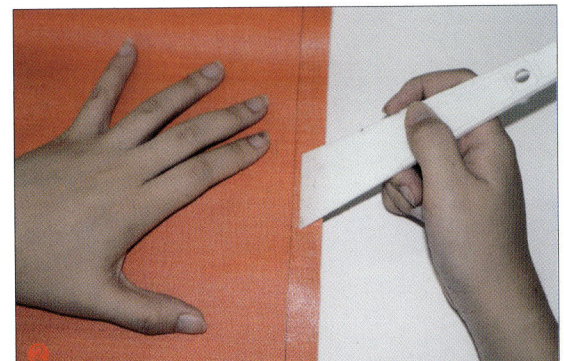

14) 클러치 - 지퍼 포켓 만들기

1 지퍼 포켓 창을 재단하기 전에 보강재의 한 종류인 LB(0.4T)를 붙여 단단하게 한다. 가죽은 대략적으로 자르고 LB와 붙여준 후 포켓 창 모양으로 재단해주면 된다.

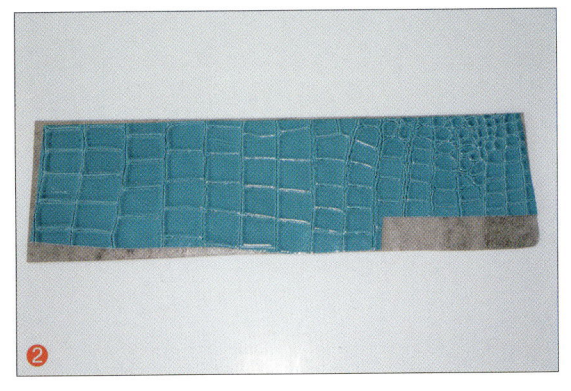

2 재단한 지퍼 창의 외곽과 지퍼가 붙는 안쪽 모두 엣지코트를 미리 발라준다. 작품이 완성되면 지퍼 사이로 뒷면이 조금씩 보일 수 있기 때문에 뒤에도 칠해주는 것이 좋다.

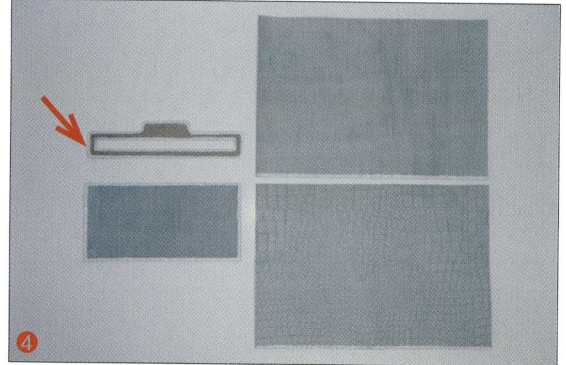

3 안감에서 지퍼와 붙는 부분을 7mm 시접하여 천의 올이 풀리지 않도록 해준다.

4 포켓 깊이 부분을 표시하고 접어서 양 옆을 바느질 해주는데, 미싱을 활용하면 되고 가정용 미싱도 충분히 가능하다. 지퍼에 붙는 부분은 아래쪽을 먼저 바느질 해야 한다. 이때 접어둘 수 있는 공간이 필요하므로 옆면은 조금 아래쪽에서 부터 바느질 한다. 뒤 쪽에서 다시 알아보기로 하자.

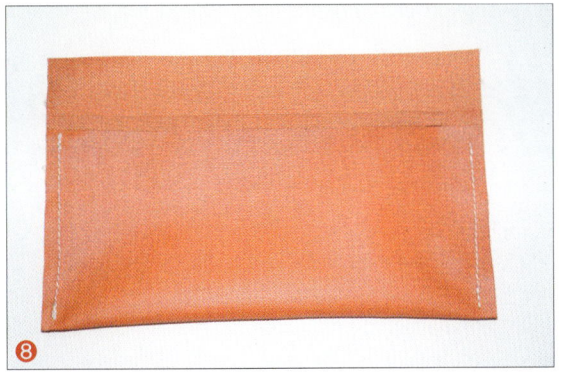

5   형지를 참고해 안감에 지퍼 포켓 창의 위치를 표시하고 본드로 붙인다.

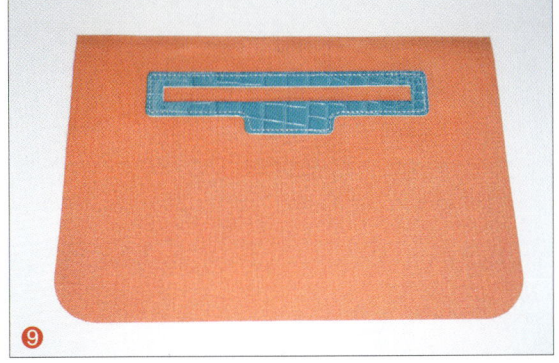

6   지퍼와 함께 바느질 할 안쪽 라인은 놓아두고, 지퍼 창 외곽 라인을 디바이더로 미리 그어준 후 치즐로 구멍을 내어 바느질 한다. 아래 그림처럼 미리 지퍼 창에 바느질 라인을 만들어 놓고 안감과 붙인 후 마름송곳으로 다시 구멍을 내어도 상관없으므로, 편한 방법을 선택하도록 한다.

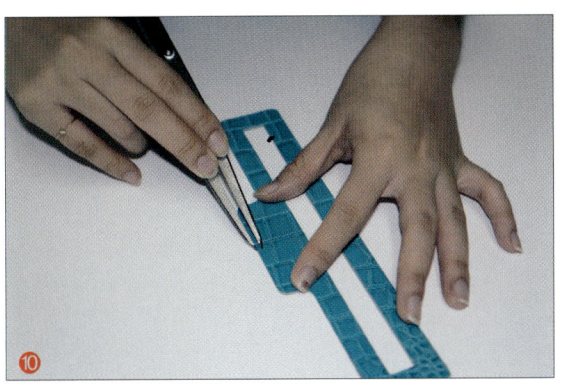

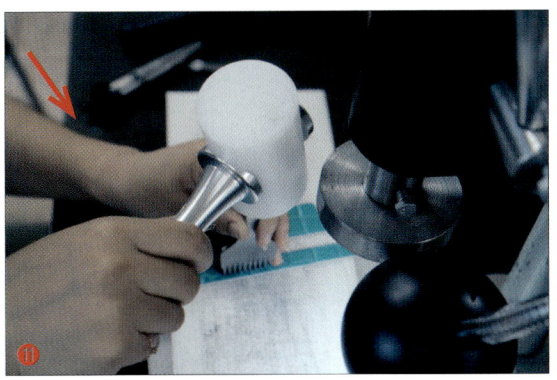

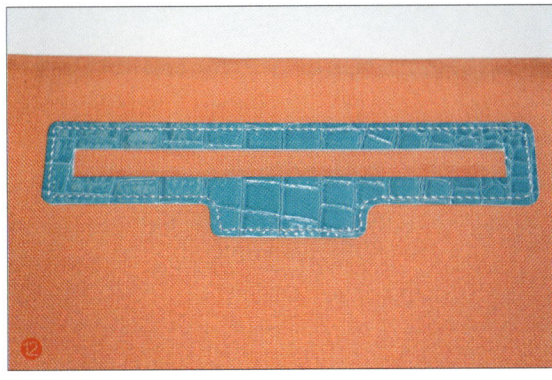

7 다음으로 지퍼가 붙는 부분을 Y형태로 재단하여 뒤쪽으로 접어준다.

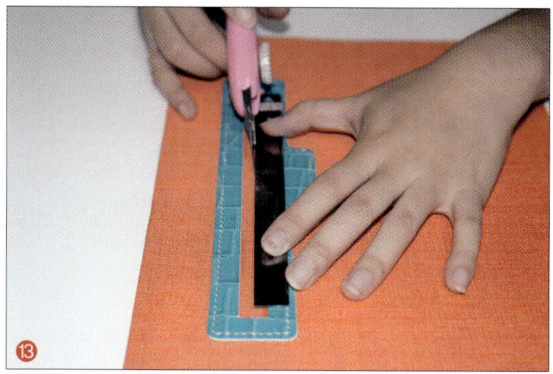
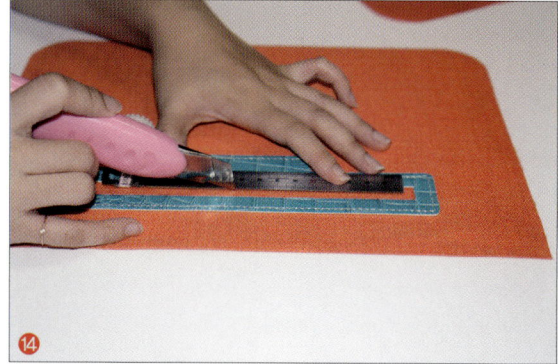

8 지퍼 만드는 방법을 알아보자.

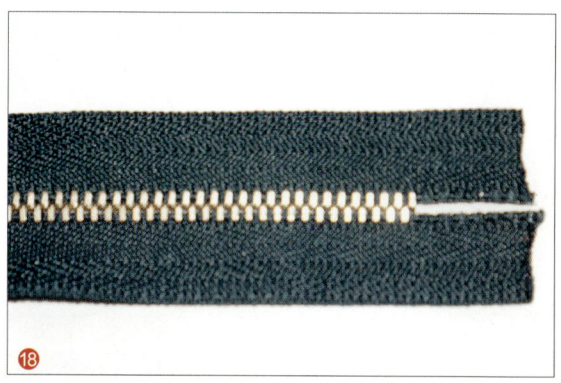

▲ 먼저 지퍼 포켓창의 외곽 길이에 맞추어 지퍼를 자르고 하도(뒷부분) 쪽의 날을 제거한다.

▲ 날을 제거한 모습이다.

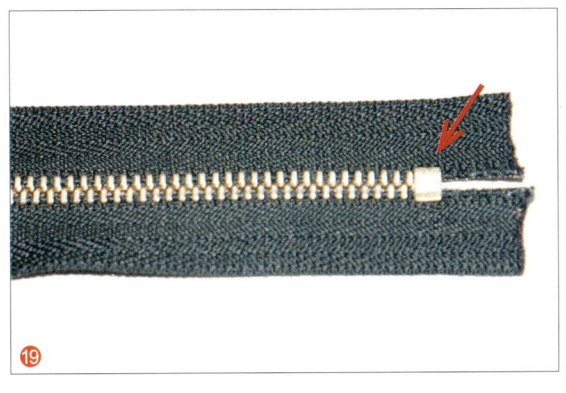

▲ 하도(지퍼의 뒷부분)를 먼저 부착한다.

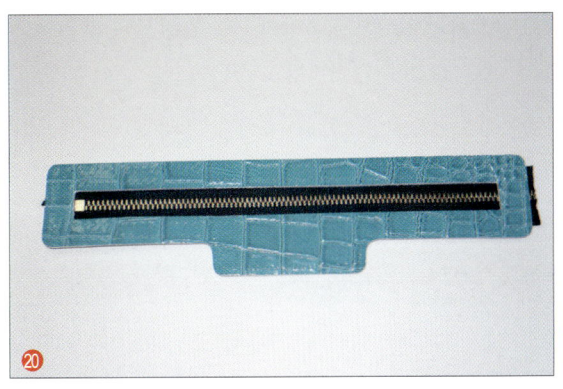

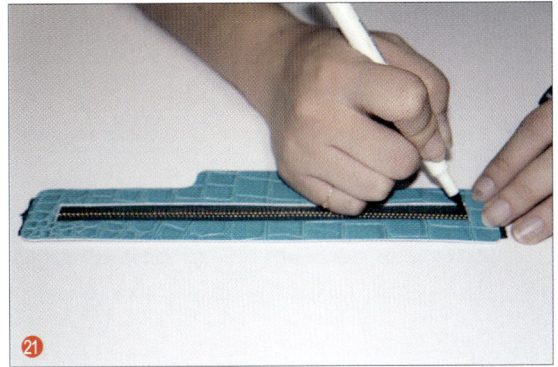

▲ 지퍼 창 안쪽 끝에 하도를 맞추어 상도 길이를 마킹해 두고 남은 지퍼 날을 제거한다.

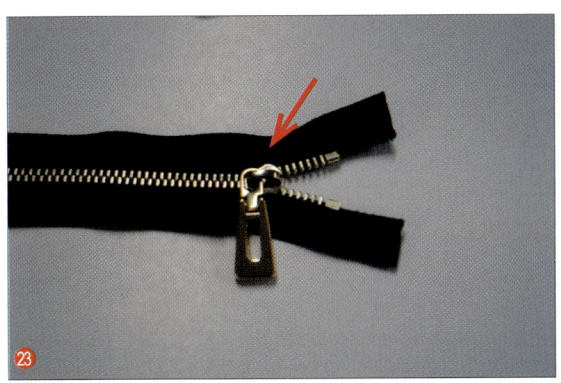

▲ 슬라이더를 붙이고 상도(지퍼의 앞부분)를 부착한다

9 지퍼는 창의 크기에 맞게 잘라 지퍼 날을 제거하고, 상도와 하도 그리고 지퍼슬라이더를 달아준 후 지퍼 창에 본드로 붙인다.

▼ 지퍼를 붙인 앞면과 뒷면 – 바느질 선을 주의하여 볼 것

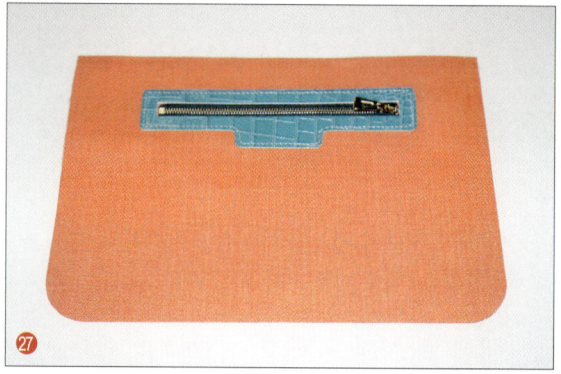

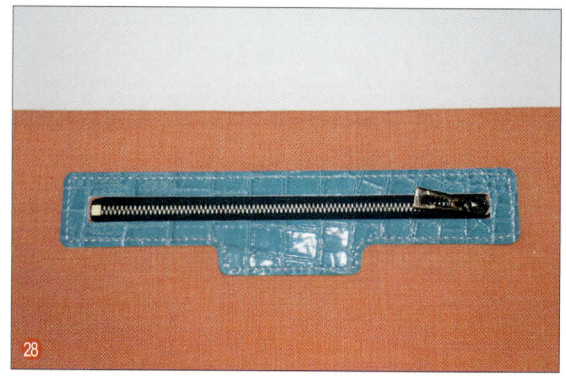

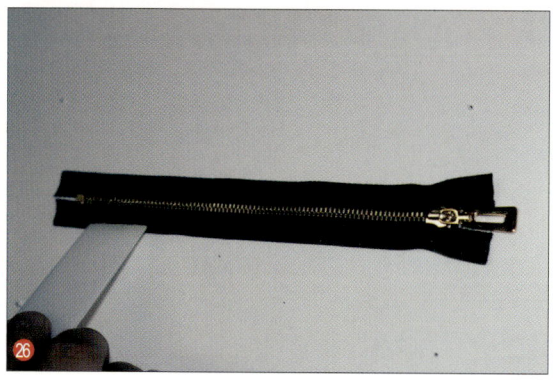

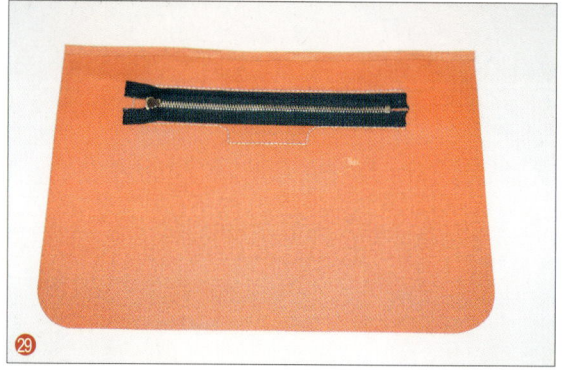

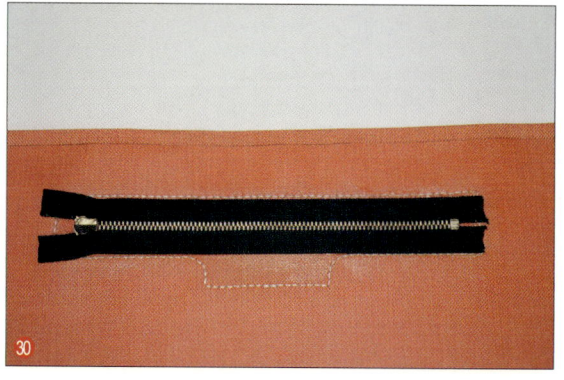

10 지퍼를 붙인 다음 뒤쪽에 주머니를 붙여야 한다. 앞서 여유공간을 남겨둔 안감을 아래쪽으로 접어두고, 지퍼의 아래 부분만 안감 붙여 바느질을 한다.

▼

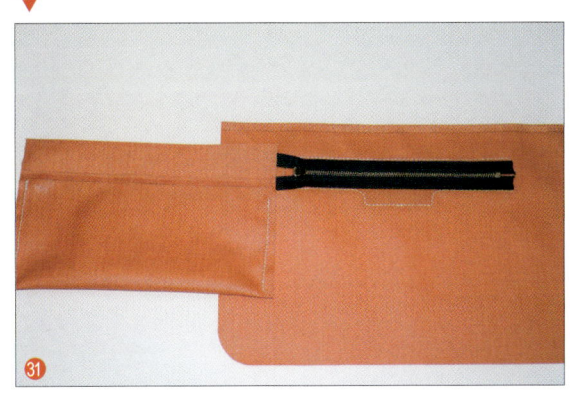

11 양 옆과 윗부분을 붙여준 후 남은 지퍼 창 부분을 바느질한다. 이제 지퍼 포켓이 완성되었으니 다음으로 오픈 포켓을 만들어 보자.

▼

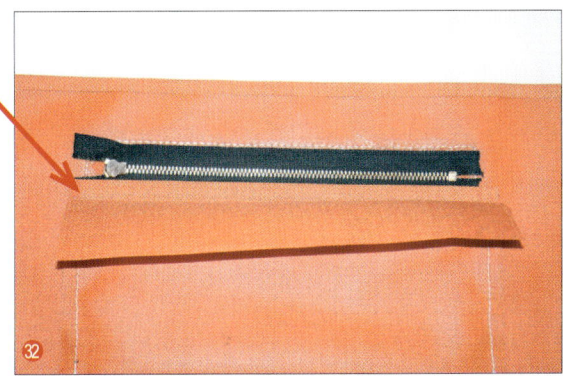

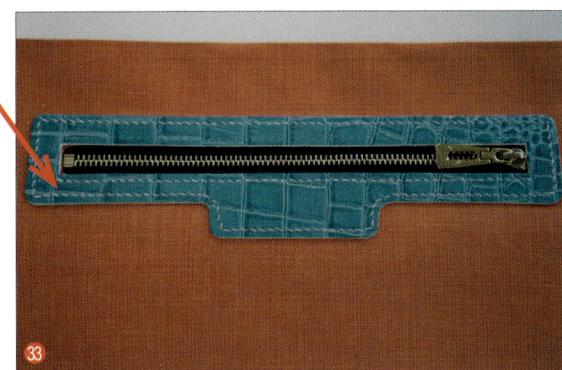

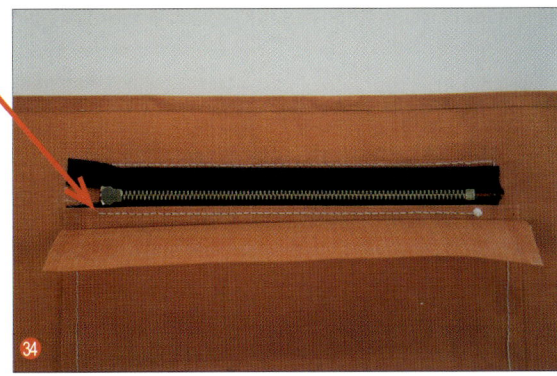
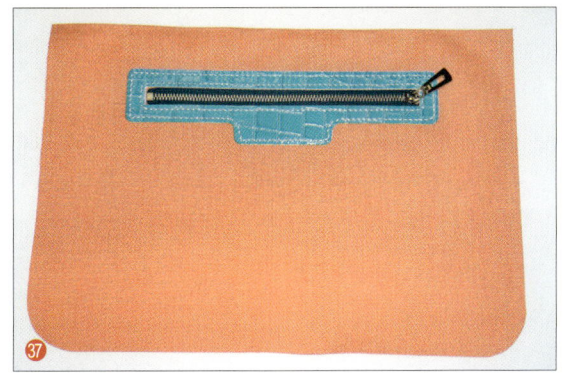

15) 클러치 – 오픈 포켓 만들기

1 오픈 포켓의 각 모서리 부분과 안쪽 테두리 부분에 엣지코트를 미리 칠해준다. 덧발라 주어야 하고 마르는 시간을 기다려야 하므로, 재단을 한 후 가장 먼저 본판 윗부분과 함께 엣지코트 바르는 작업을 해 주는 것이 효율적이다.

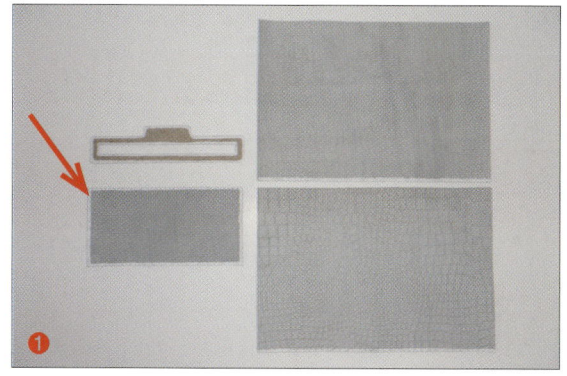

2 오픈 포켓 안감의 입구 부분을 올이 풀리지 않도록 7mm 로 시접(15mm 본드 칠)하고, 안감과 가죽의 전체 테두리에 본딩하여 붙여준다. 여기서 주의할 점은 안감에서 시접한 부분은 일반적인 본딩 방향과 달리 안쪽으로 먼저 본드 칠 해주어야 한다. 그래야 완성품이 나왔을 때, 가장자리에 본드가 보이지 않는다.

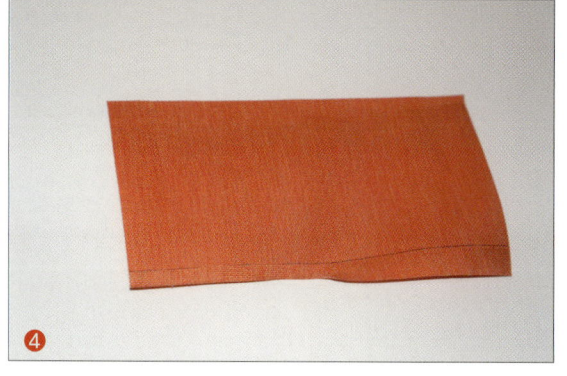

▲ 입구 부분에 본드칠 하여 시접처리 해준다.

▲ 시접된 부분은 안쪽으로 본드 칠 먼저 해주어야 한다.

▲ 나머지 테두리 부분은 가장자리에 놓고 밖으로 본드 칠 한다.

◀ 본드 칠이 다 된 모습이다. 가죽에도 똑같이 본딩하여 말린 후 잘 맞추어 결합해준다.

3 안감과 가죽을 붙인 후, 포켓의 입구 부분에 디바이더로 바느질 선을 긋고, 치즐로 구멍을 내어 바느질 해준다.

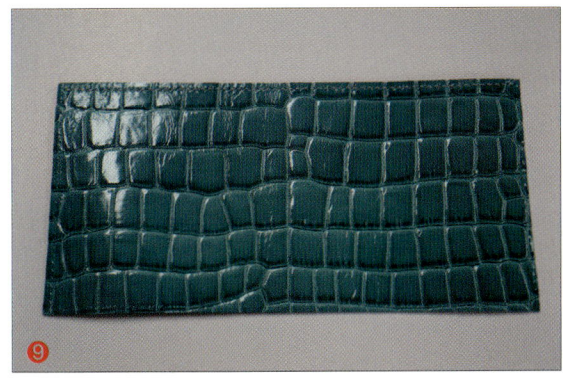

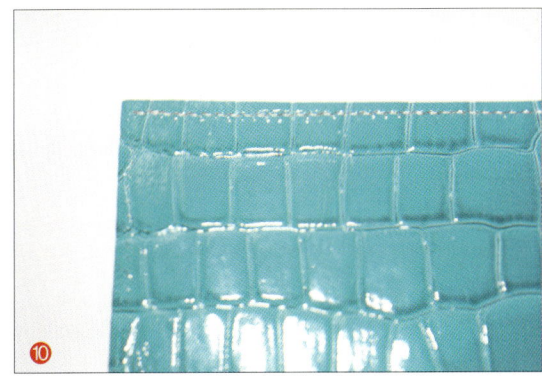

4 본판 안감에 오픈 포켓의 위치를 마크하고 오픈 포켓을 붙인다. 붙일 때는 가장자리에만 본드 칠해서 입구를 제외한 3면을 붙여준다.

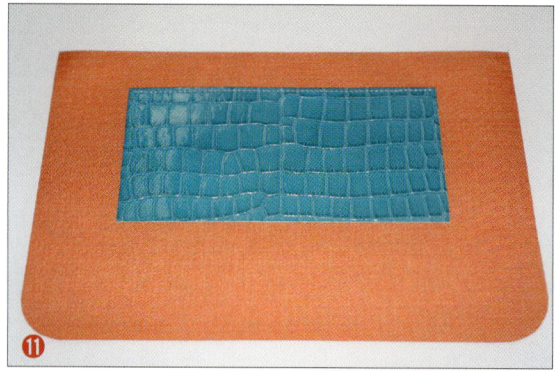
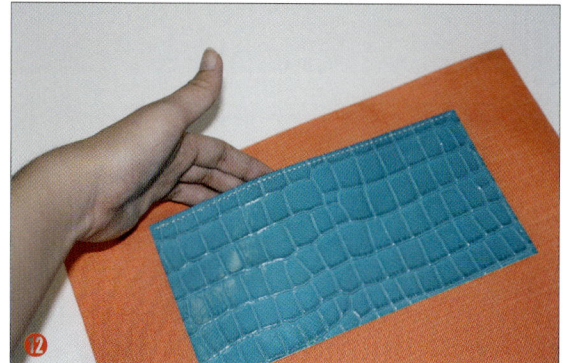
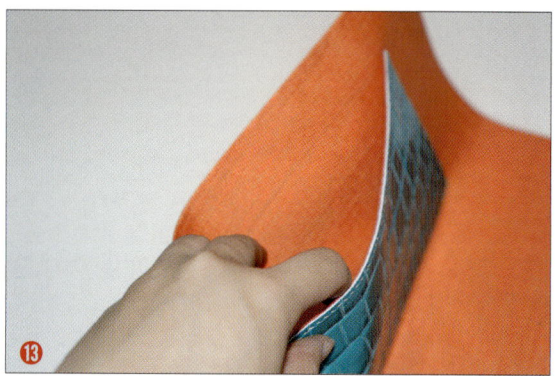

5 오픈 포켓 입구를 제외하고 바느질을 할 3면의 뒤쪽에 보강테이프를 붙인다.

6　3면에 디바이더로 바느질 라인을 만들고, 치즐 (마름송곳)로 구멍을 내어 바느질을 해준다. 바느질 할 때 시작과 끝 부분은 안감과 바로 연결이 되므로 2번씩 중복해 준다.

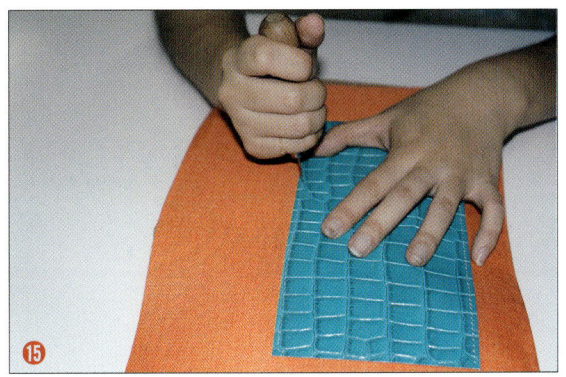
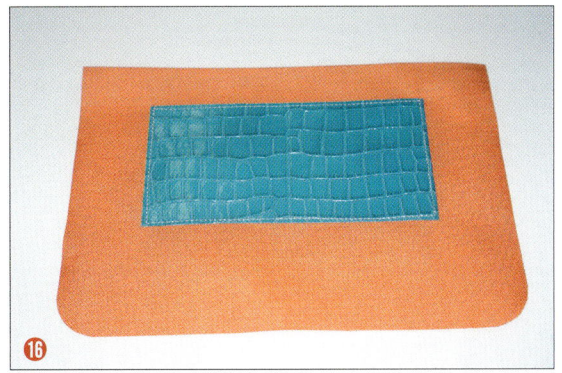

16) 클러치 – 본판 지퍼작업, 안감 결합

1　클러치 본판에 지퍼가 달리는 길이만큼 지퍼를 잘라주고, 지퍼 날을 제거 하여 상도와 하도를 달아 준다. 양쪽 끝은 같은 가죽을 얇게 피할하여 접어서 감싸준다.

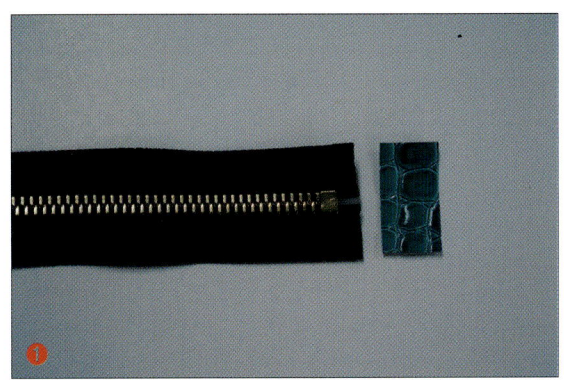
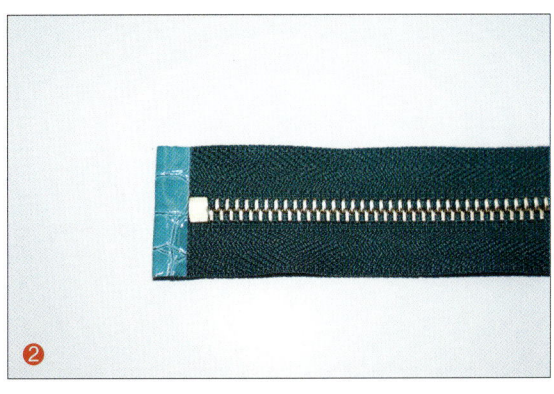

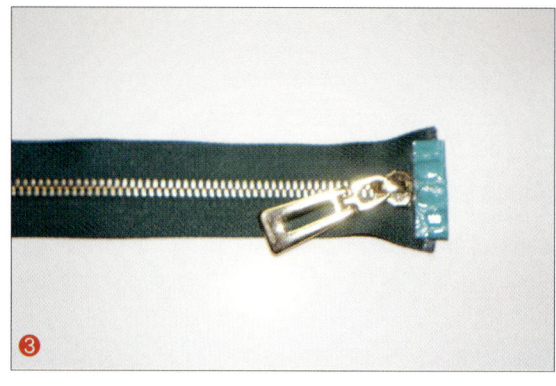
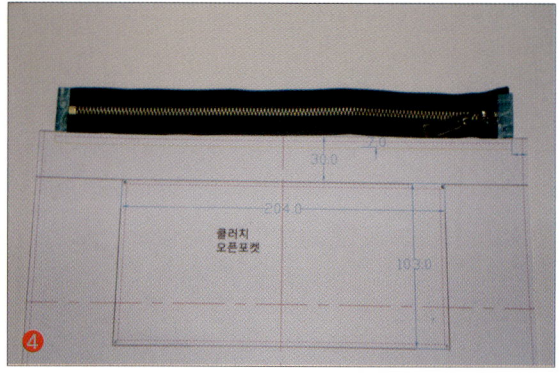

2 클러치 본판 입구와 지퍼가 결합되는 부분에 본드를 바르고 지퍼를 붙여준다.

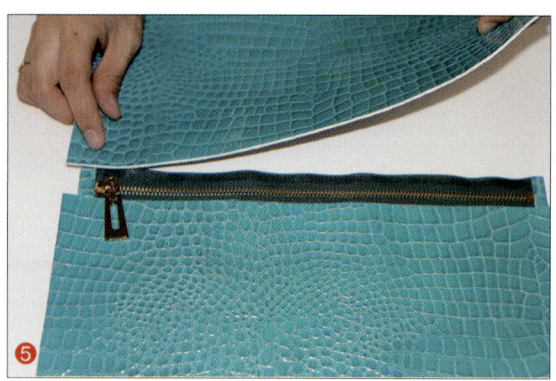

3 안감도 클러치 본판 가죽과 붙여 준다. 양쪽 4면의 가장자리에만 본드를 발라 결합한다.

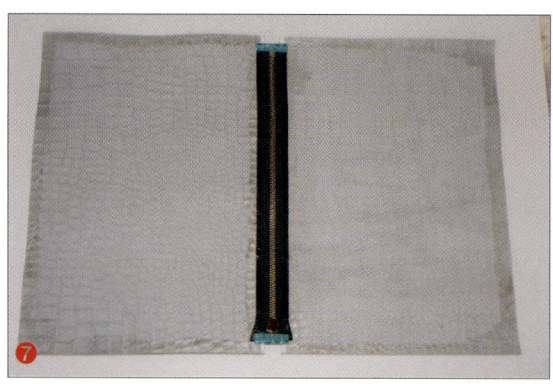
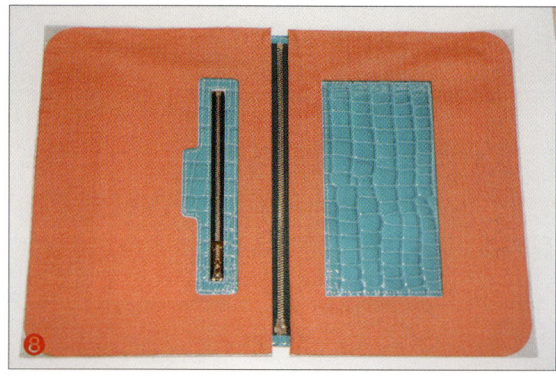

4 지퍼가 달린 양 쪽 부분에 치즐로 구멍을 뚫어 바느질 해준다.

17) 클러치 - 본판 조립, 마무리

1 하나로 만들어진 클러치 본판을 4면 모두 가장자리 본딩한 다음 모서리를 맞추어 붙여준다.

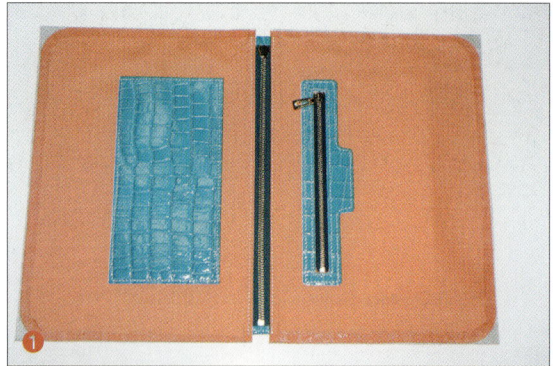
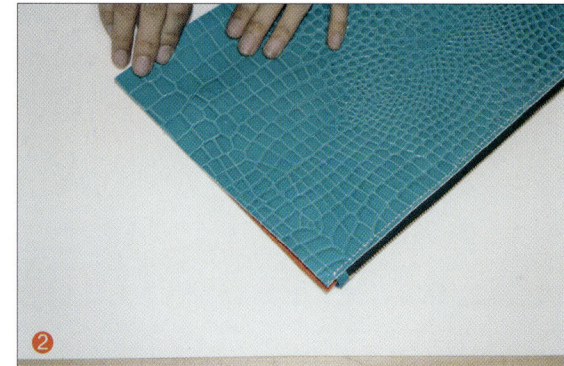
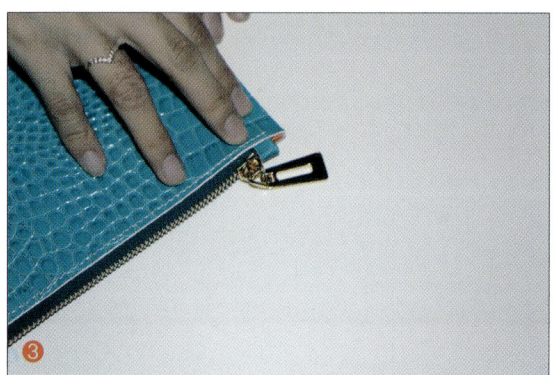

2 각이 진 모서리 부분을 동그랗게 라운드를 주어보자. 먼저 형지의 모서리를 둥근 라운드커터를 이용해 자른 다음, 이 형지를 가죽 위에 올려 놓고 맞추어 잘라준다.

3 이제 바느질과 엣지코트 작업만 남았다. 클러치 외곽 3면의 가장자리에 디바이더로 표시하고 치즐로 구멍을 뚫은 다음 바느질 한다.

 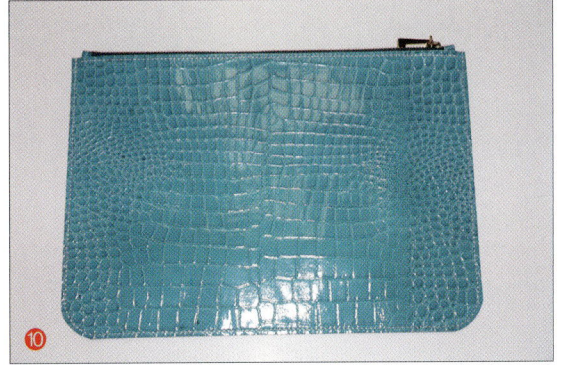

4 엣지코트를 발라 마무리 한다.

클러치가 다 완성되었답니다.!

지금까지 테슬, 키링, 카드지갑, 클러치를 만들어보면서 CAD도 반복적으로 연습하고, 제작 방법도 알아보았는데,
조금 익숙해지셨나요?
하루에 30-40분씩 2주일만 연습하시면, CAD가 훨씬 쉬워져서 심화 과정인 복잡한 가방도
뚝딱 패턴을 그리실 수 있을 거예요.

그럼 여기까지 기초 과정을 마무리하고,
심화 과정에서 만나요!

진짜 왕초보를 위한 핸드메이드 리본핀

처음부터 끝까지, 오직 리본핀 만들기에
중점을 둔, 리본공예 실용서!!!

리본을 처음 접하는 왕초보를 위해 리본구입요령부터
기본접기법, 활용법까지 생활 속 리본핀 만들기의 모든
것을 담아내었습니다.

손끝의 행복, 리본공예의 세계로 초대합니다.

특별공급가격 : 19,700원

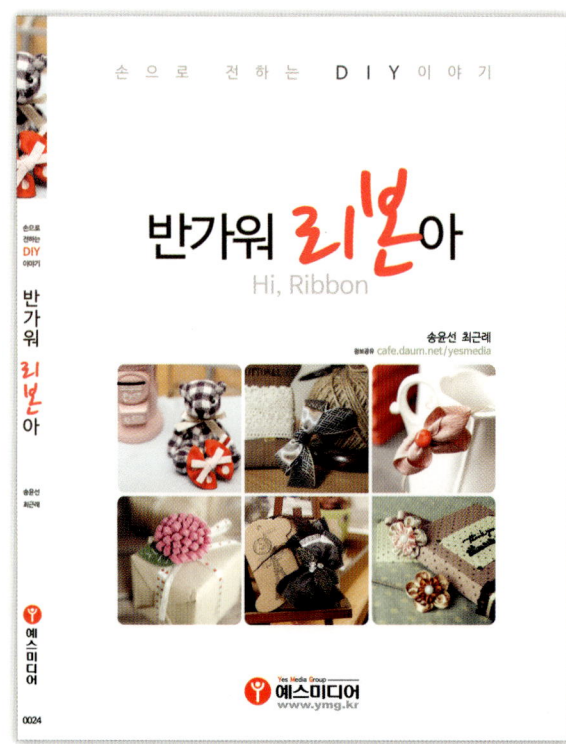

반가워, 리본아

리본에 대한 자세한 기본 설명과 난이도
표시로 처음 시작하는 분들도 쉽게
다가갈 수 있도록 하였습니다.

헤어액세서리, 코사지 등으로 자신만의 스타일을
표현할 수 있고 소품을 이용해 다양한 분위기를
연출할 수 있습니다.

특별공급가격 : 14,900원

* 가격은 변동될 수 있습니다.

홈패션 DIY 행복을 바느질하다

홈패션에서 사용하는 기본기법 설명과
동영상 DVD 강의 및 그대로 오려
사용가능한 대형 실물 도안 수록으로
누구나 쉽게 배울 수 있는
핸드메이드 실용서!!!

실생활에서 필요한 소품에서 신생아용품,
침구까지 다양한 작품의 제작과정과 홈패션에서
사용하는 기본기법 설명으로 재봉틀을
처음 접하는 분들이 쉽게 따라 할 수 있도록
내용을 구성하였습니다.

이 책을 통해 소소한 즐거움들이
가득한 일상으로 여러분들을 초대합니다.

특별공급가격 : 19,800원

슈가크래프트&클레이케익

사랑하는 사람들을 위해 특별한 날을 위해
우리들만의 파티에 직접 만든 슈가케익을
올린다는 건 정말 소중한 경험입니다.

약간의 관심과 조금의 노력으로 누구나 시작할 수
있는 케익아트.

달콤하고 아름다운 케익아트의 세계로
안내합니다.

특별공급가격 : 26,500원

*가격은 변동될 수 있습니다.

처음 만드는 키즈 언더웨어

계절에 맞게 내가 고른 옷감으로 내 아이의 속옷을 직접 제작해 보세요~
사랑스러운 자녀를 위해 엄마가 직접 만들어 주는 옷은 세상에서
하나뿐인 귀한 선물이 될 겁니다.

이 책을 접하는 모든 이들이 사랑하는 내 아이의 첫 속옷을 만듦으로
기쁨이 퐁! 퐁! 샘솟는 행복한 시간이 될 것입니다
엄마의 손끝으로 지어진 옷으로 인해 아이의 마음이 점점 깊어질 거예요~

저자가 손수 만든 총 19가지의 패턴을 수록하여 정말 쉽고! 재밌게!
언더웨어를 만들 수 있어요

특별공급가격 : 29,000원

*가격은 변동될 수 있습니다.

183

원데이클래스 무료수강권

이 쿠폰을 가지고 리드가죽공방에 오시면,
키링 or 테슬을 무료로 만드실 수 있습니다.
(사전 예약 필수, 선착순 100명)
경기 부천시 원미구 중동 1151-3 리드가죽공방
070-8200-7214

〈저자소개〉

김용세 74yskim@naver.com
리드가죽공방(www.leatherindream.com) 운영
대한가죽공예협회 협회장
CAD로 패턴제작 지도

CAD로 쉽게 그리는 가죽공예 패턴

진짜 왕초보를 위한 똑똑한 가죽공예

지은이	김용세
펴낸곳	예스미디어 www.ymg.kr
발행일	2017년 1월 10일
등록번호	제342-251002009-000002호
주 소	대구광역시 동구 괴전동 164-3
대표전화	070-7636-9115
FAX	053-286-7582
홈페이지	www.ymg.kr
E-mail	ymgbook@daum.net
ISBN	978-89-94356-79-2
특별공급가격	23,000원
디자인 진행	홍수미

※불법복사는 지적재산을 훔치는 범죄행위입니다.
저작권법 제 236조(권리의 침해죄)에 따라 위반자는 5년 이하의
징역 또는 5천만원 이하의 벌금에 처하거나 이를 병과할 수 있습니다.

※파본은 구입처에서 교환해 드립니다.

〈저자모심〉
더 좋은 책을 만들기 위한 노력이 지금도 계속되어지고 있습니다. 어떤 종류의 책이라도 좋습니다.
여러분의 지식을 독자들에게 나누어 줄 훌륭한 선생님을 모십니다.
※문의전화 : 070-7636-9115 / 010-3182-1190(예스미디어)

〈저자와의 만남〉
책 내용에 관한 궁금한 사항이나 건의 사항 및 편집과정에서 혹시라도 발생될 수 있는 오탈자 등에 대한 의견을 주시면
적극 반영하도록 하겠습니다.

앞으로도 저희 출판사는 고객의 입장에 서서 부단히 노력하여 더 좋은 책으로 보답하겠습니다. ※보내실 곳 : ymgbook@daum.net